新常态下的股权投资
——有效的财富创造方式

◎ 卢文俊 著

中国纺织出版社

内容提要

本书从股权投资的基本概念、股权投资的起源、在典型国家的重要历史阶段中起到的作用、现阶段我国主要的股权投资市场等方面来介绍股权投资。希望本书能够让普通百姓了解股权投资的原理、风险以及合法途径和合法场所，为新常态下的民间投资提供一个新的思路。

图书在版编目（CIP）数据

新常态下的股权投资：有效的财富创造方式 / 卢文俊著 . -- 北京：中国纺织出版社，2018.5
ISBN 978-7-5180-5212-7

Ⅰ . ①新… Ⅱ . ①卢… Ⅲ . ①股权－投资基金－研究 Ⅳ . ① F830.59

中国版本图书馆 CIP 数据核字（2018）第 147446 号

策划编辑：王慧　　责任编辑：吕倩　　责任印刷：储志伟

中国纺织出版社出版发行
地址：北京市朝阳区百子湾东里 A407 号楼　邮政编码：100124
销售电话：010 — 67004422　传真：010 — 87155801
http：//www.c-textilep.com
E-mail：faxing@c-textilep.com
中国纺织出版社天猫旗舰店
官方微博 http://weibo.com/2119887771
北京虎彩文化传播有限公司印刷
2018 年 5 月第 1 版第 1 次印刷
开本：787×1092　1 / 16　印张：14.25
字数：262 千字　定价：61.00 元

凡购本书，如有缺页、倒页、脱页，由本社图书营销中心调换

前　言

随着我国经济呈现新常态，经济从高速增长转为中高速增长，经济结构不断优化升级，投资驱动转向创新驱动。在这样的大背景下，普通百姓可投资的范围逐步缩小，银行理财收益逐步下降，而且刚性兑付被打破，百姓可选择的投资产品也越来越少，这个时候就需要一种适合当下经济发展的投资方式。这种投资方式需要符合从短期投资低收益转化为长期投资高收益的要求，能够促进经济结构调整，尤其是降低企业金融杠杆，能够扶持创新型、创业型、高成长企业的发展。也就是投资的方向将从间接投资逐步转向直接投资，资本不再通过中介进入实体经济，而是直接由投资者投入实体经济，这种投资方式就是股权投资。

本书将从股权投资的基本概念、股权投资的起源、在典型国家的重要历史阶段中起到的作用、现阶段我国主要的股权投资市场等方面来介绍股权投资。希望本书能够让普通百姓了解到股权投资的原理、风险以及合法途径和合法场所，为新常态下的民间投资提供一个新的思路。

在本书写作期间，我国最主要的股权投资市场——全国中小企业股份转让系统发布了新的交易细则。其中竞价交易正式列入了细则当中，并且于2018年1月15日开始非连续竞价交易。不得不说，这是股转系统交易制度的一项重大改革，这意味着我国股权市场的政策红利即将出现一个爆发期，中国的NASDAQ即将向世人证明自己的价值。

期待着中国的NASDAQ——全国中小企业股份转让系统能够为更多的企业服务，帮助其快速进入资本市场，获得高速成长；也期盼着有更多的人能够分享这一次的财富盛宴，分享到经济增长、企业成长的红利。

感谢在上海交通大学学习期间，陆满平教授对我的教诲，让我真正认识到资本市场的魅力；感谢美国威斯康星康考迪亚大学（Concordia University Wisconsin）的各位教授在我 MBA 学习期间的孜孜教诲；感谢中国纺织出版社的各位老师在本书出版过程中的指导与辛勤工作；还感谢我的家人、亲人、朋友及同事与合作伙伴们，是你们对我的照顾和帮助，鼓励着我完成此书。

还特别感谢高利生先生在本书的写作过程中给予我的巨大帮助。

因本人水平有限，书中难免会出现一些不严谨之处，万望各位读者、同行能够指出并提出宝贵意见。

卢文俊

2017 年 12 月

目 录

第一章 股权的前世今生 ··· 1
第一节 股权投资的定义及相关概念 ···················· 1
第二节 股权投资发展历程与发展趋势 ·················· 9
第三节 股权投资对经济发展的影响 ···················· 16

第二章 典型国家中股权投资的历史 ······················· 33
第一节 美国股权投资的历史与经验 ···················· 33
第二节 英国股权投资的历史与经验 ···················· 37
第三节 荷兰股权投资的历史与经验 ···················· 40

第三章 美国纳斯达克（NASDAQ）的历史 ············ 47
第一节 美国主要的资本市场 ····························· 47
第二节 美国 NASDAQ 市场的特征 ···················· 53
第三节 美国 NASDAQ 指数与高科技产业的发展 ···· 63

第四章 近代我国股权投资发展的历史 ···················· 67
第一节 我国大陆股权投资行业发展历史 ··············· 67
第二节 我国大陆股权投资基金的特点 ················· 70

第五章 现阶段我国主要股权投资市场 ···················· 73
第一节 创业投资市场 ······································ 73
第二节 私募股权市场 ······································ 81
第三节 企业并购市场 ······································ 90

第四节　我国股权投资市场现状分析 …………………………………… 96

第六章　股权投资为投资观念带来的改变 ……………………………… 99
　　第一节　投资者的回报 …………………………………………………… 99
　　第二节　价值投资是股权投资最有效的投资逻辑 ……………………… 100

第七章　现阶段股权投资发展的机遇 …………………………………… 103
　　第一节　价值投资时代已经来临 ………………………………………… 104
　　第二节　资本市场的发展空间巨大 ……………………………………… 111

第八章　股权投资的方式与流程 ………………………………………… 115
　　第一节　股权投资的方式 ………………………………………………… 115
　　第二节　项目投资 ………………………………………………………… 119
　　第三节　投后管理 ………………………………………………………… 138
　　第四节　基金退出 ………………………………………………………… 144
　　第五节　风险管理 ………………………………………………………… 155

第九章　股权投资实现多方共赢 ………………………………………… 169
　　第一节　发挥资本市场的融资功能 ……………………………………… 169
　　第二节　调节市场资金的流动性 ………………………………………… 178
　　第三节　提升我国在全球金融市场的地位 ……………………………… 186

参考文献 ………………………………………………………………………… 193

附录一　全国中小企业股份转让系统股票转让细则 …………………… 195
　　第一章　总　则 …………………………………………………………… 195
　　第二章　转让市场 ………………………………………………………… 196
　　第三章　股票转让一般规定 ……………………………………………… 197
　　第四章　做市转让方式 …………………………………………………… 199
　　第五章　协议转让方式 …………………………………………………… 204
　　第六章　竞价转让方式 …………………………………………………… 205
　　第七章　其他转让事项 …………………………………………………… 208

第八章	转让行为自律监管	209
第九章	转让异常情况处理	211
第十章	转让纠纷	212
第十一章	转让费用	213
第十二章	附　则	213

附录二　全国中小企业股份转让系统挂牌公司分层管理办法 … 215

第一章	总　则	215
第二章	分层标准和维持标准	216
第三章	层级划分和调整	217
第四章	差异化制度安排	218
第五章	附　则	218

第一章 股权的前世今生

第一节 股权投资的定义及相关概念

现代股权投资起步于20世纪40年代，兴起于六七十年代，21世纪初我国股权投资业也得到了快速发展。股权投资有别于传统意义上的其他形式的投资，无论是在运作模式上，还是在业务内容和流程上，都有自己的特征，并且逐渐发展成一种新的投资工具。从投资理念以及丰富多样的股权基金类型而言，股权投资对投资学进行了有益的补充和丰富。股权投资的发展拓宽了科技型企业，特别是中小型科技企业的融资渠道，促进了高科技产业的发展。

一、股权投资的定义

（一）定义

股权投资的内涵及其外延非常丰富。从广义来讲，股权投资是相对债权投资的权益性投资，如实业投资以及证券投资（股票投资）等都属于股权投资。从狭义来讲，股权投资即私人股权投资（Private Equity，PE）的简称，即专门对私人股权进行投资，是以资本利差为主要赢利模式的权益性投资。随着股权投资业务的不断发展，其内涵和外延在不断丰富，如投资标的、募集方式以及运作模式等都在不断延伸。

由于股权投资出现较晚，目前国内外学术界还没有形成统一的定义，而且随着股权投资的发展，其内涵与外延也在不断丰富与发展。本书在综合现有国内外各种定义的基础上，依据股权投资的本质与内涵，将其定义为：专业的基金管理人（机构或自然人）主要以私募的方式募集资金，设立股权基金，并接受资金方（基金投资人）委托，通过专业的投资流程，主要对私人股权如未上市的有限责任公司（项目公司）进行权益性投资，然后根据项目公司发展情况选择上市、并购重组或原股东回购等方式转让所持股权、退出项目公司，获得除投资收益（分红）以外的高额资本利差来回报投资人。而基金管理人依据委托管理协议获得相应的管理费和业绩奖励，股权基金是其经营主体。

（二）内涵

股权投资虽然是权益性投资中的一种，但随着自身不断发展，在投资对象、资金募集、管理模式、投资运营、投资理念以及赢利模式等方面具有自身的内涵。

1. 投资对象

私人股权，即股权基金主要投资未上市的有限责任公司，与之相对应的是公共股权，这是判断股权投资与其他权益性投资不同的主要标准之一。投资私人股权，一方面可以解决一些优质企业间接融资存在的困难；另一方面，随着项目公司发展，通过相应的退出机制，私人股权可以为股权基金带来除投资收益外的超额资本利差。投资私人股权实际上就是投资未上市企业的有限责任公司，如优质的、发展快速的高新技术企业。由于企业发展以及股权退出受诸多因素影响，投资变现存在很大不确定性，所以投资私人股权的风险一般大于其他形式的权益性投资，如证券投资。证券投资的投资对象主要就是公共股权，即在证券二级市场买卖股票。投资私人股权意味着私下交易。

2. 资金募集

股权基金属于私募基金的一种。所谓私募，就是不通过公开方式、针对特定人群、以一定的企业组织形式或合同关系募集资金，与之相对应的是公募。股权投资之所以采取私募方式是由于股权投资主要投资私人股权，存在较大风险，因此，对资金方即基金投资人的要求有一定的门槛，确保出资人是合格的基金投资人。所谓的合格基金投资人，不仅要具有雄厚的资金实力和抗风险能力，还要具备基本的投资素养、风险意识和风险鉴别能力。私募特点就是募集双方互相了解，双方私下可以充分交流，降低信息的不透明度。这种方式可以促进双方进一步加深了解，一方面有助于投资方增强风险意识和风险鉴别能力；另一方面有助于募集方为资金方提供更好的服务。但是证券市场发达的国家中也有个别股权基金采用公募方式，如1994年就在伦敦挂牌的3i和2007年上市的美国黑石集团。

3. 管理模式

委托管理，即股权基金采取委托管理方式。股权投资具有代客理财特征，基金投资人并不直接参与管理，而是委托基金管理人进行管理。虽然在法律上基金管理人不是投资主体，但具有投资决策权，包括项目筛选、尽职调查、投资价格、投资额度以及投资退出等。对于基金投资人而言，由于信息不对称，委托代理问题是股权投资的主要风险来源之一。对于基金管理人而言，不是基金投资人却拥有决策权，因而道德风险是基金管理人容易出现的主要问题。一个优秀的、成功的基金管理人崇尚契约精神，视信誉为生命。

4. 投资运营

基金由专业团队负责运营，即股权基金投资业务实行专业化管理。股权投资从投资理念到投资业务都具有很强的专业性和综合性。从事股权投资的从业人员不仅要掌握股权投资理论与业务，而且要掌握与股权投资相关的理论与业务知识，如企业管理、财务会计、法律法规、资本运作、金融证券、科技孵化、行业发展以及一定的行业背景知识等。基金管理人首先是一个综合性人才，然后才是一个合格的基金管理人。所以，一个优秀的基金管理人不仅要具备良好的职业道德，而且要具备很强的专业投资管理能力。成功的基金管理人还要在实践中积累丰富的投资经验。

5. 投资理念

以退定投，即股权基金的投资围绕投资退出进行决策。股权投资虽然属于权益性投资，但其投资理念来源于财务性投资，其目的就是在一定时间内获取高额经济利润，主要关注所持股权能否退出以及以何种方式退出能给股权基金带来最大的经济利润，一般不会参与企业管理。所以投资退出是股权投资整个业务流程的最后一步，也是最为关键的一步，只有成功退出才算投资结束。股权投资持股时间一般为3~8年，视项目公司发展而定。股权投资的退出方式主要有上市（包括IPO）、并购、转让、原股东回购以及清算等。不同的退出方式要求不一样，带来的收益率也不同。一般来说，IPO是最理想的退出方式，其次是并购。

6. 赢利模式

股权投资的赢利模式主要表现为投资基础上的投机，即盈利以资本利差为主。股权投资收益主要包括项目投资收益和股权退出价格利差，即资本利差。项目投资收益（分红）就是股权退出前项目企业的投资利润，一般接近社会平均投资回报率，但处于发展期的企业一般会把利润用于扩大再生产。资本利差就是投资时的股权价格与投资退出时的股权价格差，也就是投机回报。投机回报大小主要取决于基金管理人的投资水平。如果股权基金利润仅来自投资收益（分红），则不足以吸引基金投资人，基金管理人的价值也无法体现。资本利差是股权投资追求的主要利润来源，也是股权投资的主要赢利模式。资本利差大小直接影响股权基金的最后收益率，体现基金管理人的专业水平和价值。所以，股权投资是建立在投资（狭义）基础上的投机。

二、股权投资的相关概念

（一）债权与股权

债权（Claims）有广义与狭义之分。广义的债权就是请求他人一定行为（作为或不作为）的民法权利。经济意义上的债权实为投资者请求借款者还本付息的民法权，投资者为债权人，融资者为债务人。财产所有权包括占有权、使用权、收益权以及处置权，债权就是通过交易其中的前三项权利形成的，交易价格为利息，并以融资者的资产进行抵（质）押，以降低债权风险。此时，财产所有者成为债权人。所以，债权投资的本质就是通过资产信用在投资方与让资方之间建立债权与债务的法律关系，并由此建立债权投资模式。

股权（Equity）指财产所有者（投资人）所具有的与其拥有的投资比例相应的权益及义务，即股东可对公司主张的权利及承担的义务。主要有管理权、分红权、监督权以及清偿权等，同时以投资额为限对公司承担有限责任，此时的股东是财产所有者。形成股权是通过交易财产所有权中的占有权、使用权以及处置权形成的，收益权仍为所有者，即股东。股权投资是利益共享、风险共担，与债券投资的还本付息不同。[①]

股权按不同分类方法划分，可以分为不同类型的股权，如按交易市场和方式可划分为私人股权和公共股权。

（二）公共股权与私人股权

公共股权（Public Equity）不是国有制股权，而是指在证券场内市场进行交

---

① 谭组卫：《股权投资学（总论）》，北京，中国财政经济出版社，2015。

易的股权,如各国主板市场以及我国创业板市场买卖的股票,也就是说非证券场内市场,交易的股权都不属于公共股权。证券市场分为场内市场(二级市场)和场外市场,包括一级半市场(主板定向增发)、柜台交易市场以及新三板(全国中小企业股份转让系统)等。场内市场即连续竞价交易市场,买卖双方采用多对多竞价方式,确保交易价格公开、公平、公正,如各国的主板证券市场以及我国创业板市场。场外市场虽然属于证券市场,但在交易价格形成机制、发行制度、上市主体以及投资主体等方面都有自己的特点,如柜台市场以及我国新三板(全国中小企业股份转让系统)。首先,场外市场的价格形成机制多样化,除传统的竞价方式(如拍卖)外,还有协商定价以及做市商等,但这些机制都不如连续竞价制度更能发现价格、更能体现公允,交易活跃度也不如连续竞价制度。其次,场外市场发行较场内市场发行门槛更低,而且有的场外市场没有公开发行功能,只有证券交易功能,如我国目前的新三板。第三,场外市场上市主体较场内市场上市主体的营利性要差一点或者更加追求成长性,投资风险也相对大一些。所以,只有场内市场交易的股票属于公共股权,而场外市场交易的股票不属于公共股权。

私人股权(Private Equity)相对于公共股权,不是私有制股权,指在非证券场内市场进行交易的股权,包括证券场外交易市场交易的股票以及非证券市场交易的股权。前者包括一级半市场(主板定向增发)交易的股票、柜台交易股票、新三板(全国中小企业股份转让系统)交易的股票;后者是指有限责任公司转让的股权,是私人股权的主要构成部分。私人股权的流动性不如公共股权。非场内市场价格形成机制多样化,如协商定价、做市商报价等,共同特点就是交易双方信息处于非平等地位,总有一方处于信息优势地位,可主导交易价格。股权投资主要以私人股权为投资对象,其流动性远远低于公共股权,因而投资风险大于投资公共股权,但由于私人股权潜在价值有可能被低估,所以又存在较大的投机获利空间。

(三)投资与投机

投资(Investment)是经济学的基本范畴之一,随着经济发展,其内涵与外延也不断丰富和发展。投资有广义和狭义之分。所谓广义的投资,是指经济主体为获取预期收益而投入经济要素(资产)的经济活动,其本质就是把资产转化为资本的过程,其中,预期收益包括商品价值收益和商品价格收益。商品价值收益就是由劳动者创造的剩余价值;商品价格收益就是买卖价格差收益。其中,资产包括现金、机器设备、房屋、运输工具、土地等有形资产，也可是劳务，还可以是专利权、商标、技术秘诀以及经济信息等无形资产。广义的定义不仅适合实体经济领域（生产领域），而且适合虚拟经济领域（金融领域），而狭义的投资指前者，也就是通过产生使用价值来获利。当投资与投机同时出现时，一般指狭义的投资。

所谓投机（Speculate），就是低买高卖，以商品价格差获取利润，即资本利差，在商品流通领域和金融领域比较典型。从资本逐利来看，投机属于广义投资中的一种。在实践中通常存在一种误解，即以时间长短来判断投资与投机，时间长的是投资，时间短的是投机。虽然时间长短是各自的特征，但根本区别在于赢利模式，也正因为赢利模式的差异，才导致时间不同。商品领域的投机促进了实体经济中的商品流通，金融领域的投机促进了实体经济中的企业融资；同时，实体经济的发展即投资活跃为投机提供了机遇。所以，投资与投机的关系就是实体经济与虚拟经济之间的关系，互相发展与促进。

股权投资的回报除股权退出前项目投资收益外，主要来自股权退出时的资本利差，即投资利益，而且投资利益需要建立在投资项目具有一定投资收益的基础上。所以，股权投资是建立在投资（狭义）基础上的投机。

（四）法人企业与非法人企业

法人是相对于自然人而言的。自然人是以生命为存在特征的个人。每个能独立承担民事责任的成年人在法律上都是自然人。法人是在法律上人格化了的、依法具有民事权利能力和民事行为能力并独立享有民事权利、承担民事义务的社会组织。社会组织包括多种类型，如公益性的、事业性的，也有营利性的，企业就属于营利性的社会组织。所谓企业，就是依法成立的经营组织，如公司、合伙企业以及未改制的国有企业等。依据法人资格，企业又分法人企业和非法人企业。

所谓法人企业（Corporate Enterprises），就是具有法人资格的企业，典型的就是各种类型的公司，如有限责任公司、股份公司、一人公司等。所谓非法人企业（Unincorporated Enterprises），就是不具备法人资格的企业，典型的就是各种类型的合伙企业，如普通合伙企业、有限合伙企业等，未改制的国有企业也是非法人企业。

法人企业与非法人企业的区别在于是否具有独立的法人地位。法人企业具有法人地位，即在日常经营活动中可以独立承担民事责任，通俗地说，在民事诉讼中可以成为原告或被告。相反，非法人企业不具有法人地位，无法成为原告或被告，其法人地位要追溯到企业股东或合伙人。如国有企业不能成为有限合伙制股权基金中的普通合伙人，因为如果这样，国有企业作为普通合伙人承担的无限责任可追溯到政府。非法人企业虽然不能独立承担民事责任，也不能独立支配和处分所经营管理的财产，但在经营过程中可以刻制印章、开立往来账户、单独核算、依法缴纳与法人无关的税收，也可以签订商业合同等。

（五）公司与有限合伙企业

公司（Company）是依据公司法设立组建的以营利为目的，运用各种生产要素（土地、劳动力、资本和技术等）向市场提供商品或服务，实行自主经营、自负盈亏、独立核算的具有法人资格的社会经济组织，是典型的法人制企业。公司主要有有限责任公司、股份有限公司（简称股份公司）、外资公司以及一人公司等形式。公司之所以具有法人地位，是因为公司属于资合即资产合作，股东出资构成公司的独立资产，如实际到位的注册资金。公司在经营过程中形成的净资产也将成为公司的最终资产，是公司对外独立承担民事责任的依据和限额。现代公司管理制度主要包括股东会、董事会以及监事会，其中股东会是公司的最高权力机构和决策机构，董事会是公司的最高管理机构与执行机构，监事会行使监督职能。公司日常管理一般由经理层负责，但经理层一般由股东控制。现代公司管理模式表现出委托模式，即一些大型公司由职业经理层负责日常经营，但这种委托仅仅是在公司内部，公司对外部相对稳定。公司在经营过程中如同自然人一样可以独立承担民事责任，包括依法缴纳各种税收，如企业所得税等。

有限合伙企业（Limited Partnership Enterprises）是依据《中华人民共和国合伙企业法》，由普通合伙人（GP）与有限合伙人（LP）共同设立组建的一种合伙企业，与其他类型的合伙企业一样无法人地位。因为合伙企业属于人合，即人与人之间的合作，因而合伙企业没有属于自己独立的资产。虽然合伙企业在日常经营过程中需要资产，但这些资产的所有权不属于合伙企业，只有使用权和占有权，因而，有限合伙企业无法独立对外承担民事责任。有限合伙企业的合伙人既可以是自然人，也可以是企业，其中普通合伙人负责该合伙企业的运营管理并对该合伙企业承担无限责任。有限合伙人一般为出资方，不参与该合伙企业的日常经营，以出资额为限对该合伙企业承担有限责任。由于合伙企业不具有法人地

位，一般无须缴纳企业所得税，而公司需要缴纳企业所得税。

有限责任公司与有限合伙企业是目前股权基金的主要企业组织形式，在管理模式以及税收缴纳方面各有优势。从税收角度看，有限合伙制具有优势，但我国为扶持发展创业投资对公司制创业投资基金实行了有条件的税收优惠政策，因而股权基金需要依据自身的实际情况选择合适的企业组织形式。

（六）证券与基金

从法律意义上讲，证券（Securities）是指各类记载并代表一定权利的法律凭证的统称，用以证明持券人有权依其所持证券记载的内容而取得应有的权益。这也是广义上的证券。有价证券是证券中的一种，即标有票面金额、证明持有人有权按期取得一定收入并可自由转让和买卖的所有权或债券凭证，即由金融投资或与金融投资有直接联系的活动而产生的证券，主要有股票、债券及其衍生品种。如证券投资基金等，持券人对发行人有一定的收入请求权。

基金（Fund）也有广义与狭义之分，广义的基金是指为了某种目的而专门设立的具有一定数量的资金集合。例如，各类商业性基金，如投资基金、公积金、保险基金、退休基金以及公益基金等。商业性的基金为了方便核算一般都会采取一定的企业组织形式，如信托制、公司制或合伙企业制等。所以，商业性基金广义上可以理解为企业。狭义的基金一般指金融商品，属于一种证券，除具有基金的一般属性之外，还具有可拆细、可到证券市场进行交易等特性，如证券投资基金。《中华人民共和国证券投资基金法》对基金进行了详细规定，包括公开募集方式以及投资证券等。

（七）私募与公募

基金募集有两种方式，一种是公募（Public Offering），另外一种就是私募（Private Placement）。公募，即公开募集，指通过宣传手段，在公共场所，对不特定人群进行资金募集。其常见的方式为公开发行，指发行人通过中介机构向不特定的社会公众广泛地发售证券，通过公开营销等方式向没有特定限制的对象募集资金的业务模式。为适应更广大投资者的需求，公募没有合同份数和起点金额的限制。因为涉及众多中小投资人的利益，监管部门对公募资金的使用方向、信息披露内容、风险防范要求都非常高。在公募发行情况下，所有合法的社会投资者都可以参加认购。为了保障广大投资者的利益，各国对公募发行都有严格的要求，如发行人要有较高的信用，并符合证券主管部门规定的各项发行条件，经批准后方可发行。证券投资基金一般采用公开发行方式募集。

私募是相对于公募而言的,所谓私募就是不通过公开方式、针对特定人群、以一定的企业组织形式或合同关系募集资金,未经监管部门批准不准以借贷关系进行募集。因为私募属于私下活动,较之公募监管相对较弱,所以,市场上容易出现借私募之名进行非法集资的现象。所以,在实践过程中要明确区别合法私募与非法集资。法律主要通过以下六方面来判断合法私募与非法集资。一是募集主体合法性,即合法的基金管理人需要到监管部门备案,基金成立后也要去备案;二是募集方式合法性,即合法的私募不允许以公开的方式进行募集,如召开大会、群发短信、电话营销、做广告等;三是募集对象合法性,即合法的私募必须针对特定的对象进行资金的募集,即向合格的投资人进行募集;四是募集人数合法性,即合法的私募基金出资人数应依据基金组织形式而定,如我国有限合伙制的基金,其出资人数不超过 50 人,有限责任公司的基金股东人数不超过 200 人;五是投资回报合法性,即合法的基金管理人不能向出资人承诺固定回报;六是投资领域合法性,即合法的私募基金设立后,其投资领域必须严格符合投资协议中所规定的领域。目前,我国的股权基金只能采取合法的私募方式募集资金。另外,证券投资基金也可以采取私募方式募集,成为私募证券投资基金,即所谓的阳光私募证券投资基金。我国过去不允许证券投资基金进行私募,在 2014 年 8 月 21 日《私募投资基金监督管理暂行办法》颁布后才合法化。

第二节 股权投资发展历程与发展趋势

一、股权投资发展历程

目前,学术界比较认可将 1946 年美国成立研究和发展公司(ARD)作为现代股权投资产生的标志。在此之前,历史上曾出现过类似股权投资的活动。15 世纪末,英国、葡萄牙与西班牙等国远洋贸易发展迅速,对外源资本产生了强烈的需求,有钱人只要向远洋贸易企业投资就可以获得高额收益,资本运营开始出现委托代理模式。19 世纪末 20 世纪初,特别是第一次世界大战后,美国在开发

新常态下的股权投资

西部的过程中大力发展石油产业、钢铁行业、汽车行业以及铁路运输。当时有不少富有的私人银行家或家族,通过律师、会计师的介绍和安排,直接以股权形式进行投资,逐步出现私募资本,如1919年皮埃尔·杜邦对通用汽车公司的投资、1939年劳伦斯·洛克菲勒对麦道公司的投资。同时,一些新兴的科技企业也引起了私募资本的高度关注。到了20世纪三四十年代,富有家族开始聘请一些职业经理帮自己寻找具有发展潜力的中小企业进行投资,但这一时期投资活动分散,只能称为非组织化的权益性投资。①

这些早期私募资本对现代股权投资的产生与发展具有重大的意义。一方面,通过私下募集来集聚资本的方式逐渐被市场认识,另一方面,资本所有者委托专业管理者进行股权投资而自己不参与管理的委托理财模式逐渐发展起来。1946年,美国研究和发展公司(ARD)成立,标志着现代股权投资开始出现。

ARD是由以麻省理工学院(Massachusetts Institute of Technology)的院长卡尔·考普顿(Karl Compton)和哈佛商学院的教授乔治·多利奥特(George F. Doriot)以及投资人弗朗得斯(Flamders)为代表的一些商业人士共同设立、专门面向新兴企业的投资公司。当时新英格兰地区的纺织业和一些传统制造业出现严重亏损,从而使该地区的经济不断衰退。弗朗得斯认为该地区的经济困境不仅源于老工业的亏损,而且是由新兴工业的缺乏引起的。尽管该地区及其周围有很多著名的大学、拥有巨大的技术和人才资源,但是由于对新办企业投资不足,以及缺乏有经验的管理人才,导致该地新办企业诞生率很低。针对这种不利情况,1945年弗朗得斯在芝加哥召开的国家证券交易商协会上首次提出要建立一个专门面向新兴企业的投资公司,即ARD,其初衷不是营利而是促进经济发展。

在ARD历史上,最重要的事件是它在1957年投资数字设备公司(DEC)。这次投资大获成功,永远地改变了美国股权投资的未来。DEC是由4个20多岁的麻省理工学院毕业生创立的,他们有许多改进计算机的想法。ARD最初只对该企业投入了7万美元,持77%的股权。由于DEC的飞速发展,当ARD被出售给Textron公司退出时,DEC已发展成为拥有5万多名员工、年产值1 000多亿美元的计算机制造巨型企业,每股价转为81.3美元。DEC使ARD名声大噪,完全改变了ARD的命运,也向投资者证明了这样一种理念:向股权投资公司注资,然后再投资于新创建的公司是完全可行的。从此,ARD为现代股权投资奠

---

① 李靖:《全球私募股权投资发展的历程、趋势与启示》,海南金融,2012(5):33-38。

定了基础。

股权投资的发展大致分为两个部分：前一部分以创业投资产生与发展为主导，股权投资业还未成熟；后一部分是在20世纪70年代末，伴随着以成长基金以及并购基金为代表的后期投资的产生与发展，股权投资逐渐发展成金融领域里一个独立的投资行业。具体来讲，从ARD诞生之日起，股权投资发展大致经历了萌芽、发展、快速增长和成熟四个阶段。

第一阶段：萌芽阶段（1946～1969年）。1946年美国成立ARD是现代股权投资产生的标志。20世纪50年代，美国的股权投资还没有发展成一个真正意义上的行业，只是对个别项目进行投资，对经济的影响不大。1958年，美国通过《小企业投资法》支持小企业投资公司（SBIC）发展，旨在为美国的小企业提供融资和管理上的支持。它直接受美国小企业管理局的管辖，并可获得税收优惠和低息贷款的支持。1963年，美国约有692家SBIC，筹集到的私人权益资本为4.64亿美元。

总体上该阶段有三个特点。第一，股权投资规模小。二战以后，美国经济的复兴产生了一批创新型企业，企业在发展过程中自发性地产生了对股权投资的需求。但股权投资作为一种新的投资工具，市场不成熟，投融资双方持观望态度，因而投资案例少，规模偏小。第二，各国政府出台鼓励政策，支持股权投资发展。欧洲各国也开始涉足股权投资，尤其是创业投资。亚洲以日本为代表，通过支持股权投资扶持了一批高科技中小企业，如通过《中小企业法》促成了当地投资公司的相继成立。第三，最初政府意愿强烈。美国设立股权投资主要是为了促进电子、医药、信息等产业的研发；英国主要是致力于解决中小企业融资难等问题，促进中小企业的发展。

第二阶段：起步阶段（20世纪70年代到80年代）。1973年，美国全国创业投资协会成立，到1977年，SBIC发展到276家。从20世纪70年代英国开始允许金融机构投资股权基金开始，欧洲其他各国相继放松对股权投资的管制，允许银行和保险公司等机构进入股权投资行业。日本则在1974年设立官商一体的产业投资企业，促进股权基金的发展。1975～1980年，日本股权基金为62个项目提供17亿日元，形成了产业投资热潮。

这个阶段股权投资发展的主要原因有四个方面。第一，1971年美国NASDAQ开市，其他国家也相继开设创业板，如日本的NASDAQ，在退出机制上为股权投资拓宽了退出渠道。第二，数字技术、网络技术在美国兴起，为股权投资提供了丰富的、优质的潜在投资项目。第三，1974年美国颁布《雇员退休收入保障法》，放宽了对机构投资者的投资限制，在不影响整个投资组合安全性的前提下，允许养老金等机构投资者向股权基金如创业投资基金投资。第四，有限合伙制的运用。1976年美国对1916年颁布的《统一合伙法》进行修订，建立了现代有限合伙制，一方面解决了投资机构双重税收问题；另一方面，确立了有限合伙人（投资人）及普通合伙人（管理人）的法律地位及相应的法律责任与义务，并在实践运用过程中进行了机制创新，如建立了一套完整的监督机制、激励约束机制以及风险控制机制。有限合伙制开始大量被运用于股权投资中，使股权投资在制度上实现了一个新的飞跃。据不完全统计，从1969年至1975年，美国大概仅有29家有限合伙制的股权基金，共募集3.76亿美元资金，而到了1987年，在当时的625家股权投资企业中，有500家采用了有限合伙制形式，这500家基金管理着200亿美元的资金规模，占全美290亿美元股权投资规模的69%。第四，狭义的PE出现。1976年，华尔街著名投资银行贝尔斯登的三名投资银行家合伙成立了KKR投资公司，专门从事即将上市公司的投资业务，如LBO及Pre-IPO业务，被称为狭义的PE业务，并经历了最初的市场检验，被证明是个回报极高的投资模式。

但是在20世纪70年代中期，世界主要国家股票市场萎靡不振，股权基金的积极性受到了一定的负面影响，不愿投入更多的新项目。

第三阶段：增速阶段（20世纪80年代到90年代末）。首先，在20世纪80年代，随着电子、医药、计算机、互联网等新兴产业持续发展，美国股权投资领域产生了很多高科技的成功案例，如思科、甲骨文、微软等，促进了美国经济的转型升级和发展。股权投资不断投资于生物科技、新能源、电子信息等产业，促使这些先导行业成为美国新的经济增长点。

其次，20世纪90年代是全球低通胀时期，固定收益证券的收益率相对较低，大量金融机构的资金进入股权投资。90年代后期到2000年，美国股权投资发展旺盛，催生了亚马逊、美国在线、电子湾、网景、雅虎以及太阳微系统等一大批以高技术为支持的著名上市公司。同时，欧洲股权投资不断发展，成立了欧洲创业投资协会，为股权投资提供了一个交流平台。亚洲的日本也兴起了新一轮股权投资发展热潮。

再次，随着全球杠杆收购的兴起，股权投资获得了快速发展。1979～1989年，全球个案金额超过2.5亿美元的杠杆收购案例超过2 000宗。20世纪80年代，杠杆收购成为获利最高的投资模式，吸引了大量股权基金与股权投资者。在这期间，股权投资另一个重要变化是有限合伙制成了股权投资的主要组织形式。同时投资于并购资本和夹层资本的股权基金开始兴起。随着投资机会的变化，股权资本的投资对象也随之改变。许多杰出的并购企业将其业务扩展为行业内的并购，且同时投资于出版、电视电缆、广播和基础建设等行业。

最后，在1997年东南亚金融危机至2000年美国网络科技股泡沫破裂的一段时期内，美国部分股权基金出现营运危机，股权基金一度陷入低迷。

第四阶段：稳健阶段（2001年至今）。2001年以后，股权基金的发展重新加速，股权基金走向成熟。尤其是股权基金的高回报吸引了越来越多的机构或个人投资者跟进，合伙人队伍也日益壮大。在这个阶段，中国股权投资市场发展迅速。

股权投资发展历程说明了以下几个问题：一是欧美发达国家，特别是美国，无论是在股权基金规模还是在股权投资制度上，都主导着整个股权投资行业发展；二是20世纪初，实体经济的发展为股权投资的产生奠定了经济基础；三是促进中小企业发展是股权投资产生的原动力；四是以信息技术为代表的高科技发展加速了股权投资的产生与发展；五是资本市场的发展，特别是证券市场作为主要退出渠道，丰富与完善了股权投资市场；六是公司制为股权基金发展起到了开拓作用，有限合伙制使股权基金制度发生了革命性变化。

二、股权投资发展趋势

（1）出现寡头垄断局面。欧美股权基金行业研究报告显示，一家基金的投资回报处于前1/4强，则其所管理的下一个基金也处于前1/4强的概率为43%；相反，处于后1/4的基金管理人所管理的下一个基金业绩表现更差的概率为59%。由此说明，一个基金管理人的业绩记录对其未来业绩表现有显著影响。而像KKR、凯雷、百仕通这样的老牌股权基金之所以长期都表现出较好的业绩，与其悠久的历史有关。而那些在行情火热之际匆忙募集的小型股权基金的表现往往落后于市场整体表现。另外，老牌股权基金才能吸引商界顶尖公司管理人物陆续加盟，他们对商业社会及行业竞争发展趋势的判断力则成为股权基金做出前瞻性判断的重要依据。因此，国际股权投资越来越趋向于寡头垄断，大量的股权投资资金被掌握在为数不多的几家投资公司手里。而其他的一些股权基金，由于业绩表现不稳定，难以获得基金投资人的信任，很难从市场里大量融资。同时，由于没有足够的实力，这些中小型股权基金也难以聘请顶尖的商界人物加盟。正是这种强者愈强、弱者愈弱的马太效应，使得中小型股权基金日渐边缘化，股权投资市场呈现出向少数寡头集中和垄断的发展趋势。而能够真正进行企业价值管理和商业管理的股权基金，只有为数不多的位于金字塔顶端的几家公司。

（2）向新兴市场地区渗透。随着2006年8月9日摩根士丹利首只专注投资亚太地区的5.5亿美元的股权基金宣布成立，亚洲的股权基金进入了一个欣欣向荣的时代。进入21世纪以来，新兴市场成为股权投资首选之地。国际股权基金频频在亚洲，特别是中国进行大的动作正是股权资本向新兴市场渗透的有力佐证，这将是一种长期趋势。

（3）机构多样化。除了传统意义上的股权基金公司，如凯雷（Carlyle Group）、黑石（Blackstone Group）等之外，很多证券公司、商业银行甚至保险公司都设立直接投资部或者设立单独的股权基金来开展股权投资业务，如高盛（Goldman Sachs）、麦格理（Macquarie）、汇丰银行（HSBC Bank）、JP摩根（JP Morgan）等都开展自己的股权投资业务。除此之外，很多著名的跨国公司也开始设立股权基金，资金主要来自跨国公司内部，主要为跨国公司自身的战略规划和投资组合服务，如通用电气资本公司（GE Capital）等。

（4）私募向公募演变。2007年6月21日，美国黑石集团（Blackstone Group）在纽约证券交易所挂牌上市，成为美国自2002年以来规模最大的IPO案例，这也是股权投资在全球金融体系中地位提升的标志性事件。早在黑石上市之前，英国以及欧洲著名的股权基金3i和合众集团（Partners Group）就已经先后上市。美国私募基金KKR的母公司2010年7月15日在纽约上市，凯雷投资集团（Carlyle Group）2012年5月也正式登陆NASDAQ。私募基金寻求公开上市的动力源自股权投资机构自身扩张的需求。在竞争日趋激烈的背景下，唯有扩充资本、增强竞争力才能生存。因此，把股权基金定义为私募基金有一定的局限性。

（5）挑战传统金融机构。2007年10月，苏格兰皇家银行财团（RBS）收购了市值超过1 000亿美元的荷兰银行。虽然荷兰银行不是直接被股权基金收购，但背后的推手是股权投资。"儿童基金"（The Children's Investment Fund Management，简称TCI），这个只持有荷兰银行1%股份的英国一家股权投资机构鼓励小股东联合起来分拆整个集团，让荷兰银行的股票大幅升值。随着大批套利基金的跟进，有了足够的投票权，便召开临时董事会，宣布荷兰银行将挂牌出售，最终RBS成为最大的赢家。在短短的10个月时间里，这笔收购让TCI至少获利68%。早在1998年，美国利普伍德基金（Ripplewood）就出资10亿美元收购日本的长期信用银行（Long-Term Credit Bank of Japan Tokyo），将其改名为新生银行（Shin Sei Bank）。随后，将新生银行打造成全新的营利机构，并在2004年成功上市。利普伍德基金当初投入的资金获得了10倍的回报。此外美国新桥资本（New-bridge Capital）成功重组了韩国第一银行（Korea First Bank）。股权投资的力量之大，使得传统的金融机构有了一份危机感。

（6）受到互联网金融的挑战。以互联网为代表的现代信息科技，特别是移动支付、社交网络、搜索引擎和云计算等，将对人类金融模式产生根本影响。在全球范围内已经可以看到三个重要趋势。第一个趋势是移动支付替代传统支付业务（如信用卡、银行汇款）。随着移动通信设备的渗透率超过正规金融机构的网点或自助设备，以及移动通信、互联网和金融的结合，2011年全球移动支付总金额为1 059亿美元，预计未来5年将以年均42%的速度增长。第二个趋势是人人贷（个人之间通过互联网直接借贷）替代传统存贷款业务。其发展背景是正规金融机构一直未能有效解决中小企业融资难问题，而现代信息技术大幅降低了信息不对称和交易成本，使人人贷在商业上成为可能。比如，2007年成立的美国Lending Club公司，到2012年年中已经促成会员间贷款6.9亿美元，利息收入约0.6亿美元。第三个趋势是众筹融资（Crowd Funding，通过互联网为投资项目募集股本金）替代传统证券业务。2012年4月，美国通过JOBS法案（Jumpstart Our Business Startups Act），允许小企业通过众筹融资获得股权资本。可能出现既不同于商业银行间接融资，也不同于资本市场直接融资的第三种金融融资模式，称为"互联网金融模式"。JOBS法案第三篇规定，创业企业无须到美国证券交易委员会（SEC）注册，可以通过众筹的方式进行证券发行和销售，前提是12个月内众筹融资额不超过100万美元，必须通过在SEC注册的金融机构进行，不能直接在发行人和投资人之间进行。众筹中介可免于注册为证券经纪商，转而注册为"集资门户"，由此，众筹网站获得了相应的法律地位。JOBS法案降低了创业公司的融资门槛，使得普通公众也能参与到股权投资中来，突破了以往由投行主导的公开募股模式，其监管思路由强制注册和信息披露转变为适合中小企业和普通投资人的思路，即对筹资额和融资额进行双重限制，但仍对众筹中介进行严格监管。成立于2011年的美国股权众筹鼻祖安格利斯（Angelist）在2013年9月通过众筹方式完成2 400万美元的融资，投资机构包括阿特拉斯风险投资公司（Atlas Venture）、谷歌风险投资（Google Ventures）以及其他100多个投资人和机构。

第三节 股权投资对经济发展的影响

一、微观层面——促进企业要素整合

（一）股权投资创新能力理论分析

所谓技术创新，就是新产品或新工艺的设想从产生到市场应用的完整过程，它包括新设想的产生、研发、商业化生产到扩散这样一系列的活动。科学技术对经济发展的作用主要是通过技术创新来实现的。技术创新是企业科技进步的源泉，是现代产业发展的动力。任何国家的国际竞争力在很大程度上取决于该国的技术创新能力。同样，任何企业、任何产品能否在市场竞争中取得优势，也在很大程度上依赖于技术创新能力的提高。要在将来更加残酷、激烈的国内和国际竞争中占据有利的地位，技术创新能力的提高是一个重要的前提。

股权投资对技术创新的作用并不仅仅在于它提供了技术创新所需的资金，而且在于它极大地改变了创新产生的方式。技术创新最初是由美国著名经济学家约瑟夫·熊彼特提出的，按照熊彼特的看法，技术创新存在着企业家式创新和公司式创新两种主要方式，其模型分别如图 1-1 和图 1-2 所示。

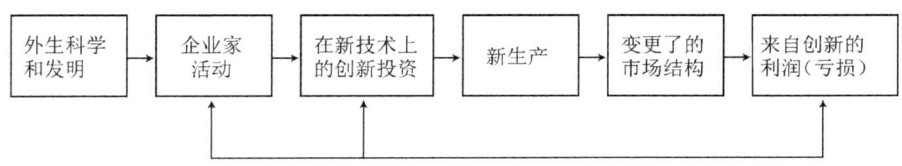

图 1-1　企业家式创新模式

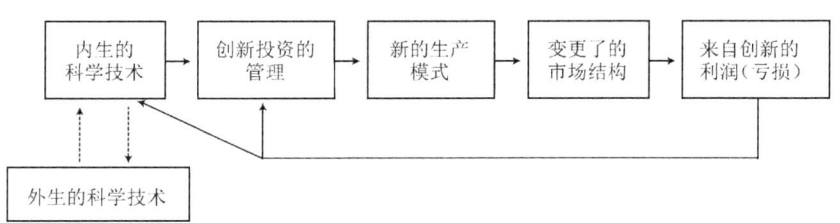

图 1-2　公司式创新模式

企业家式创新模型将技术创新看作一个黑箱，没有研究技术创新的过程机制，并把技术创新看成是一个经济系统的外生变量。在企业家式创新模式下，企业家是创新过程的推动者，他们或者利用科学形成的设想，或者采用技术诀窍来开发新产品和开拓新市场。由这类创新引起的技术和组织上的变化会形成一股强大的潮流，推动许多新产业产生，促使某些老产业振兴或消亡。

在公司式创新模式下，大公司在专门的研究实验室内组织 R&D 活动，使创新过程内部化。这些公司使用内部 R&D 以使自己处于高新技术的前沿，并形成持续的创新浪潮，大公司的这种创新内部化是使技术创新变成偶然性较少、持续性较强的过程。

许多分析家认为，大小企业之间存在着一种互补性。根据这种看法，大公司是大学进行创新所必需的科技基础，其功能是作为技术变化的"孵化组织"。然后，这些技术会被小型企业家型公司利用并使之达到商品化。大小企业之间的这种相互作用是通过两种渠道实现的：一种是直接渠道，如人员的流动及技术和管理能力的转移；另一种是间接渠道，如非正式的信息交换、研究文献的交换及生产者、供给商、零售商之间的业务关系等。大小企业因而以一种动态的、互补的方式，各自在创新过程中发挥着自己的作用。股权投资的兴起推动了一种创新模式，即股权投资式创新的出现和发展。这种创新把公司式创新和企业家式创新中的因素结合起来，促进两者之间的动态互补性。

网络组织（如图1-3所示）是股权投资式创新的重要特点。股权投资家们居于网络的中心，其作用是促进大公司、大学、金融机构和其他各种组织之间的联系，把各种组织中的人力和资源匹配起来以促进新企业的生成。股权投资创新可以克服企业家式创新和公司式创新的许多障碍，以一种相对流动和灵活的组织环境帮助减少创业的信息和机会成本，并且取代了大公司的功能专门化和信息流动特点。目前，国际风险资本除了直接注资外，还频繁周旋于政府部门、企业、大学及金融机构，实际上也是希望自己能在中国的股权投资热潮中争抢份额，但客观上也促进了中国企业的技术创新。

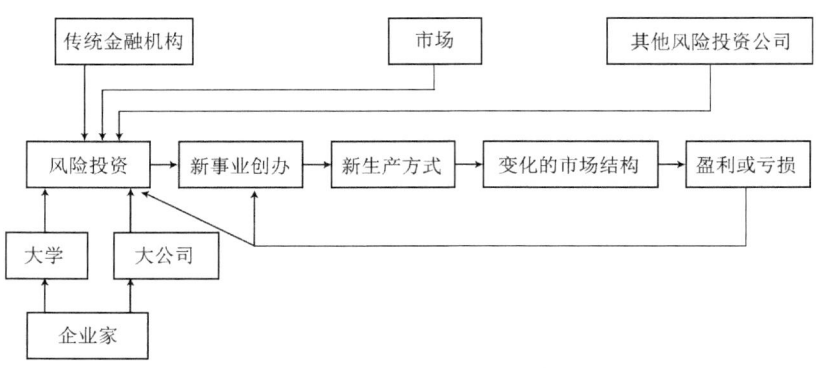

图 1-3 股权投资在创新组织网络中的作用

(二) 股权投资对企业要素整合的作用力分解

从微观层面来看,股权投资对被投资企业的成长发展和企业要素整合都具有直接的促进作用,主要体现在以下三个方面。

1. 资本支持

高度依赖间接融资的方式筹集资金,即依靠银行和金融机构贷款来筹集生产经营所需的资金,会制约企业多元融资渠道的形成,导致企业融资渠道单一、资金获取困难。同时,单一的融资方式容易造成存贷比过高、储蓄转化成投资效率较低,制约经济的可持续发展。

中小企业一般规模较小、成长速度快,企业组织结构简单,在经营方法和管理模式上比大型企业更简单,没有过多的条条框框,可以根据市场服务需求的变化,结合自身的能力,在较短的时间内做出决策,对市场的变化具有很强的适应性。中小企业在发展过程中对资金的需求相当迫切,然而通常缺乏足够的资金支持,间接融资往往门槛较高,由于中小企业规模小、收益不稳定、抗风险能力差、缺乏合格抵押担保品等,在很大程度上影响了银行和金融机构对中小企业的贷款支持力度,限制了中小企业通过银行和金融机构贷款进行间接融资。另一方面,虽然创业板市场能为中小企业的直接融资提供渠道,但其发行上市的条件、程序等要求与主板市场近乎一致,对于大多中小企业来说,上市门槛依然较高。中小企业的融资难问题在很大程度上制约了经济的转型升级。

股权融资是直接融资的一种,能在很大程度上拓宽企业融资渠道,促进融资渠道多元化。股权投资具有很强的灵活性、融合性和个性化特征,股权资本对募集者的资格没有限制，不需要注册、严格的评估和审计，甚至不需要券商的承销，可以有针对性地面向特定的投资者，投资者更专业、更理性，目标性更强。在很大程度上能够解决许多中小企业虽然具有较好的成长潜力，但是由于未来发展的不确定性而难以获得商业银行贷款的融资难问题。股权投资能为这些企业募得资金，从而解决企业资金瓶颈问题，使企业得到长足的发展。同时，股权投资能促进储蓄向投资转化，提高资本形成率，提高经济效率，从而对长期的经济增长和经济的转型升级产生重要的促进作用。

2. 增值服务

股权投资不仅对企业投入货币资本，而且能利用投资者或者投资公司的经验、技能以及广泛的社会网络等，为被投资企业提供增值服务，帮助被投资企业在未来更好地发展。

进行企业诊断。企业诊断能够帮助企业更好地了解自身、进行定位，这在股权投资资金投入之前或之后都非常重要，对不同时期、不同特点的企业有不同的诊断需要和结果。企业诊断也使企业领导人自觉地接受并积极配合股权投资所带来的增值服务。

建设专业管理团队。股权投资公司向被投资企业进行股权投资后，出于对投资收益的考虑，更多地会向被投资企业提供专业的管理咨询意见，甚至是参与到企业的经营管理中。帮助企业建立专业的管理团队，物色高层管理人员，加强与充实创业团队力量，强化中层骨干队伍，必要时引入合格的、忠于职守的职业经理人，取代原来的创业者来负责企业的管理与经营等。股权投资公司是携带着先进的现代管理理念与资金一并投向被投资企业的。

制订市场拓展策略。股权投资帮助被投资企业引入市场策划和制定市场拓展策略，协助企业建立营销奖惩机制，协助企业争取政府采购，利用股权投资机构已有的专业网络推广企业产品等。在条件具备时，促成被投资企业在生产和销售上与合作伙伴结成战略联盟，收到资金共享、共同发展的效果。

协助企业实现财务管理规范化。股权投资通过完善股东会、董事会、总经理负责制，建立监事会和设立财务总监等；通过岗位责任制、总经理任期目标责任制或引入年薪制、期权制等；通过资金运作的规范化，财务核算和财务监督功能的完善等，推进企业管理规范化的进程。这项工作的完成为被投资企业未来的进一步发展奠定了基础。

协助拟定企业中长期发展规划和上市计划。股权投资机构有目的地为被投资企业引入会计师事务所、律师事务所以及咨询机构等中介机构，形成企业服务的专业网络。一方面有利于企业更加规范地运作，另一方面也是为了保护投资公司的利益。同时，股权投资机构也会在适当的时候引入证券公司，对被投资企业进行上市前辅导及担任保荐人，加快企业在国外资本市场上市融资的步伐。股权投资公司往往通过被投资企业上市的方式完成股权投资的退出。参照我国创业板的有关规则要求，企业必须引入证券公司作为其保荐人，并依照有关规定经过上市前的辅导期。因此，一旦时机成熟，股权投资机构就会推动企业申请上市。

3. 优化股权结构

股权投资在主观和客观层面上都能对被投资企业的股权结构和财务结构进行优化，从而为被投资企业未来的发展打下良好的基础。

客观上，股权投资作为一种权益投资投入企业，增强了被投资企业资产的流动性、降低了企业资产负债率、优化了企业的资产结构。同时也带来了企业财务融资结构的优化，改善了企业资产的流动比率和速动比率，优化了企业的各项财务指标，这无疑为企业未来融资工作带来更有利的条件（如图1-4所示）。特别是对于种子期与初建期企业来说，股权投资有助于解决企业没有抵押物、没有担保而难以借款的困境。优化财务融资结构有利于企业进一步取得其他社会的融资如银行贷款，为企业提供资金网络，推动企业的成长和扩张。

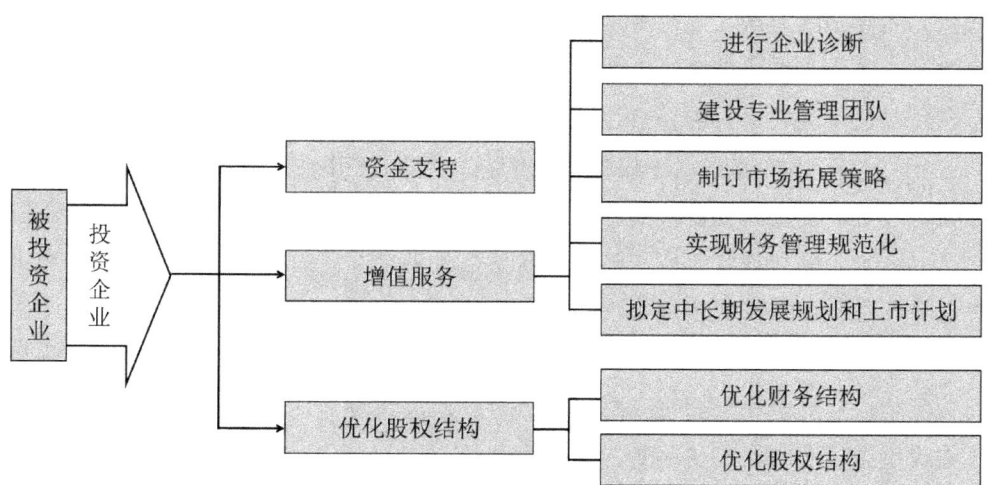

图1-4 股权投资促进企业要素整合机理

主观上，股权投资者考虑到企业未来的发展，主动对被投资企业的股权结构进行优化，使企业的股权结构包括如下四个部分：创业者的股份、经营者和主要技术骨干的股份、职工的期权股份、投资机构（包括股权投资机构）的股份等。优化企业股权结构能为企业未来的融资创造条件，为建立合理的公司法人治理结构打下基础，帮助企业更好地发展。

二、中观层面——促进行业整合

所谓"块状经济"，是改革开放后农村经济发展的产物，指在一定的地域范围内，以当地产业和专业性市场为依托而形成的具有十分明显优势的特色产业，并带动当地经济和社会发展的一种区域经济的组织。

所谓集群经济，是指同一产业内的关联企业和其发展有关的机构、组织等行为主体通过纵横交错的竞争合作关系而形成的一种类似生物有机体的产业群落。这一概念最早由波特在1990年出版的《国家竞争优势》中提出。具体来说，集群经济是在既竞争又合作的特定领域内，以一个主导产业为核心，大量产业联系密切的企业以及相关支撑企业，如彼此关联的公司、专业化供应商、服务供应商和相关产业的企业以及政府和其他相关机构等，在空间上集聚，并形成强劲的、持续的竞争优势的现象。从这一意义上说，集群经济是"块状经济"的高级形态。

产业集群是指相互关联的企业及其支撑服务体系在一定区域内大量集聚发展，并形成具有持续竞争优势的经济群落。马歇尔是最早关注产业集群现象的经济学家。他在1890年出版的《经济学原理》一书中使用"产业区"（Industrial District）概念，讨论了"专门工业集中于特定的地方"的所谓"地方性工业"，实际上就是早期的产业集群。波特在《国家竞争优势》一书中第一次使用了"产业集群"（Industrial Cluster）这个概念，意指"一国之内的优势产业以组群的方式，借助各式各样的环节而联系在一起，并在地域上集中"。随后，他分别在《集群化与新竞争经济学》和《竞争论》等论文和著作中逐步、系统地阐述了产业集群思想。

十多年来，国际学术界对产业集群进行了深入的讨论。研究指出，一国欲在全球经济中获得竞争优势，不能仅靠本国的全球性大企业，更需要扎根于国土上的中小企业集群。同样的，一个地区欲在全国乃至全球范围内获得竞争力，需要区域产业集群的壮大发展，这是有别于传统区域发展的一种新模式。产业集群与区域竞争力的密切相关是通过其对区域竞争环境的影响实现的。产业集群是区域竞争环境的一个重要组成部分，影响行业的准入和退出，推动行业规模和效率的发展。

通过资金链和运作方式，股权投资为产业集群提供了源源不断的发展动力，有助于产业集群的形成与壮大。而由于全球化使国家影响经济和社会发展的能力减小，地方区域在制订发展计划和吸引财富方面积极与跨国公司谈判，境外资本促使中小企业在创新方面的反应能力增大，促进中小企业的技术创新，从而更好地形成良性发展的产业集群。股权投资从以下三方面影响着区域产业集群的发展。

（一）股权投资—创新—产业集群

股权投资有利于产业集群中企业的技术进步和产品创新。集群中多数企业都处于价值链低端的生产加工环节，企业想通过技术创新来实现产品升值，却缺乏资金和先进的技术支持。对此，股权投资可以把一些科研单位的科研成果转嫁到企业生产上，提高企业的技术能力，而且可以通过股权投资企业以先进的管理来指导企业的技术创新，实现企业的技术进步和产品升值。在美国，正是依靠股权投资，使科技成果、企业家精神和风险资本在中小企业中结合起来，使中小企业成为科技创新的摇篮。哈佛大学研究材料表明，美国在第二次世界大战后所采用的70 320项重要发明中，只有132项是由国家科学中心和跨国公司完成的，其他大部分是由中小企业完成的，这些技术创新得益于股权投资的支持。

股权投资带来企业创新能力的增强，创新则极大地促进了产业集群的形成。从微观上说，创新是引入新的分工或使分工层次加深，进而带来企业的技术结构和组织结构的变迁。创新过程中生产要素的重新组合并不是简单的要素再排列，而是重新组合了的要素能产生新的分工、出现新的功能。对于企业来说，促使其不断创新的重要原因在于通过创新达到新的分工，从而降低行业成本。

产业集群对专业化分工的加强体现在两个层次上：一个层次是整个集群对一个产业的专注，做出品牌、做出最好的质量和最低的价格来；另一个层次是集群内企业间出于分工协作的需要而对生产链进行细分。由于大量产业联系密切的企业的集聚，以及相关支撑机构在空间上的集聚，从而获得集聚经济带来的外部规模经济和范围经济。外部规模经济、范围经济在空间上通常会表现为集聚区同行业企业规模的扩大，即集聚区行业规模。由于各种原因，某种行业在一个或几个地点集中生产从而降低了该行业的成本，而行业中单个厂商的规模仍然可能很小。产业集群的生命力在于地理上靠近的企业从事同一产业的多样化经济活动，由于企业间长期接触，逐渐形成相互信任的社会网络和社会资本。人们不单从正式渠道（学校或岗位培训）学习技能，还通过各种非正式的社会网络相互交流经验和技艺，获得最新的市场信息、技术信息，从而进一步提高整个区域的创新能力。

具体到高科技产业和高科技园区，高科技园区是当前产业集群最重要的集聚形式，其成功建设的要素是：由大量优秀的流动知识型人才与比较完善的激励创业和创新的政策制度引致的持续创新能力、股权投资和其他健全的融资机制、鼓励创新的人文环境和文化氛围以及政府作用的适当定位等。创新是高科技园区的灵魂和动力，这是因为，没有创新就没有高科技园区，而没有持续的创新流，就没有高科技园区的可持续发展。高科技园区是国家创新系统在地理上的一个重要节点，也是区域创新网络的一个核心地理单元。[①]

在行为主体上，区域创新网络的节点主要由企业、大学或研究机构、政府等公共组织机构、中介服务组织以及区域金融机构等组成。该网络具有动态性、系统性、开放性、非中心化和本地化等特征。而区域创新网络的有效运转，依赖于新产业区内的社会文化、法律制度和劳动力市场等环境要素的创新。高科技园区更要求这些环境创新具有有利于持续创新流发生的兼容性，因为园区内企业间的相互作用有利于实现区域内创新主体之间的集体学习，从而促进园区创新流的更大规模发生。所以，高科技园区总是通过创新网络，伴随着园区内创新扩散过程的不断演进而健康发展。

（二）股权投资—产业链—产业集群

股权投资带来了专业化的供应商，完善了地方集群的产业链，优化了区域经济的要素配置，提高了区域竞争力。

波特认为，产业集群是指彼此之间存在竞争和合作关系的最终产品生产商、原料供应商、中间商和专业服务提供商，相关产业领域的企业、政府以及其他机构（如大学、智囊团、职业培训机构以及行业协会等）。最早论及"外部经济"的英国经济学家马歇尔阐述了产业集聚的三个主要条件：一是专业化供应商队伍的形成；二是劳动力市场共享；三是知识外溢。波特和马歇尔都强调了专业化供应商对产业集群的重要作用。在我国，许多地区的产业链并不完善，或缺乏上游的材料和零部件供应商，或缺乏下游的服务和营销供应商。股权投资的进入还促使与之有产业联系的上下游供应商企业相继进入，以维持其原有的生产体系。

---

① 何诚颖：《探寻股权投资之道》，北京，中国财政经济出版社，2014。

例如，产业集群内部的企业因为跨国公司的集聚而得到产业结构和生产效率等方面的提高，跨国公司在我国地区集聚为国内其他企业提供了良好的联合基础。跨国公司的产业集聚也为相关高级人才培养提供了良好的环境，同时带动了该地区的就业。此外，跨国公司的产业集聚可以有效地提升产业升级，从而提高区域国际竞争能力。以苏州工业园区为例，超过50%以上的国外风险投资都带来了相应的供应商，尤其是一些大型的跨国公司以及日本、韩国和东南亚地区的跨国企业，通常拥有自己较为固定的供应网络，它们的进入使大批跨国供应商企业也跟随而至。这些供应商的邻近关系使跨国公司大大降低了运输成本，节约了交易费用，减少了库存，从而使生产成本大大降低。而且，供应商的进入促进了园区内产业链网络的完善，网络为企业提供了面对面的交流机会，有效地促进了知识与技术的流动、累积和创新，提高了集群的国际竞争力。经过10年的招商引资，苏州产业园区已形成了比较完善的IT制造产业链和半导体产业链，如表1-1所示。

表1-1 苏州工业园的产业链

特色产业	IT制造产业	半导体产业
产业链环节	电子材料、计算机配件、数码产品	IC设计、制造、封装测试
主要企业	台湾明基、瑞士罗技、德国西门子、日本松下、日本雅马哈、荷兰飞利浦	世宏科技、亿品科技、原芯电子、美国AMD、韩国三星、日本日立、美国快捷半导体

资料来源：任胜钢．苏州产业集群与跨国公司互动关系的实证分析[J]．中国软科学，2005（1）．

（三）股权投资—技术外溢—产业集群

股权投资通过加速产业集群内部的技术转移和外溢，提升产业集群技术水平。集群理论认为，集聚经济有利于知识和技术的外溢。集聚体内部本身具有一个动态的学习机制，由于空间接近性和共同的产业文化背景，集群内的技术能优先得到传播与扩散。事实也已经证明，产业集群内知识和技术的扩散要明显快于非集群化的企业。从单个企业的层次来看，其技术学习的绩效依赖于本身的技术吸收能力，包括技术知识的识别、同化和利用能力。而产业集群内企业因为有着相似的产业文化、行为方式、技术轨道和多种多样的沟通联系渠道，使专注于在群内开展技术学习的每个企业都具备了相对较强的技术吸收能力，从而大大提高了集群内多边学习和技术扩散的效率。

股权投资的引进能够给产业区域带来技术外溢效应,主要包括以下4种效应。

（1）示范效应,指企业通过对外企新技术、新产品、生产流程的模仿和学习而提高自身的技术水平。

（2）竞争效应,即优秀企业的进入加剧了国内市场的竞争,迫使本国企业被动加大研发投入,加速生产技术、生产设备的更新升级。

（3）人员培训效应,指优秀企业对当地员工,尤其是管理人才、研发人才的培训投入,提升了当地人力资本存量。

（4）链接效应,指优秀企业通过与国内企业上下游产业链接效应带动了当地企业的技术进步。

产业集群是区域竞争力的重要形成基础,发展集群经济是后起国家及地区从比较优势转变为区域竞争优势的重要途径。采取有效措施、突破低端化锁定倾向、适应未来消费需求趋势变化、实现"块状经济"向现代产业集群的集群经济转型,是未来经济转型升级的重点。

"块状经济"向集群经济的转型升级表现在多方面。如拓展产业链和价值链,优化特色产业;壮大龙头企业,加强企业之间既竞争又合作的关系;培育区域品牌;构建专业化服务平台,完善服务功能;具有创新精神的企业家不断成长,并发挥领军作用;地方政府强化产业政策引导,积极提供公共产品和服务;健全行业协会、商会等中介机构等。

股权投资在"块状经济"向集群经济转型升级的过程中起到了不可忽视的作用。具体表现在以下三个方面。

第一,培育和壮大龙头企业,拓展产业链和价值链。股权投资公司的部分项目投资于行业中的龙头企业,为龙头企业提供资本支持和增值服务,进而培育和壮大行业中的龙头企业。股权投资公司特别关注和投资于"块状经济"中关联度大、主业突出、创新能力强、带动性强的龙头企业,注资后发挥其产业辐射、技术示范和销售网络中的引领作用,加强品牌建设,充分提高产品的美誉度和知名度;鼓励被投资的行业龙头企业实施国际化战略,支持其在省外、海外设立原料、能源供应基地、研发设计基地和营销网络,积极开辟新的发展空间;引导被投资的行业龙头企业加强战略规划和管理创新,不断提升竞争优势。

第二,整合中小企业,提高产业集中度。股权投资公司投资于行业中的龙头企业后,通过龙头企业对相关企业的并购整合,引导产业中的小企业转型,整合整个行业。引导被投资的行业龙头企业通过联合、并购、兼并、控股、委托和品牌经营、虚拟经营等现代方式吸纳中小企业加盟，整合众多无牌加工企业的生产能力，培育以品牌为纽带的关联产业集群，推进产业纵向延伸和横向配套，提高产业集中度和资源配置效率；鼓励龙头企业将一些配套件及特定的生产工艺分离出来，形成一批专业化配套企业，建立一个龙头企业带领一大批供应链上的配套企业的模式，积极支持中小企业进入龙头企业的供应网络，努力提高龙头企业在本地区的产业配套率。多数中小企业或者被龙头企业收购兼并，成为龙头企业的一个部分，或者成为龙头企业的供应商，成为其中一个"车间"，或者退出市场。

第三，促进自主创新与集群式创新。股权投资公司投资于被投资企业，为其提供了资本支持和增值服务，为被投资企业的创新提供了技术、人才和资金的支持。建立专业的研创和管理团队，引进人才，导入新理念、新技术；推进以企业为主体、市场为导向、产学研相结合的技术创新体系建设，促进"块状经济"内被投资企业由委托加工向自主设计研发转变；促进被投资企业产品的差异化，增加价值链长度和厚度，建立企业品牌，强化产业链上中下游的协同创新；支持被投资企业在关键技术、关键工艺上进行技术创新合作，构建企业间技术转让交易平台，实现技术创新成果的扩散效应；帮助被投资企业取得以发明专利等为基础的自主知识产权，积极占据技术领域的制高点；督促被投资企业严格执行强制性标准，鼓励其积极采用国际标准和国外先进标准进行生产。

三、宏观层面——促进经济增长

股权投资对经济增长的作用已经在前面得到了证实，外国股权投资只是国别属性不同，其经验共同表明股权投资对经济增长有更明显的促进作用。赫尔曼（Hellmann）和普瑞（Puri）（2000，2002）认为以创新为目标的股权投资公司能够更快地向市场推出产品和采用进攻型的市场策略。活跃的股权投资部门的存在能够促进宏观经济增长。瓦斯默（Wasmer）和韦伊（Weil）（2000）运用面板数据（Panel Data）模型分析 1986～1995 年 20 个 OECD 国家的股权投资与就业的关系，其结论是：股权资本占 GNP 比重每增加 0.075 个百分点，则短期失业率减少 0.25 个百分点，而长期失业率会减少 0.9～2.5 个百分点。

实践研究表明，股权投资对经济增长有很大的促进作用。但是理论上的探讨和实证研究目前为止还不多，直接研究股权投资与经济增长的关系的文献很少，关于股权投资与我国经济增长的文章就更少。一方面是因为我国股权投资发展历史还不长,股权资本的发展在我国还处于幼稚阶段,股权投资在中国的作用远不如在其他欧美国家;另一方面是在中国,许多发达经济体被认为是促成经济增长的一个重要因素(Gwartney,Law-son和Block,1996)。

国内对股权投资与经济增长进行直接研究的学者不多,对股权投资与经济增长的研究更多的是分析其传导机制,这其中主要是基于现象的阐述,理论依据也不完善。罗桂元(2004)在《论股权投资与经济增长》的一文中指出,股权投资促进了高新技术产业的发展,进而带动整个国民经济的发展。股权投资传导于经济增长的机制是:它改变了人类经济增长的传统方式,促使科学技术优势向竞争优势转化,改变了劳动—技术—科学互相作用关系,完成了科学—技术—生产的创时代变革。丁晓华(2000)较为系统地提到,股权投资对经济增长的原理可以归结为产业结构的调整、技术创新、高新技术产业的兴起与发展促进了经济发展,但其只停留在一般的现象描述上,缺少理论深度。

(一)股权投资积聚资本

王双正、陈立文(2003)首先提出了股权投资作为一种资本,但又不同于一般资本,这个属性使资本异化,提高了资本的收益率,进而促进经济增长。在阐述股权投资的概念、特点的基础上,分别从定性、定量的角度详细论证了股权投资与经济增长的关系;借鉴经济学有关理论(索洛增长方程)对股权投资的贡献率进行初步的定量研究,使股权投资对于经济增长的影响作用又回归到传统的生产函数上,将资本分为股权资本和其他资本。假定 K_1 表示股权资本投入量,K_2 表示其他资本投入量,y 表示年经济增长量,L 表示劳动投入量,$A_t = A_0(1+\alpha)$。t 表示第 t 年的技术进步水平,取 $A_0 = 1.0$,$\alpha = 0$,$t = 1, 2, 3 \cdots\cdots$,计算相对水平,则年经济增长函数可表示为 $Y = A(t) f(K_1, K_2, L)$,为定量分析提供了思路,但遗憾的是文章只提供了一个理论模型。

股权投资支持的企业效益高于非股权企业。魏丝(Weiss)1997年对股权投资的研究表明,股权企业的投资回报率超过非股权企业。其中一个原因是股权投资能够缩短企业研究成果商业化的时间,一般说来是3~5年,相比其他传统的大企业,这个时间就短了很多。美国股权资本基金1990年的股权投资收益率几乎为零,到1995年已上升到54%。1996年英国股权投资基金年净回报率是14.2%,超过同年其他金融资产的回报率,大大高于同期非股权企业。

谭静(2001)在分析高新技术产业与股权投资的关系时指出,股权投资企业由于具有产品性能先进、生产工艺及手段先进、产品市场的竞争对手相对较少、市场相对宽广等优势，会使得资本的收益大大高于一般产业。于是，一种与高新技术项目相结合的股权资本应运而生，这种资本的收益率大于传统的其他物质资本。

股权投资公司是资本市场上重要的机构投资人，集富人之财进行投资。因为把富人的资金集中在一起，他们的资金量大，股权承受能力也比较大。同时，股权投资为整个社会产业的发展和产业结构的优化提供更为宽广的融资渠道，有效地降低融资成本，有利于更大限度地动员可用的储蓄资金，促使闲散的社会资金向金融机构和金融市场聚集，更好地为产业结构的升级积累所需的庞大资金。更为重要的是，股权投资能提高储蓄向投资的转化率，从而加快现有产业部门资本的形成和存量的提高，推动产业结构的调整。在产业发展过程中，股权投资作为直接金融的一种，与间接金融共同作为产业结构调整与优化的实现机制。股权投资以市场化的机制来进行产业选择，促使资本流向不同的企业和行业，为产业结构的调整与升级提供足够的资金。为新兴产业的发展和衰退产业的退出提供了便捷的资本流动机制。相比之下，股权投资比通过银行等金融中介进行间接融资更适应资金技术密集型产业的发展需要，更能拓宽产业资本的来源渠道，增强产业结构的转换能力。

（二）股权投资促使技术进步

随着社会经济的发展，技术创新已成为企业和经济发展的核心，更是推动现代经济增长的关键。股权投资对技术创新有重要作用，经济发展的关键在于创新，技术创新也是提升产业技术结构、实现产业结构高度化的根本动因。创新需要大量人力、物力、财力的共同配合，尤其需要大量的资金支持。股权投资是技术创新资金的重要来源。股权投资公司提供资金给那些潜质好、效益高、技术先进、最有可能成功开发新产品和新技术并投入生产的企业或项目，带动技术密集型产业的发展，提高技术创新率，以此促进技术创新，进而孵化出新兴产业；扶持高科技产业，改造传统产业，发展主导产业，壮大骨干行业，推动产业结构的优化升级。而融资难往往是制约高新技术产业自主创新能力提升的瓶颈性因素。大多数创新性企业规模较小、发展前景不明朗，且缺乏可供抵押担保的资产，经常被排挤在从银行等金融中介机构筹措资金间接融资的大门之外。股权投资不仅为技术创新的资金困难解除枷锁，为高新技术产业提供资本，还能够推动这些技术创新渗透到相关产业，促进科技成果的转化，从而带动整个产业结构的调整与升级。

技术进步是由技术发明、技术创新和技术扩散三个相互关联的步骤所构成的演进过程。技术发明是具有一定新颖性、独创性和实用性但尚未实际应用的技术创造成果。技术发明一般有两种去向，一是作为技术进步的成果被直接引入技术进步的第二个阶段，实现技术创新；二是不能进入技术创新过程的技术发明成果，作为没有得到利用的新技术知识、技术成果储存于"技术库"。技术创新是以新产品、新方法或新工艺的形式实现技术发明的首次社会利用或商业化应用。当然，技术创新的来源包括"技术库"中原有的技术发明成果。技术扩散是技术创新的模仿或推广，即技术创新的社会化。[①]

一般而言，一项技术创新总是由个别或少数有眼光、敢冒风险的创新者或企业家实现的。随着创新的经济效益日益明朗化，其他企业都会相继采用这种技术创新方式，整个产业部门的经济效益就会明显提高。以微电子技术为主导的信息、生物、新材料、新能源等新技术的蓬勃发展，形成了以信息技术产业、生物技术产业、新材料产业等为主的高科技产业群。

股权投资作用于技术创新的最根本机理，在于为技术创新融资提供了一个有效的市场。股权投资为技术创新融资提供了途径，降低了融资成本。传统的债务已被证明了并不是技术创新融资的合适途径，这是因为股权资本家的专业程度，决定了投入企业的不仅仅只是资金。卡普兰（Kaplan）和斯达姆伯格（Stomberg，2003）指出，股权投资能够降低企业技术创新融资成本，这是因为作为一种权益融资，它可以参与董事会、制定发展战略、监管公司行为和雇佣管理层等，降低了企业技术创新融资成本。

塞缪尔·卡特姆（Samuel Kortum）和乔希·勒纳（Josh Lerner，1998）曾选取了1965～1992年间20个行业，对美国股权投资促进技术创新的效率进行了实证研究。他们分别用国内发明者专利申请数量（Pit）代表技术创新成果；股权投资额（Vit）代表股权资本对技术创新的资助程度；行业公司R&D投资（Rit）代表公司R&D对技术创新的资助程度，估计出参数b（股权投资相对于公司R&D对技术创新的促进作用），b的平均值为6.2，表明股权投资对技术创新的影响能力远甚于公司R&D投入。而且1983～1992年的样本数据表

---

① 杨北冬：《私募股权投资基金的发展及对中国经济的影响》，商，2016（15）：176。

明，占制造业 R&D 支出总额仅为 2.92% 的股权投资额对技术创新的贡献度为 15%，效率远高于公司 R&D。后来，塞缪尔·卡特姆（Samuel Kortum）和乔希·勒纳（Josh Lerner）（2000）认为原模型可能忽视了技术机会（Technological Opportunities），出现对股权投资额增长和专利申请数量变化的共同作用，那么在考虑到技术机会因素后，1983～1992 年股权投资对技术创新的贡献度也达到 8%。而且文章进一步指出，20 世纪 90 年代以后，股权投资对技术创新的促进作用更大。

与一般产业投资相比，高科技产业投资又具有突出的风险性。由于技术风险、市场风险及财务与管理风险等多方面股权因素，高科技产业投资失败率常达到 60%～80%，又有"成三败七""九死一生"之说。

对此，以商业银行为代表的传统金融机构往往望而却步。因为传统金融机构一般注重资金投放的流动性、安全性和效益性原则。首先，不敢承受过大的资金股权。其次，是承担高风险后贷款利率方面的限制难以获得相应的高收益。这样传统的融资渠道不能为高科技产业提供充分的资金支持，造成严重的资金"瓶颈"，导致适应高科技产业的股权投资业产生。再次，在直接融资如股票市场上，创业初期的高科技企业往往不具备上市资格。最后，政府投资受财力约束，且产权特性往往缺乏效率。在此情形下，一种内在的动力机制促使股权资本不断聚集和股权投资机构大量涌现。

（三）股权投资推动产业结构调整

股权投资可以提高经济效率，优化金融资源配置。资金通过资本市场和信贷市场控制流向，达到对金融资源的配置效果。股权投资对经济社会提供资金的过程，也是金融资产对产业范围选择的过程。产业部门间资源和资金的市场化流动、配置是产业结构优化的必然要求。通过股权投资，可以有效引导资金从低效率的部门流向高效率的部门，从走向衰退的产业流向极具发展潜质的朝阳产业，从高污染产业流向绿色环保产业，资金的流动过程也是劳动力和各种资源相应转移的过程。以优胜劣汰的市场竞争机制为基础的产业选择过程，有助于达到产业结构的优化。

因为股权投资公司倾向于高增长的潜力企业，使得资本向这些优势产业倾斜，使有效益、有竞争力的企业得到资本的支持而进一步发展壮大；反之，那些低效益、缺乏竞争力的弱势企业由于很难得到资本的支持而将被淘汰出局。由于不同产业对金融资源的吸引力不同，产业与资本之间就会相互影响、相互选择，进而产生合力效果，推动产业结构的调整和优化。

股权投资不为企业的所有制所束缚，以企业的成长性作为主要投资选择原则，将社会稀缺的生产资源投给社会最需要发展的产业，投给这个行业中最有效率的企业，投向企业内对企业自身发展最有利和对产业结构升级有利的高新技术产业部门。这样，社会稀缺资源的配置效率就可以大幅度提高，使产业结构得到调整和优化。

第二章 典型国家中股权投资的历史

第一节 美国股权投资的历史与经验

美国股权投资活动可以追溯到 19 世纪末期。而最早的、有案可查的私人股权投资交易是在 1901 年，摩根在那年花了 4 800 万美元从安德鲁·卡内基和亨利·菲普手里买下卡内基钢铁公司。

19 世纪中叶后期是美国资本主义发展过程中一个很重要的历史时期。蓬勃兴起的发展计划，包括西部铁路的修建，大油田、大煤矿的开发都需要很多资金的投入。资本的逐利性决定了：不管是私人资本还是国家资本，都希望投资于可以产生利益的产业。所以在 19 世纪末，一些富有私人和银行家开始将富余的资金，通过律师、会计师的介绍和安排，直接投资于风险较大的石油、钢铁、铁路等新兴产业。那时的投资完全由投资者个人自行决策，没有专门的投资管理机构或者私募股权基金等机构进行组织和管理。

到了 20 世纪 20 至 30 年代，部分富有的家庭和个人投资者开始为一些企业提供创业资金，促进了一大批企业的发展。像东方航空公司、施乐等一些后来知名的大企业，在创业时都得到了私人投资者的支持，这些投资行为可谓是私募股权基金最初的活动形式。

一、"二战"后起步（1946～1981 年）

美国现代意义的私募股权基金始于第二次世界大战以后。第二次世界大战后，美国出现大量中小型企业，但有些企业的项目由于得不到资金的支持而夭折。

新常态下的股权投资

在这种情况下，1946年美国研究与发展公司（ARD）成立。历史上把这一事件看作现代风险投资业真正诞生的标志。从此，私募股权投资开始专业化和制度化。他们成立公司的目标之一是设计一种"私营机构"来解决新兴企业和中小型企业资金短缺问题，并希望这种"私营机构"在为中小型企业提供长期资本的同时，还能为其提供专家式管理服务，"创业投资基金"随之形成。该公司最大的一笔投资是对数字设备公司的投资，ARD公司以7万美元买入，后以高达370万美元的价格卖出，获利达50多倍。

但由于私人股权投资市场存在严重的信息不对称和道德风险问题，一般的投资主体缺乏对投资对象的全面了解，同时很难找到合适的激励机制来促使投资对象改善经营，因此，ARD模式在最初的资金募集和运作上不是很顺利。从其设立到1958年的12年间，一直无人效仿设立第二家同类机构。

为了克服高新技术创业企业资金不足的障碍，1958年美国国会制定了《中小企业投资法案》（Small Business Investment Act），建立了中小型企业的投资公司制度，规定经审核许可的中小型企业投资公司可以以低于市场水平的利率向政府贷款，但所贷款的款项必须投资于创业型的中小企业。该法案极大地促进了美国私募股权基金和中小型创业企业的发展。从某种意义上说，没有该法案的颁布，就没有今天这么欣欣向荣的美国私募股权投资的繁荣景象。美国的私人股权投资就这样在政府的支持下蓬勃发展起来。

进入20世纪60年代，相当一批由私募股权基金投资的公司获得成长并开始上市。到1968年，受私募股权基金资助的公司成功上市的数目已逾千家。与此同时，20世纪70年代后，在制度安排上出现了有效解决信息不对称和道德风险的有限合伙制度，以该形式设立的私人股权基金得到了迅速发展。随后，"企业重组基金"出现，主要为老企业再次创业融资。此时，独立的投资公司越来越多，私人股权投资市场已经相当火热，其中最著名的是1976年美国华尔街投行贝尔斯登的3名投资银行家成立了一家投资机构KKR，专门从事企业间的并购业务，这是最早的具有现代意义的私募股权基金。

20世纪70年代初期，随着政府提高资本利得税政策的颁布，美国私募股权基金投资热浪有所降温。此外，1974年颁布的《雇员退休收入安全法》规定，养老基金不得参与任何有风险的投资，极大地影响了私募股权基金投资的资金来源。直到1978年，资本利得税从49%降低到28%，私募股权基金投资才又一次活跃起来。紧接着，政府又放松了《雇员退休收入安全法》的某些规定，使得养老基金再次可以投资私募股权基金,这直接引发了私募股权基金投资的新一轮浪潮。养老基金取代个人和家庭投资人逐渐成为私募股权资本的主要来源,机构投资者开始大举进入私募股权基金投资市场。

二、杠杆收购的盛行与破灭（1982～1992年）

在这一时期,由于杠杆收购兴起,股权投资获得了快速发展。虽然杠杆收购这种投资模式早在20世纪50年代就已经出现（有学者认为第一个杠杆收购可能是1955年Malcolm McLean的McLean产业集团购买泛大西洋汽船公司和水手汽船集团）,但是,杠杆收购真正在美国兴起并成为美国金融领域的重要力量,则是在KKR等公司出现之后。进入20世纪80年代,由于过度的IPO令新股发行价格持续走低,当时投资经理普遍年轻化,而且风险投资的回报率也相对较低,这些因素导致私募股权投资基金更喜杠杆收购。

1979～1989年,个案金额超过2.5亿美元的杠杆收购案例超过2 000宗。1984年KKR完成了第一宗10亿美元的杠杆收购,兼并了在电视、电影院和旅游景点领域拥有股权的休闲企业Wometco；1985年Sterling Jewelers并购案由托马斯（Thomas H. Lee）完成,以不足300万美元购买了Sterling珠宝公司价值2 800万美元的Akron公司,两年后以2.1亿美元卖出,利润为1.8亿美元。现今多数家喻户晓的私募股权基金巨头基本都在那个时代成立并崭露头角。如贝恩资本（1984年成立）、黑石集团（1985年成立）、凯雷资本（1987年成立）。

在20世纪80年代,杠杆收购成为获利最高的投资模式,吸引了大量投资者,有学者认为,这主要得益于下述三个法案。第一个是1977年卡特税制计划的失败,减小了对资本利得的歧视。因为差异税率制度和资本利得税率的降低,私募股权投资者普遍应用杠杆减少税负。第二个是1978年,美国劳工部对《雇员退休收入安全法案》"谨慎人"（Prudent Man）条款做出了新的解释,明确在不危及整个投资组合安全性的基础上,不再禁止养老基金和企业年金投资私募股权。这一解释改变了PE的资金结构。此后,机构投资者逐渐取代个人和家族投资者,同时企业年金投资者积极购买高息债券和垃圾债券,促进了杠杆收购。第三个是1981年《经济复兴税法》,它将资本利得税的最高税率从28%调低到20%,增强了高风险投资的吸引力。

经历了20世纪80年代的快速增长后,到了80年代末期,美国PE行业的规模开始急剧下降。导致行业发生变化的原因首先是PE投资回报的急剧下降,一方面某些热门领域出现过度投资，缺乏有经验的投资家进入；另一方面并购领域各投资机构之间的竞争加剧，投资回报的降低使得投资者不愿再做出高额资金承诺。随着垃圾债券违约率的上升，最大的垃圾债券包销商 Drexel Burnham Lambert 申请破产，美国国会要求储蓄和贷款从低评级债权市场撤出，垃圾债券市场开始崩溃，这使得杠杆收购受到严重打击。

三、风险投资繁荣和互联网泡沫期（1993～2002 年）

经过了 20 世纪 80 年代末的低潮，美国 PE 开始加强自身的管理，调整投资理念与策略，并使用较小的杠杆。据统计，20 世纪 80 年代的杠杆比例约为购买价的 85%～95%，90 年代仅为 20%。同时，在低潮中大量退出的缺乏经验的投资者使得行业竞争有所弱化，此时 IPO 市场表现良好，为 PE 提供了畅通的退出渠道，这使得整个行业出现很大改观。

同时互联网的兴起使得风险投资获得了空前的回报，加利福尼亚门洛帕克市 Sand Hill 路和硅谷因为因特网和计算机技术而受到投资者追捧，高科技类和其他成长性企业的 IPO 机遇丰富，风险投资获得暴利。雅虎、亚马逊、Ebay 等公司在这一阶段获得风险投资基金的大规模投资。

互联网行业的繁荣使美国 NASDAQ 指数在 1998～2000 年不断飙升，但是到 2000 年随着一些高科技企业的破产，NASDAQ 指数出现了断崖式下跌，美国互联网泡沫破裂。在之后的两年里，风险投资的规模出现了大幅度下降，主要原因在于大量互联网公司难以达到预期的上市目标。

四、次贷危机前的繁荣（2003～2007 年）

从 2003 年开始，在经历了互联网泡沫后，私募股权投资开始了 5 年的复苏之路，并且在这一阶段完成了历史上最大规模的杠杆收购，私募股权投资公司的规模也得到了空前的扩张。

2006 年，大型并购交易创下历史之最，私募股权投资公司对 654 家美国公司进行了总额 3 750 亿美元的投资，这一数据达到了 2003 年的 18 倍。美国的私募股权在 2006 年达到了顶峰。

2007～2008 年的美国次贷危机对当时的私募股权投资市场带来了一定的冲击，主要原因为杠杆融资和高收益债券市场受到危机的影响较大。2007 年 7 月和 8 月，高收益债券的发行出现了大幅下滑的情况。

不过 2007 年上半年,整个杠杆收购市场仍然保持良好运行。根据普华永道的统计,截至 2007 年 12 月 18 日,私募股权基金交易 140 宗,而 2006 年只有 110 宗。总体交易额从 57 亿美元增长到 106 亿美元,其中包括一些上百万美元的交易,比如,英国私募股权基金公司 Permira 投入 8.4 亿美元收购银河娱乐公司澳门赌场的 20% 股份,黑石集团投入 6 亿美元收购中国蓝星的股份。

五、经历次贷危机后的再发展(2008 年至今)

到 2008 年,私募股权投资受到冲击的现象则更加明显。2008 年,北美私募股权投资市场的新成立基金数量为 62 家,较 2007 年的 114 家大幅缩水。而在并购基金市场,2008 年新增的并购基金只有 19 家,较 2007 年的 38 家大幅下滑。VC 基金新增 18 家,远低于 2007 年的 28 家。

当前,众多的私募股权基金在经历了 20 世纪 90 年代的高峰发展时期和 2000 年及 2008 年全球金融危机的发展挫折期之后,目前已经重新进入上升期。

美国目前有 600 多家专业私募股权基金,管理着超过 4 000 多亿美元的投资基金。从投资总额来看,美国私募股权基金的资本市场占据了全球私募股权资本市场 40% 的份额。其中黑石、新桥资本、IDG 资本、华平投资集团、KKP、摩根士丹利、摩根大通、贝恩、阿波罗、德州太平洋、高盛、美林等机构是美国私募股权基金的佼佼者。

第二节 英国股权投资的历史与经验

工业革命诞生在英国,与之相匹配的资本被称为工业资本,这也是最有效的创造新的社会价值的资本。本节研究工业资本如何帮助英国快速有效地完成工业革命。

1825 年,英国在达灵顿修建了全世界第一条铁路,达灵顿—史达克顿铁路,并且为之成立了史达克顿 - 达灵顿铁路公司。1825 年 9 月 27 日,第一个火车车头在这条全世界最早的公共铁路线开始运行。最初修建这条路线的目的是运输乘客和货物,当时需要十万英镑才能够修建这条铁路,而这个数字在当时是天文数字。如何筹措这笔巨资呢？史达克顿－达灵顿铁路公司尝试着使用发行股票的方式来筹措。

仅仅用了一年的时间，铁路建成，不仅降低了运输的成本，而且公司也由此获得了巨大的利润。这也是人类历史上第一次铁路商业化经营的成果，这样的模式为之后铁路大规模建设和运营奠定了坚实的基础。

从1825年到1870年，在这短短的45年间，英国通过这样的形式建成了一个覆盖全国的密集铁路交通网，其运行里程达到20 000多千米。股票的发行，成就了大规模的铁路建设，而大规模铁路的建设完成带动了冶金、采矿、煤炭、制造等众多行业的迅速发展，由此带动了整个英国经济的迅速增长，促进了股票市场的繁荣。

1862年，英国政府颁布了股份公司条例，标志着股份公司的制度从法律上得到了确立。

由此，原始的商业资本在经历了工业革命的洗礼后转化为工业资本。在生产中对资本的需求骤然扩大，资本就只能通过资本市场，以股权投资这样的形式，从千千万万普通老百姓手中投入生产过程。

这样的制度变革使英国的经济规模迅速扩大。1870年，英国的工业总产值占到了全世界工业总产值的32%，其中生铁与煤炭的产量达到了全世界的一半以上，从而把欧洲同时代的国家远远地抛在了身后，英国由此成为世界经济规模第一的国家。

在铁路建设中股票的发行只是整个英国工业革命的一个缩影。在同一时代，更多的企业主则是通过自有资金、集资入股、向金融机构贷款这三种主要方式来获得企业运营的初期资本的。在这里，笔者主要叙述集资入股这种方式，也就是研究股权投资如何在工业革命时期帮助无数企业完成初期资本的准备。

在英国工业革命前期，有些企业主是靠从非正式的资本市场获取资金、采取间接投资的形式为工业革命添砖加瓦的。当时一些小企业无法靠自身提供资金，企业主通常向他们的乡邻、当地的其他公司以及其他多种关系求助。工业革命期间很多著名人物都是靠这种方法来筹集资金的。

罗伯特·欧文靠从他兄弟那里借款100英镑起家，在18岁时和一名制造织布机的机械工合伙，30岁时他建起了一家价值6万英镑的纺纱厂。理查德·阿克莱特从一个酒店老板那里获得第一笔贷款，然后和斯特拉特合伙，斯特拉特当时是一名针织品制造商。詹姆斯·瓦特从他的良师益友约瑟夫·布莱克博士那里借钱作资本，然后和博尔顿合伙生产蒸汽机，博尔顿当时刚刚继承了家族的财产。1790年，马歇尔在利兹建立亚麻纺织厂时，除了利用自己的资财外，就是靠向朋友借款来筹集资本的。当时中产阶级手中积累了大量的钱财，其中有些用于购置地产，作为他们成功的标志。但18世纪土地市场逐渐枯竭，有些成功的商人无法通过地产投资来满足自己的社会野心，这意味着有许多潜在的可以投资的资本要寻找新的出路。尽管《泡泡法》禁止在制造业和商业中建立合股公司，但是仍然有很多囊中羞涩的年轻人吸收富人作为合伙人，为了避免法律上的麻烦，这些人一般以隐性合伙人的身份出现，利用富人的声望获得资金。经营几年之后，这些年轻人富裕起来，合约到期后就另起炉灶。英国企业不仅欢迎亲戚和朋友入伙，而且欢迎朋友的朋友入伙。这样企业主能够从亲戚和乡邻那里获得资本，这些资本往往是通过契约获得的。有些退休的制造业主也很愿意成为那些有作为青年的合伙人。

18世纪后期和19世纪初，地主家族中的女子常常向工业提供资金。为了避免形成股份公司的过多花费，人们常常采取这种合伙方式，为获得资产而吸收陌生人作为隐性合伙人的例子很多。尽管面临着对公司的无限责任，英国棉花工业中隐性合伙人却非常普遍。卡伦公司在1759年建立时的资金是靠三名合伙人和他们的家人筹集的，出于筹集的目的，1765年它又吸收了新的合伙人。当需要大笔资本建立多个合伙人公司的时候，人们通常按正规的合伙法规来进行，他们在合约中明确规定提供资金的合伙人和执行管理职能的合伙人的责权。例如，有些煤矿就用这种方式筹集资金。1808年开张的坎诺克和鲁奇利公司最初有800股，其中的288股由哈里森一家控制，他在布莱克郡拥有煤矿，237股由当地乡绅掌握，他们的实际身份被绅士这一称谓掩盖。120股由当地商人控制，75股由当地律师、教士、会计掌握。明格也指出，有些地主一直是他们庄园附近采矿、运输、冶铁业发展的主要推动者，不少地主在公司里充当合伙人、董事和持股人。

但是这种集体责任公司碰到了如何区分无限责任和有限责任这个难题。根据股东对公司所负责任的不同，人们把公司分为以下五种形式：无限责任公司、有限责任公司、两合公司、股份有限公司、股份两合公司。当时人们以成立两合公司作为权宜之计，用以区分企业经营人的责任和那些满足于提供资金、只愿对这笔投资负责的投资人的责任。根据英国的法律，两合公司长期有权向股东提出增资的要求。这种两合公司毕竟只是权宜之计，后来逐渐占据上风的是有限责任公司。企业通过这种形式筹集资金并允许投资者分享利润。有限责任公司克服了以前一个合伙人通常对他所参与的企业的全部债务负有责任的缺点，成为进一步扩大资本市场的一种手段。在无限责任公司，如果一个人在几个企业里投资，那么他将无法分散他所承担的风险，因而他将始终处于危险之中。如果他的责任是有限的，他在某一企业中蒙受的损失就不会超过他对该企业的投资，那么分散投资就对他有利。这样，有限责任公司成为扩大资本市场的一种有效方法。

随着工业部门的发展，资金流动变得日益重要，这种流动通常发生在同一工业内部或相关工业之间。有些商人通过向制造商赊销原料来为工业提供间接贷款，工厂主在原料制成成品前可以暂不支付原料商的贷款。同样地，一旦销售合同签订，工厂主可以马上要求银行贴现通过销售合同所获得的商业票据，以此作为流动资金。1792年，威廉·贝克福特开办了桑克利炼铁厂，该厂的大部分资金都是剃刀制造商亨利朗顿提供的。19世纪20年代和19世纪30年代，兰开郡的纱厂主成为附近地区水力织布机所需资本的主要来源。

可以说，通过非正式的资本市场筹措资金是英国工业革命前期资本的又一重要来源。

通过非正式资本市场中股权投资的形式，企业获得了初期的资本，工业革命也才得以顺利完成。可以说，没有股权投资，英国的工业革命是否能够如此快速的完成，是一个非常值得考虑的问题。

第三节　荷兰股权投资的历史与经验

荷兰是第一个资产阶级共和国，荷兰人也是第一个以商业立国的国家。荷兰的商人们在追求利益最大化、风险最小化的过程中，创造出了现代金融最为重要的几个部分，其中一个就是股权投资，并且由此建立了世界上第一个股份公司。

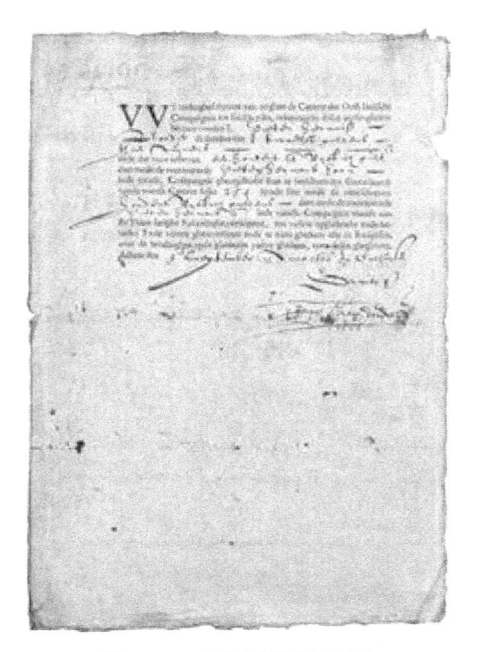

图 2-1　现存最早的股票

根据《中国日报》2010 年 9 月 9 日的报道，荷兰一名历史系的学生最近在查阅档案时发现了世界上最古老的股票，是由荷兰东印度公司在 1606 年 9 月 9 日发行的。股票上的信息显示，其持有人为彼得·哈尔门松，是荷兰恩克森市的居民，1638 年去世后将股票留给其遗孀和女儿，最终被留存在恩克森市的档案中。这张股票已在西菲仕兰博物馆展出。

图 2-2　荷兰东印度公司

在17世纪与18世纪，东印度公司是荷兰最大的贸易公司，同时也是世界上首个发行股票的公司。如果按照现在的市值计算，荷兰东印度公司的市值最高达7.9万亿美元，那是全球20家包括苹果、微软、腾讯在内的顶级公司的总和。

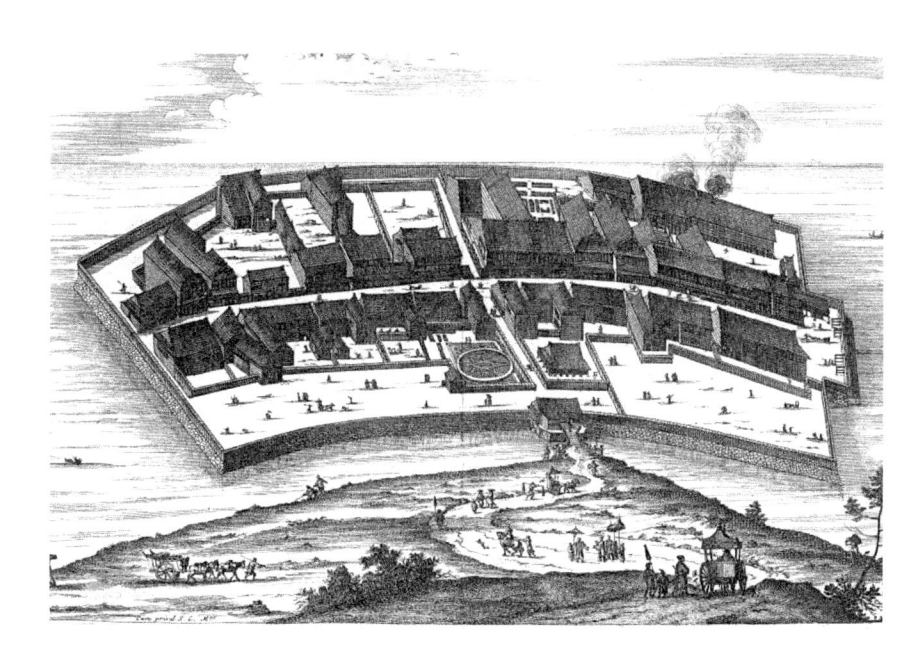

图 2-3　荷兰东印度公司长崎贸易站

成立于1602年的"荷兰东印度公司"其具有的开创性，首先体现在它是世界上第一家现代意义上的"股份有限公司"。但是事实上，荷兰人以纯商业模式进行海外开发的起点还要早于这个时间点。在公元1595～1602年，荷兰商人先后成立了十几家进行东印度贸易的公司。精明的商人眼中并非只有竞争，更会看到因为减少竞争（形成垄断）而产生的超额利润。所以1602年在政治家的建议下，各自为战的荷兰商人们很快以股份制为基础，建立了统一的"荷兰东印度公司"。

图 2-4　荷兰东印度公司

无论是东方还是西方，权力和风险、出资和收益对等，是一个基本商业原则，那么商业合作中以出资份额来确定收益分配比的"合伙制"模式就很普遍。不过这种合伙制并不是现代意义的"股份制"。荷兰人在商业模式上的创新主要体现在两方面。一是有限责任。在过往的商业模式中，投资人往往要承担无限责任，即使企业破产，也必须由个人承担无限的偿还责任。这一模式貌似对债权人更为公平，但也让投资行为的风险被无限放大，进而降低了投资的活跃度。"有限责任"则是指投资人仅以自己投入企业的资本对企业债务承担清偿责任。直白点说，投进去的钱赔了就赔了，投资人不用再对企业债务承担清偿责任，仍有机会再进行新的商业探索。

在实践中，荷兰人的创造性使投资风险进一步下降，提高了投资的活跃度。

起初，荷兰东印度公司只面向特定的群体进行募资，他们大多是"达官显贵"，而募集资金的用途也只限于某次特定的航行。所以每一次出海之前，他们都要募集资金。

随着公司规模的日益扩大，这种"定向融资"的弊端逐渐显现。一方面是资金量太低，往往仅够几条船只使用，无法供养一只舰队，更不必说让几只舰队同时出海了。此外，为了防止殖民地的居民"揭竿而起"，东印度公司还需要雇佣私人军队，成本巨大；另一方面，荷兰经济的蓬勃发展，使得许多平头百姓也

43

渐渐富裕起来，民间有着大量储蓄，却苦于没有投资渠道让他们"以钱生钱"。已经富裕起来的荷兰人无法容忍自己坐拥大笔的"闲钱"，却毫无用武之地，这点与目前我国的情况非常相似。

在这种状况下，荷兰东印度公司大胆地改革了融资模式，不再选择特定股东，而是面向全体公众募集资金。也就是说，只要有钱，谁都可以成为东印度公司的股东。这被公认为是世界历史上第一次IPO（即首次公开募资，Initial Public Offerings），是一次划时代的革命。

IPO不同于先前以"单次出海"为目的的短期融资，其特点是在于把"公司"和出资者永久性地捆绑在一起。东印度公司向公众发行了一种特别的凭证，这份凭证不仅代表持有者拥有一部分公司的所有权，而且代表永久性地拥有利润的分享权。这意味着从今往后，公司每一次出海，出资人都能从中分一杯羹。这份凭证的名字就叫作"股票"。荷兰人在经济上最重要的发明之一由此诞生了。

荷兰东印度公司发行的股票很快就在荷兰民众间掀起了认购狂潮，公司从此名镇四海。许多一生连桨也没划过的人，也对公司舰队的一举一动关注有加。每一次出航，成败不定，股价当然也起伏不平。不过在习惯于冒险的荷兰人眼里，这种刺激无疑是难以抵挡的，他们永远不会爱上一个确定的结果。

当时荷兰东印度公司进行IPO的时候，还没有一个真正意义上的"股市"，也就是获取股票的唯一合法途径，就只有从上市公司购买，一经购买就无法再转让。在这一时期，人人都是股市"投资者"，而非致力于低买高卖、炒作价差牟利的"投机者"。公众持有股票的目的只有一个——分享公司的成长红利，而这恰恰就是价值投资的精髓。"股市"的缺失却让荷兰的投资者们从公司的成长中获得了难以想象的超额收益，这不得不说有一种讽刺意味。

到了1669年，荷兰东印度公司已是世界上最富有的公司了。他们拥有超过150艘商船、40艘战舰、20 000名员工和10 000名雇佣兵军队。在认购股份的热潮时，公司共释出650万荷兰盾的证券供人认购，当时的10盾约等于1英镑，而1660年代荷兰一位教师的年薪大约为280盾，仅阿姆斯特丹一地就认购了一半的股份。

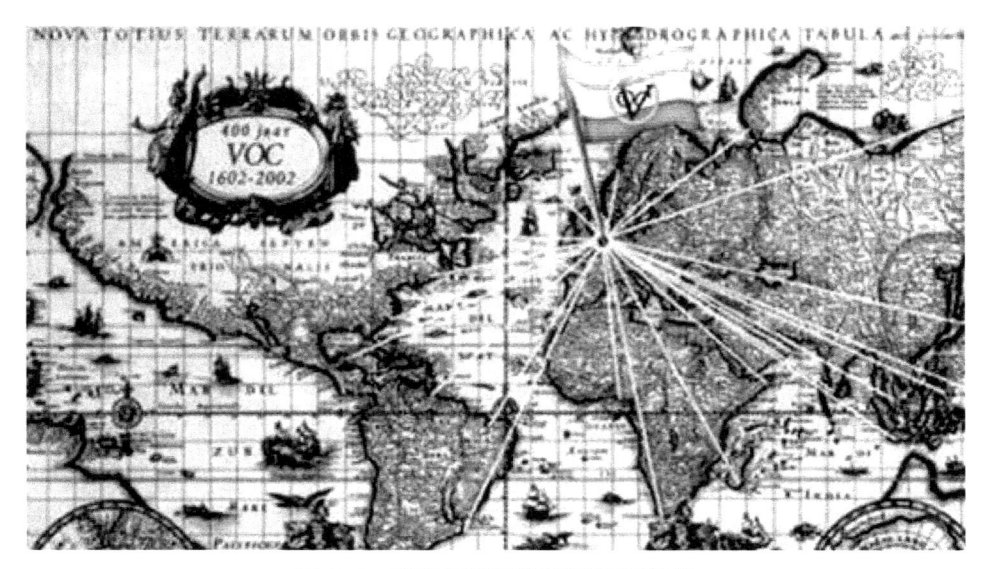

图 2-5　荷兰与印度的海事贸易航线

那时几乎人人都是荷兰东印度公司的股东,甚至不乏英国人和西班牙人,民间流传的笑话称:"除了被殖民的土著,谁的手上都有股票。"荷兰人由此成了当时世界上最为富有的人群,荷兰这个欧洲小国也开始了长达一个世纪的辉煌。其经济总量最高时达到了同时代英国与法国的总和,商船数量占到了同时代全世界商船数量总和的75%。

在荷兰东印度公司成立之后的1609年,世界上第一家证券交易所——位于荷兰首都的"阿姆斯特丹证券交易所"(包括与之配套的第一家现代企业意义的银行:阿姆斯特丹银行)成立。其上市交易的第一支股票就是荷兰东印度公司的股票。这开创了企业公开向社会募集资本并自由交易的先河,并且让一切交易都变得快捷而有章可循。一直到今天,成立已逾四百年的阿姆斯特丹证券交易所仍然吸引着众多荷兰内外的企业来此发行股票。

图 2-6　阿姆斯特丹证券交易所

荷兰东印度公司并非完全摒弃政府的参与，有限责任和证券交易平台化的想法本身也不是新鲜想法。只不过，付诸实施则需要政府的认可和背书。从政治角度说，将荷兰从西班牙帝国独立出来的"尼德兰革命"，是第一次成功的资产阶级革命。"共和"体制的基础上选举出来的"荷兰共和国"政府，从属性上保证了政治将服务于资本和商业。

在这一模式下，政府之于东印度公司的角色定位，仅仅是作为一个入股的出资方，并获取相应的红利（比例为18%），以维持公共服务平台的运行。这使得私人资本获得了空前的安全感，并极大调动了荷兰民众参与海外扩张事业的热情。资本的主导甚至让东印度公司在殖民过程中几乎承担了所有原本应由政府承担的责任（同时也是权力）。荷兰东印度公司不仅能够自行组建雇佣军性质的军队并发动殖民战争，还能够发行货币、建立殖民地，乃至与有关国家订立政治条约。

总结下来，荷兰能够以一个后发小国的地位，成为葡萄牙、西班牙之后，第三个建立海上殖民帝国的国家，来源于它的更加纯粹的"商业化"属性，这种明显的商业属性甚至为荷兰赢得了一个"海上马车夫"的外号。而且在国家强大的同时，几乎所有的荷兰人都分享到了东印度公司所带来的巨额收益，提高了荷兰民众参与国家事务的热情，奠定了荷兰成为最早的资本主义国家的基础。可以明确地说，荷兰人创造了股票，也由此为自己和整个世界开辟了一个新的创造财富的方式，荷兰也由此开始了接近一个世纪的繁荣，荷兰的民众也从此成为世界上最富庶的民众之一，直到现在。

第三章 美国纳斯达克（NASDAQ）的历史

第一节 美国主要的资本市场

美国的资本市场主要有纽约证券交易所（NYSE）、纳斯达克（NASDAQ）和OTC（Over-The-Counter）证券交易市场。

一、纽约证券交易所

美国纽约证券交易所（NYSE）是世界第二大证券交易市场，在200多年的发展过程中，纽约证券交易所在美国经济的发展、社会化大生产的顺利进行、现代市场经济体制的构建上起到了举足轻重的作用。

纽约证券交易所（简称为纽交所）是目前美国资本市场上历史最为悠久的证券交易市场，享有极高的盛名。纽交所上市的必备条件如下。

（1）挂牌上市时IPO发行股权数不得低于110万股，发行的市场价值需在6 000万美元以上。

（2）持有100股以上的股东至少在2 000名以上（上市的公司若为外国公司，则需5 000人），或总共有2 200名股东，但最近六个月内每月平均成交量在10万股以上；或股东数500名，但最近十二个月内每月平均成交量在100万股以上。

（3）最近一年税前收入在250万美元以上，或最近三年税前收入总额超过650万美元，但最近一年税前收入需达450万美元以上，或公司资产总市值在5

亿美元以上。

（4）最低挂牌股价每股不得低于 5 美元。

（5）市场操作手 4 人以上。

纽交所的规则体系较为复杂，由于历经改制和并购，纽交所已经不再是单独的一家交易所，而已经成为在全球拥有 14 家证券和期货交易所以及 5 家结算所的大交易所集团——纽约泛欧证券交易所（NYSE Euronext）。由于已经采取公司化运营的模式，NYSE Euronext 的组织架构和规则体系也与之前相比有了较大幅度的变化。

由于 NYSE Euronext 由各个不同的交易所合并组成，各个交易所也相对独立，因此在规则体系上 NYSE Euronext 也较为特殊。在整体上 NYSE Euronext 并没有制定统一的上市、交易、监察规则，而是采用"各自为政"的方式，继续沿用各个交易所自身的规则体系，证券或者产品除了应符合当地法律要求外，还必须遵守其所上市的交易所或者板块的具体规则。

（一）NYSE 主板规则（NYSE Rules）

这部分的规则以传统纽约证券交易所的规则为主，因此，主要涉及主板公司的上市、退市条款，以及以股票交易为核心的交易规则部分，主要内容包括以下八个方面。

（1）总则。总则部分对 NYSE 整个规则体系涉及的专业名词进行定义，对交易所的联络程序和一般杂项费用等做出规定，同时也对一些杂项事务进行规定，涉及范围广泛而细致。

（2）交易规则部分。该部分是 NYSE 规则的重要组成部分。详细地对上市公司股票的交易各方面进行了规范，包括股票销售合同的订立方式、销售方式、与交易有关的人员、场所、工作时间，以及美国国债的交易等各项内容。

（3）会员规则部分。该部分主要包括会员资格的相关问题、会员组织的运作，以及对外关系方面的相关问题等。

（4）上市与退市规则。由于关于公司上市与退市的规则非常复杂和烦琐，该部分也历经修订，目前，交易所已经将该部分绝大多数规则独立出来，形成交易所上市与退市规则体系，写在上市公司手册中。

（5）权益交易规则。权益类产品交易规则有 94 条，主要是专门针对权益类产品的交易进行规范，包括该类产品的定义以及范围、买卖双方的权利义务、时效规定等。

（6）其他规则。除了上述主体规则外，纽交所还对一系列的复杂问题和细节问题进行了规定，包括非办公时间的交易系统规则、自动化交易规则、涉及投资公司的规则以及与信托交易、债券交易有关的规则等。

（7）行为守则。行为守则是纽交所规则体系中另一个相当重要的部分，条文高达数百条，内容同样纷繁芜杂，涉及内容非常广泛，对上市公司的商业行为以及上市行为进行了非常全面的规定。

（8）罚则。2013 年纽交所对罚则部分进行了修订。在罚则中，纽交所规定了会员公司和个人，以及其他主体违反交易规则的具体处罚以及罚金的标准等。

（二）NYSE 美国交易所规则（NYSE Amex Rules）

原来的美国证券交易所在内部被分为中小板（NYSE MKT）和衍生品板（NYSE Amex Options）两个板块进行管理。需要注意的是，这两个板块并没有在实质上分立，仍然属于同一自律组织——美国证券交易所。二者共同沿用美国证券交易所的规则体系，主要包括以下内容。

（1）总则部分。该部分主要包括名词定义、一般规则和办公规则，对账户操作、广告、二次发行等做出了原则规定，甚至包括罚则的处理和听证程序。

（2）仲裁规则。该部分规定了会员以及会员之间发生争议时的解决途径，规定纠纷应当依据金融监管局（FINRA）的仲裁程序规则提交仲裁。

（3）证券契约规则。该部分对证券交易中的合同规则进行了一般性规定，主要包括合同的缔结、生效与终止条款，以及证券的交付规则和赔偿规则等。

（4）证券规则部分。该部分全面规定了证券交易的各个方面，涉及证券的定义、证券的交易时间、交易 NYSE 证券、NASDAQ 证券的特别规则、衍生产品交易规则、清算交收规则等。

（5）期权交易规则。该部分主要为适用于 NYSE Amex Options 板块的规则，涉及权益类证券的定义、交易、终止等方面的规则，还对股指期权、国债期权、灵活期权、期权衍生产品等特殊种类的期权进行了专门规定。

（6）特殊衍生品交易规则。该部分规则分为两部分：一是涉及存托凭证的一般性规定；二是各大指数对交易所利用存托凭证进行交易的授权声明。

（7）其他产品交易规则。包括股指与货币权证交易规则、信托收据交易规则、双股式信托交易规则、合伙人席位／权益交易规则以及信托席位交易规则。

二、NASDAQ 市场

（一）NASDAQ 市场的起源

纳斯达克证券市场起源于全美证券交易商协会自动报价系统（National Association of Securities Dealers Automated Quotation System）的建立，该系统是全美证券交易商协会（The National Association of Securities Dealers, NASD）为促进场外市场交易效率，自 1971 年 2 月 8 日起开始运行的电子证券交易系统。全美证券交易商协会是美国最大的证券业自律性组织，成立于 1939 年 8 月 29 日，其目前主要职责是对纳斯达克证券市场和场外柜台交易市场（US Over The Counter Market, OTC）以及在该市场中交易的产品进行监督和管理。NASD 监管下的证券交易市场在 20 世纪 70 年代以前是非常分散的柜台交易市场，证券的买卖价格尚未形成一个统一的行市。为了加强对证券行业的全面监管、规范大规模的场外交易、增加市场的秩序性和信息的透明度，1961 年，国会授权美国证券交易委员会（Securities and Exchange Commission, SEC）主持对证券市场做出一个特别的调查与研究。1963 年，美国证券交易委员会发布了研究结果，认为当时存在的场外证券交易市场组织结构不完整，功能定位模糊，并提出了一套解决方案（"自动交易撮合"），责成全美证券交易商协会（NASD）完成这项任务。1968 年，全美证券交易商自动报价系统开始筹建，该系统就是纳斯达克证券市场的前身。1971 年 2 月 8 日，系统正式投入运作，便为 2 500 家场外交易证券提供中间报价。纳斯达克是世界上第一个电子股票市场，其最大特点是利用现代电子信息技术建立了自己的交易系统，现在已经成为全球最大的无形交易市场。

纳斯达克的宗旨是通过发展、运营和规范一个流动性最强、最公平有效的证券市场，帮助公共和私人资本形成，最终为投资者提供收益和保护。纳斯达克的目标是建立一个真正的全球证券市场，一个建立在全球互联网络基础上的市场，一个相互连接的流动性市场，一个将全球的投资者联系在一起的市场，一个以最低的成本为证券找到最合适的价格的市场。

（二）NASDAQ 市场的演进与发展

纳斯达克组建后，其演进与发展主要从两条线展开，即交易硬件的改进和制度软件的完善。前者体现为高新技术如何在证券市场中运用，重点在于紧跟科技步伐，加快交易速度，扩大交易容量，实现交易自动化；后者不仅包括纯粹交易制度的改进，如 1997 年公开散户限价交易最优价，而且包括借助高科技辅助来完成交易制度变革，如即时监测统一结算系统的运营。硬件与软件的创新密不可分，相互促进，前者为创新的载体，后者是创新的核心，两者的完美结合才实现了预期的功能。

无论是从证券资产的存量角度来讲，还是从增量角度来讲，纳斯达克市场在美国证券市场中占有极其重要的地位，并且从各个方面呈现出超越纽约证交所（New York Stock Exchange，NYSE）的发展趋势。近年来，纳斯达克在年 252 个交易日中的 234 个交易日（占 92.9%），交易量超过美国其他证券市场。

纳斯达克市场是国际化发展趋势最明显的证券市场。其国际化发展途径有两种：一是将电脑交易网络向全球扩展，面向全球投资者开放；二是积极吸引外国公司来纳斯达克挂牌上市。纳斯达克吸引了众多著名的高科技企业，而这些高科技企业又成长迅速，因此，纳斯达克给人一种扶持创业企业的形象。由于建立纳斯达克的初衷在于规范美国的场外证券交易，所以，纳斯达克一直被视为纽约证券交易所的辅助与补充。但值得注意的是，随着纳斯达克日益发展成为全球性的证券市场，许多外国公司纷纷选择纳斯达克作为境外上市首选之地。近年来，到纳斯达克上市的外国公司逐年增加。目前，纳斯达克市场已发展成为世界上最大的电子交易市场，每天交易量可超过 10 亿股。在纳斯达克市场上市的公司涉及国内乃至国际上的领先工业，如高科技、电信和生物高科技等领域。5 000 家以上的公司容量使得纳斯达克相比其他证券市场成为更多公司上市的选择，纳斯达克因此亦成为美国经济改革和增长的主要发动机。

三、OTC 证券交易市场

在 OTC 交易的证券包括全国性、地区性发行的股票和国外发行的股票、权证、基金单位、美国存托凭证（ADRs）和直接私募计划（DPPs）。OTC 的管理由美国证券交易委员会（SEC）负责，是美国多层次证券市场体系的一部分。

美国庞大的 OTC 市场交易的证券数量约占全美证券交易量的四分之三。是世界上最大的 OTC 股票证券交易市场。中国 500 强公司有超过一半都在美国 OTC 证券市场交易。

近年来，不少有上市融资需求的国内外企业都是通过 OTC 市场发行股票，经过一年的市场培育，再申请转板的。从那些成功案例可以看出，OTC 市场确实是一种时间短、成本小、风险低的上市方式。这也反映了美国股票市场的显著特点是具有高度的灵活性和包容性，它可以为不同的企业发行不同类型的有价证券，以满足不同规模和不同背景企业的多样化融资要求。[①]而决定企业能否最终与三大股票市场"修成正果"的，归根到底是企业自身的实力。只有那些真正想把产品做好、努力与国际资本市场接轨、具备全球竞争意识的企业，才可能融入国际资本的大舞台，也只有这样的企业才有能力充分利用美国多层次、全方位的资本市场，成为全球化的优质企业。

1. 市场分级

OTC交易市场主要由"公告板市场"（Over The Counter Bulletin Board）、"粉单市场"（Pink Sheets）组成。"公告板市场"包括"可信任市场"（OTCQX）、"注册市场"（OTCQB），交易公司全部是在美国证监会（SEC）登记注册的公众公司，履行与上市公司相同的持续信息披露义务，是一个受到全美证券经销商协会监管的市场。而"粉单市场"包括"透明市场"（TRANSPARENT）、"问题市场"（DISTRESSED）、"灰色市场"（GREY）和"有毒市场"（TOXIC），交易公司不仅有公众公司，也有不按照《证券交易法》进行持续信息披露的非公众公司。这四个子市场统一称为"粉单市场"。

2. 交易方式

美国OTC市场利用OTC Link平台，采用做市商制度。其交易制度不同于国内A股市场的撮合竞价交易模式。在OTC Link平台提供证券报价与电子信息传输服务。约有150个做市商负责对近1万只左右OTC证券报价。单个做市商之间相互交易，而非通过集中的交易所。

3. 股票交易

OTC股票交易系统主要分为场外交易市场（OTC Markets）和场外柜台交易系统（OTCBB），其中OTC Markets由OTC市场集团（OTC Markets Group）提供。2012年，OTC市场集团与EDGAR（电子化数据集分析及检索系统）在线合作，推出OTC基本数据服务（OTC Fundamental Data Service），通过EDGAR在线的I-Metrix专业平台以XBRL格式提供OTC市场集团挂牌公司的数据集，投资者也可以通过OTC Markets网站、雅虎财经获取这些数据集。OTC Markets本质上已经成为为所有OTC股票提供电子报价的系统。投资者可以通过传统

[①] 董运佳：《美国私募股权投资基金研究》，长春，吉林大学，2009。

的或在线的股票经纪账户买卖在 OTC Markets 平台上交易的股票。目前，OTC Markets 已经取代 OTCBB 市场，成为美国最大的 OTC 证券交易市场。

第二节　美国 NASDAQ 市场的特征

美国 NASDAQ 市场是成功的证券市场，其特征有：独特的市场结构、宽松的上市标准、先进的电子交易系统和严格的风险控制系统、市场国际化进程和不懈地创新。

一、市场结构的层次性

美国 NASDAQ 市场有两个组成部分：全国市场（National Market System）和小型资本市场（Small Cap Market），在上柜方面实行的是双轨制。NASDAQ 小型资本市场的对象是高成长的中小企业，其中高科技企业占有相当的比重；全国市场的对象是世界范围的大型企业和由小型资本市场发展起来的企业。

NASDAQ 全国市场是 NASDAQ 最大、交易最活跃的证券交易市场。要想在这个全国市场上市，必须满足严格的财务、资本和公司治理的要求。在 NASDAQ 全国市场上市的公司中，不乏世界上最大、最著名的公司，如微软，还有我国的网易和搜狐等。而小型资本市场是专为新兴的发展企业而设立的市场。作为 NASDAQ 体系中资本化规模较小的市场，该市场上市的标准远没有 NASDAQ 全国市场那样严格，但是关于公司治理方面的标准是一致的。在这里上市的企业通过进一步的发展，常常可以在 NASDAQ 全国市场上市。

美国 NASDAQ 的层次性不仅表现在规模和价格方面的差异，也表现在上市标准方面的差异。以下我们以列表对比的方式来进一步认识 NASDAQ 上市标准的层次性（详见表 3-1、表 3-2）。首先，从上市公司的资产要求看，NASDAQ 全国市场初次上市第一标准，净有形资产（总资产 - 债务 - 无形资产）最低要求为 1 500 万美元，第二标准净有形资产为 3 000 万美元，小型资本市场初次上市标准为 500 万美元。其次，从盈利方面看，NASDAQ 全国市场上市第一标准是最新财政年度或前三个财政年度的两个财政年度税前利润达 100 万美元，第二标准是无盈利要求；小型资本市场标准是盈利75万美元。第三，从公众持股数量来看，NASDAQ全国市场要求公开发行股票市值7 500万美元，至少110万股，小型资本市场公开发行市值5 000万美元，至少达到110万股。

表3-1　NASDAQ全国市场初次及持续上市要求

要求	初次上市			持续上市	
	标准一	标准二	标准三	标准一	标准二
有形资产净值	1 500万美元	3 000万美元	不需要	1 000万美元	不需要
市值总额或资产总额及总营业额	不需要	不需要	7 500万美元或7 500万美元及7 500万美元	不需要	5 000万美元或5 000万美元及5 000万美元
除税前盈利（过往一年或前三个会计年度中的两个年度）	100万美元	不需要	不需要	不需要	不需要
公众持股量	110万股	110万股	110万股	75万股	110万股
公众股市价值	800万美元	1 800万美元	2 000万美元	500万美元	1 500万美元
股东（需持有100股以上股票股东）	400名	400名	400名	400名	400名
造市商	3名	3名	4名	2名	4名
经营历史	不需要	2年	不需要	不需要	不需要

表3-2　NASDAQ小型资本市场初次及持续上市要求

要求	初次上市	持续上市
有形资产净值或市值总额及纯利（过往一年或前三个会计年度中的两个年度）	500万美元或5 000万美元及75万美元	250万美元或3 500万美元及50万美元
公众持股量	110万股	50万股
公众股市场价值	500万美元	100万美元
股东（需持有100股以上股票）	300名	300名
造市商	3名	3名
经营历史	不需要	不需要

第三章 美国纳斯达克（NASDAQ）的历史

美国 NASDAQ 起源于场外交易，但目前已完全分离于美国柜台交易市场（Over-The-Counter Market）和场外柜台交易系统（OTC Bulletin Board，简称为 OTCBB）报价系统。但从监管角度讲，NASDAQ 和 OTCBB 市场都由全美证券交易商协会（NASD）负责管理，所以这里也将 OTCBB 市场做一对比，以更好地反映 NASDAQ 市场的层次性。OTCBB 市场是 1990 年开始运作的全国型的电子报价系统。所有在美国证管会登记的股票，但没有在 NASDAQ 市场或其他美国证券交易市场上市交易的股票，均可在 OTCBB 市场挂牌交易。

OTCBB 的特点：

（1）电子传送美国本土证券及外国证券与美国存托凭证（ADR）实时报价及成交量；

（2）提供"直接参与项目"（DPP）的利率；

（3）使用 Nasdaq Workstation Ⅱ Tm 平台进行所有证券的交易；

（4）OTCBB 上交易的股票都是在 NASDAQ 以外的"非上市"证券；

（5）不需要在 OTCBB 进行登记，但要在 SEC 登记；

（6）费用非常低，每月只需要向保荐人支付 6 美元的报价费。

OTCBB 与 NASDAQ 的区别：

（1）没有上市标准；

（2）缺乏自动交易执行体系；

（3）与发行人不保持任何联系；

（4）不承担对其做市商的任何责任。

OTCBB 与众多的二板市场相比具有真正的创业板特征：零散、小规模、简单的上市程序以及较低的费用。同时它也具有较高的风险，对发行证券企业的管理并不严格，但信息传递系统是全部电子化的，这与全美国家报价局（NQB）的 Electronic Pink Sheets 电子交易市场很相似。

OTCBB 因为其门槛低，基本没有挂牌标准，所以容纳了大量的空壳公司。这些已经没有实际业务的空壳公司只要继续定期向美国证管会（SEC）提交规定报告，就可以继续维持挂牌交易资格。这些空壳公司一般股价在几美分至几十美分之间。

由于 OTCBB 的这些特点，OTCBB 被称为 NASDAQ 或其他交易市场的预备学校，每年都有一批企业经过 OTCBB 市场的培育，成熟壮大后，转向 NASAQ 市场，甚至 NYSE 市场。

OTCBB 市场为一些达不到 NASDAQ 市场挂牌标准的小企业提供了上市交易的机会，培育了一批有发展前途的企业。也为一些具有高风险意识的投资人提供了投资高风险、高回报的股票的机会。OTCBB 从 1990 年建立开始不断完善，不断发挥自己的作用。

二、运行制度的规范性

美国 NASDAQ 采取了"宽进严管"的措施。具体包括四个方面。

第一，实行严格的信息披露制度。NASDAQ 能够为风险投资提供支持，是风险投资企业主要的上市地。但投资者并不是慈善家，他们投资于高风险的证券市场就是要获得高收益。一个管理规范的证券市场必须为投资者考虑，让投资者对在此上市的公司有一个清楚的认识，也就是说，要为市场提供真实的、及时的、有效的信息。NASDAQ 能够吸引众多投资者的目光也正是因为其对上市公司的信息披露有着严格的要求。

NASDAQ 市场要求上市公司进行信息披露的不仅包括 SEC，还包括许多监管主体，如州保险委员会、流通审计部门、联邦储备银行、联邦担保公司、财政部节约监管办公室等。NASDAQ 全国市场上市公司根据规定要分临时、每季、每年几种情况，按照规定格式向投资者披露公司财务指标和经营状况。当企业需要资金开发一项新的产品和服务时，就必须及时向投资者披露该项目的有关情况，同时要披露最近一个财政年度或最近三年中两年的税前利润、营业收入，以此表明公司上市不仅要有好的经营想法，而且需具有实实在在的资产和一定数量的持股人员。

SEC 要求公司季度报告和年度报告中主要包括以下内容。

（1）对企业真实经营状况进行准确陈述；

（2）财务资料摘要；

（3）管理研讨分析，管理人员要对企业的财务结果和对未来公司发展有影响的安排进行说明；

（4）股东和经理的收入；

（5）董事和行政主管的名单；

（6）关联企业的财务状况；

（7）有关法律事件的进展报告；

（8）市场价格分析和普通股的分红及与股东有关的事件；

（9）最近出售没有注册证券的报告；

（10）对董事和经理经济保障的记录；

（11）整个财务状况陈述和辅助数据；

（12）报告中与会计师在财会信息披露不同部分的调整；

（13）进一步的财务陈述和展示；

（14）其他一些必要的信息资料，但不能有对投资者产生误导的图片资料。

在NASDAQ全国市场上市的公司，除向投资者提供年度报告、代理人的陈述和季度报告及SEC其他的要求外，还必须按照规定的格式在登记日10天前向NASD报告相关信息：

（1）用现金或其他方式分配红利或其他分配，包括以送股形式进行；

（2）股票拆细或相反；

（3）股东权力或提出其他要求。当公司发行购股权证时，若在登记日10天前公告无法进行，公司就必须在SEC或其他组织注册生效前向NASD进行汇报。当公司要改名或以上股票持有人股票发生变化时，最迟10天向SEC和NASD汇报实际上这些正常的信息公告，这些对于投资者来说是非常重要的。

根据NASD运作管理NASDAQ的要求，在NASDAQ全国市场上市的公司必须通过公开出版物或其他方式来公布对股票价格和投资者决策有影响的信息。这些信息主要包括：

（1）合并、收购兼并和合资；

（2）股票拆细或分红；

（3）非正常的盈利或分红；

（4）签订或失去了重大的合同；

（5）管理控制方面有重大调整；

（6）要求进行股票回购；

（7）重大的新产品或新发现；

（8）数额巨大的资产买卖；

（9）公众或个人出售数额巨大的追加保证金；

（10）计划发行数额巨大的新增证券；

（11）投资计划发生重大变化；

（12）较大的劳工矛盾；

（13）制订购买本公司股票的计划；

(14) 购买其他公司股票的意向。

在 NASDAQ 全国市场上市的公司在通过有关报刊资料向社会披露有关资料信息前，必须先向监管部门报告，监管部门可以从有利于公司利益的角度出发，考虑是否暂停股票交易，在暂停交易期间，NASD 的会员单位禁止进行该种股票的交易。不能在计算机终端上报价，也不能在上面发布任何信息。暂停交易的目的是为了让信息能够充分传递，使投资者都能获得相同的机会，暂停交易通常是信息在网上发布以后暂停交易 30 分钟，以使信息得到充分传递，如果信息没有得到充分释放，暂停交易的时间可能还要长一些。根据规定，SEC 有权对 NASD 审查的资料进行重新审查，如果审查出现错误和遗漏，SEC 将在财务报告中给予指正，并暂停交易，直到改正。根据法律的规定，SEC 有权暂停交易 10 天，10 天后如果问题还得不到解决，还可以延期。NASDAQ 对财务报告不清楚的公司也可暂停股票交易。NASDAQ 对上市公司实行的严格管理和监控，维护了投资者的利益，受到了投资者和监管部门的肯定。[1]

第二，重视上市保荐人制度。NASDAQ 规定任何上市公司必须同保荐人签订协议，在一定期限内必须有保荐人。除此之外，更为重要地体现在对保荐人的资格以及保荐人承担的责任上要求较高。一般规定，保荐人应是在当地注册的投资银行或证券公司，其主要职责是协助创新企业申请上市，并在上市后确保上市公司遵循信息披露等有关上市规则。保荐人对上市公司信息披露承担连带责任，每半年至少公开发表一次独立的报告。保荐人的责任期限为两年。

第三，公司治理要求层次高。NASDAQ 对上市公司治理提出更高的要求。这主要包括发行人在上市时及上市后，须设立健全的公司管理制度，以促进其遵守上市规则。NASDAQ 对公司上市财务指标要求比较宽松，但非常注重上市公司的管理体制和运行机制。企业在 NASDAQ 上市，不仅要完成社会公众公司的改造，接受社会监督和制约，还要具备以下条件：一是至少具有两名独立董事，独自行使董事职责；二是必须设立由独立董事参加的审计委员会，审计委员会与公司财务和经营人员分离；三是加强信息披露，既要向投资者公布经中介机构审计的半年和年终财务报告，还要按季度向投资者披露企业财务报表；四是每年举行股东大会之前，会议各项议案必须向 NASD 报告，在股东大会上，管理人员要与股东进行面对面的对话，接受股东的质询，倾听股东的意见和建议；五是原

---

[1] 欣士：《海外创业板最新发展——纳斯达克：创业板市场的典范》，深交所，2008（1）：59-62。

有经营计划调整，必须经审计委员会或相关的组织审查，并通过相关途径向股东进行全面解释。同时，NASDAQ 也注重企业经营者的激励作用，鼓励、引导企业推行股票期权制度（Stock Option）。目前在 NASDAQ 上市的普通公司的高级管理人员，每年大约可获得 50 万～60 万股的股票期权。股票期权的实施将企业高级管理人员的自身经济利益与公司的股票市场表现紧紧联在一起，这种激励机制对发挥、调动高级管理人员的积极性、主动性和创造性有明显的前瞻性激励作用。同时也对上市公司主要股东售股期限加以限制，防止主要股东一旦公司上市就抛出所有股票。

第四，实行退市约束机制。在 NASDAQ 上市的公司，其股票价格如果不足 1 美元，且这种状态持续 30 个交易日，NASDAQ 市场将发出警示，被警示的公司如果在 90 天内仍然无法采取措施改变其股价，将被宣布停止股票交易（摘牌）。NASDAQ 退市机制是建立在维护其证券市场交投活跃的目的上的，以投资者对上市公司的价值判断为标准，最后给予公司一定时间自救的一种退出机制。退市的标准并不复杂，以公司的市场表现为标准；目的也非常明确，就是建立和维护一个交投活跃、吸引投资者交易的证券市场。

三、技术手段的先进性

NASDAQ 有先进的交易系统和市场服务。NASDAQ 市场是一个完全的电子化交易市场，它运用了最先进的通信技术将报价信息传送到全美 2 万多个终端。有 99.9% 的股票交易场所可以利用 NASDAQ 的交易系统进行交易。在信息传送技术方面，可以说 NASDAQ 远远胜于纽约交易所。NASDAQ 的电子交易系统为世界各国的股票市场建立了一个榜样。先进的交易系统便利了对信息传递的有效控制。NASDAQ 使用高效的电子交易系统（Electronic Communication Networks，简称 ECN），保证每一个计算机终端均能获得所有公开交易信息，使其日交易能力增加到 40 亿股／天。ECN 是一个自动撮合买进、卖出委托的私人电子化交易系统，相当于一个虚拟网络交易所。它能够持续公布价格资讯、设置限价委托簿或采取连续竞价、自动撮合并执行客户委托。ECN 兼具造市商和经纪人的功能，不必透过传统的实体交易所，可按"绝对价格"和"时间优先"的原则自动撮合买进、卖出委托，达成交易。

在市场服务方面，NASDAQ 具有比较丰富的经验，除了有一个完整的网址外，展示会、咨询会和出版物是 NASDAQ 市场服务的主要内容。

NASDAQ由于采用电脑化交易系统，因此其管理与运作的成本低、效率高，增加了市场的公开性、流动性和有效性，使上市的公司与投资者均可从中获益。交易无须在某一特定的地点进行，而是通过资讯网灵活进行，这是一般传统交易无法比拟的。

NASD在1963年开始研究制定NASDAQ方案时，就率先提出了电子交易的设计思路。1971年成功采用计算机、电子通信技术组建了NASDAQ市场，1984年12月正式启用完整的自动交易系统进行证券交易。NASDAQ有两套计算机核心系统，一套坐落在康涅狄格；一套位于马里兰。两套系统设立的目的是当第一套系统出现故障时，第二套系统能够及时提供设施支持，确保市场运作不受影响。NASDAQ在证券交易经纪商与核心系统之间、证券交易经纪商与投资者之间采取电子通信传输系统进行计算机联网，相互传递证券买卖行情、发送委托买卖指令、解读成交回报、发送信息资料及进行清算交割。投资者可以通过计算机或电话系统直接与做市商进行谈判交易，不需要与其他券商和投资者发生联系，但成交的价格必须在限定的时间内通过计算机终端传递到系统中心并向其他投资者显示；也可通过小额订单交易系统，将委托指令直接输入市场限价委托系统，由计算机按价格优先、时间优先的原则进行自动交易。NASDAQ交易技术的创新大幅度降低了股票交易费用，提高了市场公开性、公平性和公正性，不仅为NASDAQ逐步占据全球金融霸主地位提供了有力的技术保证，而且促使全球主要证券交易市场纷纷采用电子屏幕交易，取代了传统的人工交易模式。

四、市场监管的系统性

NASDAQ的监管原则为三公原则（即公开、公平、公正）、诚信原则、透明度原则、一致性原则、监管的效率最大化原则，其中三公原则是证券监管原则中最基本、最核心的原则。监管的依据有两类。第一类是系列法律。如18世纪末与19世纪初各州的蓝天法、1933年证券法、1934年证券交易法、1940年投资顾问法、1940年投资公司法、1964年与1975年证券法修正案、1970年证券投资者保护法、1996年全国性证券市场促进法、1999年金融服务现代法案等。第二类是属于行业操守规则的一类规定。如上市规则、公司收购及合并守则、NASDAQ特别规则等。这两者之间的区别在于法律约束力不同，但基本涵盖了应监管的一切行为。

NASDAQ在市场监管方面已经形成了一整套周密的系统管理办法和监管体

系。一是坚持自律管理。美国证券交易商协会是美国证券业最大的自律组织，凡参与 NASDAQ 业务的经纪交易商、上市公司和投资者必须接受 NASD 的行业监管。确定以行业自律管理为主的市场监管模式，主要是基于知识因素和动力因素的考虑。证券行业内部人员业务精通、经验丰富、熟悉市场情况、掌握一手资料，监管范围、手段和力度具有明显优势。同时他们更能认识到市场监管对增强投资者信心、促进市场发展、保证券商及个人利益的重要性。二是坚持协同作战。NASD 在市场监管方面注重与证券交易委员会、联邦调查局、美国律师协会、税务局等部门的联系，经常与这些部门合作查处市场违法违规事件。主动接受证券交易委员会业务规则、操作程序及处罚行为的审查，及时汇报违规案件查办情况与处罚决定。定期参加由美国证券部门、防欺诈组织召集的合作管理行动，独自与证券委员会一起与联邦调查局、律师协会等部门举行专业人员训练会议。证券交易委员会根据对行业自律组织以往的市场监管质量，决定对其监察的范围和监察的时间。联邦政府、州和基层社会的各个职能部门都有权从各处原职责出发对 NASD 进行监督制约。三是注重发挥计算机监管系统的作用。NASDAQ 上市每只股票的历史数据都要在计算机中心系统中保存，计算机监控系统随时对现有交易情况与历史上的数据进行比较，将特殊变化随时向监管人员报告，并及时显示市场的相关要素，截获各种信息。市场监管分析人员接到计算机报警后，要进行全面分析，找出引发变化的关键因素，如果不符合逻辑，就要进行更深入的调查，直到彻底查清为止。四是强调证券公司内部的监管。NASD 要求证券公司对其工作人员进行严格监管，监管范围包括各个业务领域。公司内部监管人员必须熟悉有关法律法规，掌握公司管理规则和业务流程，积极配合政府管理部门和行业自律组织的监察，定期参加发布实施规则的学习讨论。经过注册的公司业务代表若出现违规行为，公司主要负责人将因检查不力而受到处罚。

　　NASDAQ 的风险控制手段和措施已经法制化和程序化。主要有两个手段：股票发行监管和交易活动监管。前者对在 NASDAQ 上市的公司的股票发行活动进行严密监督，以维护市场秩序和投资者利益。其手段主要通过检查所有在媒体上披露的有关公司股票发行信息，并有权事先得到公司某些重要信息。有权责令违规公司的有关部门停止上市交易活动，交易活动监管是指该系统对所有上市企业的交易活动实行实时监管，以保证交易活动的真实性和秩序化。它通过这种监控系统的自动搜索和分析功能实时监视所有交易活动。对上市公司提供 NASDAQ 有关交易管理规定和有关法律法规，若发现违规，则交有关部门进一步落实办理。

NASDAQ 风险控制手段的先进性和严密性有效地维护了市场秩序和投资者利益。在近三十年的发展过程中，NASDAQ 一直较好地控制了风险，避免了重大事故发生，较好地处理了发展与风险控制的关系。

五、发展目标的全球性

美国 NASDAQ 从建立之日起就提出了全球性发展目标，并为此不断努力。一是积极吸引国外的证券机构、投资者加盟 NASDAQ 的市场运作，目前纳斯达克的交易终端遍布世界 60 多个国家和地区，来自国外的投资者达几千万人，几百家新闻媒体播报 NASDAQ 的市场信息；二是积极吸引国外公司到 NASDAQ 发行股票并上市。目前，在 NASDAQ 上市的本国公司只占 1/3，其余的 2/3 都是国外公司。国外公司可以采取证券托管存证（ADR）、买壳等形式上市，也可采取普通股股票形式上市。在过去几年，已有超过 100 家中国企业在美国 NASDAQ 成功上市并筹集了可观的资金，2000 年在 NASDAQ 上市的中国公司亚信、斯达康和新浪分别从市场筹集了 1.2 亿、1.8 亿和 0.68 亿美元。公开资料显示，经过中国证管会备案的中国企业在 NASDAQ 上市的公司并不多，多数的中国大陆公司在其他地方另注册公司，然后在 NASDAQ 上市。这种以中国大陆资本为主的公司有近百家，这些公司不仅仅是高科技公司，还包括房地产、制造业、旅游业等行业的公司。三是加快拓展国际市场空间。在上海开设了办事处，进一步加强中国公司对赴美上市业务的了解。四是延长交易时间，迎接全球交易时代的到来。目前纳斯达克现有系统已经具备了全日 24 个小时交易的能力。以上我们不难看出 NASDAQ 拓展全球市场、吸引全球高科技公司到其市场上市的决心。美国全国证券交易商协会会长扎布曾坦率地表示，NASDAQ 的最终目的是要创造一个可惠及全球企业及投资者的电子环球股票市场。

第三章 美国纳斯达克（NASDAQ）的历史

第三节 美国 NASDAQ 指数与高科技产业的发展

一、NASDAQ 价格指数

股票价格指数是将计算期的股价与某一基期的股价相比较的相对变化指数，用以反映市场股票价格的相对水平。NASDAQ 市场设立了 13 种指数，分别为：NASDAQ 综合指数、NASDAQ-100 指数、NASDAQ 金融 -100 指数、NASDAQ 银行指数、NASDAQ 生物技术指数、NASDAQ 计算机指数、NASDAQ 工业指数、NASDAQ 保险指数、NASDAQ 其他金融指数、NASDAQ 通讯指数、NASADAQ 运输指数、NASDAQ 全国市场综合指数和 NASDAQ 全国市场工业指数。

NASDAQ 综合指数是以在 NASDAQ 市场上市的、所有本国和外国的上市公司的普通股为基础计算的。该指数按每个公司的市场价值来设权重，这意味着每个公司对指数的影响是由其市场价值决定的。市场总价是所有已公开发行的股票在每个交易日的卖出价总和。现在 NASDAQ 综合指数包括 5 000 多家公司，远远超过其他市场指数。正因为有如此大的计算范围，使得该指数成为 NASDAQ 的主要市场指数。该指数是在 1971 年 2 月 5 日启用的，基准点为 100 点。

NASDAQ-100 指数是以在 NASDAQ 市场上市的九个非金融产业中精选的 100 家最优秀的公司（如微软、亚马逊等）的普通股股票为基础形成的指数。NASDAQ-100 指数创建于 1985 年，在过去的十年间，NASDAQ-100 指数的发展超过美国所有其他指数，包括标准普尔 500 指数（Standard & Poor's 500 Index，缩写为 S&P500 Index）和道琼斯指数。1999 年，NASDAQ-100 指数基金（NASDAQ-100 Index Tracking Stock，缩写为 QQQ）建立。这是全球最活跃的交易基金，在股票市场开市期间，可以像买卖其他股票一样买卖 QQQ，其优势是税赋轻、成本低，但也存在着投资风险。

NASDAQ 生物技术指数是以主要运用生物技术研究与开发新的治疗药物的公司为基础建立的指数，1993 年 11 月建立时基准点为 200 点，到 2003 年 6 月该指数已升至 672.18 点。

NASDAQ 金融 -100 指数是以在 NASDAQ 市场上市的 100 家最大的国内或

国际金融公司（组织）为基础建立的指数，包括银行、保险公司、投资公司、交易商和金融服务机构等。该指数建立于1985年1月，基准点为250点，到2003年6月该指数已升至2 181.92点。

二、股票价格指数对经济发展的反映

20世纪90年代，全球经济几多波澜。而美国经济从1991年开始超常规持续高增长近10年。然而，从2000年下半年开始，美国经济的增长速度迅速放缓，到2001年第三季度，GDP甚至出现了负增长。按照美联储的说法，美国经济陷入最长萧条期，其依据是美国产业已持续十二个月下滑，是1945年以来持续时间最长的一次。

美国经济的发展脉络直接反映在证券市场的价格指数上。进入20世纪90年代，在不到6年的时间内，NASDAQ综合指数上升了4 000点。并于2000年3月10日达到历史最高点5 048点。然而随后NASDAQ综合指数从历史峰值一路下跌，到2001年3月12日跌破2 000点整数关口。随着美国经济的复苏，NASDAQ指数又呈现出增长的趋势，2004年4月，NASDAQ综合指数又达到2 050点。

在20世纪90年代，美国经济缘何强劲增长？据美国著名经济学家罗伯特·莱维纳（Robert Levine）的揭示，开发高科技产业、实现全球争霸，是美国经济快速发展的一个最重要因素。据统计，在1993～1996年，美国高新技术产业产值占当年GNP的33%。GNP的增长中有27%来自信息技术产业。高新技术已取代传统产业成为美国经济增长的主要支柱。

以创新为特征、以计算机和互联网的发展为主线、由信息技术革命带动的高新科技产业发源于美国。在风险投资资本的推动下，大量的高成长性企业在美国出现，新公司从初创到公开上市的平均周期大幅缩短。在这些公司中，有许多公司迅速成长起来。据美国风险投资协会调查，1996年美国新增值的三分之二是由1万多家高新技术企业创造的。这为NASDAQ市场提供了众多的高成长性上市公司。1999年NASDAQ上市公司家数达到4 894家，上市公司数量超过美国证券主板市场的纽约证券交易所（NYSE），其中包括微软、思科、英特尔、甲骨文、戴尔和雅虎等一些在全球经济领域中地位举足轻重的业界巨擘。

从2001年起，NASDAQ指数开始从历史峰值下跌，市场衰落的表层原因是经过10年经济增长，美国国内人力成本提高、通货膨胀有上升趋势，以及美联储加息等因素导致 NASDAQ 市场泡沫破裂,市场出现深幅调整。由于股市上从众心理造成的"羊群效应"及投机家的炒作,科技股中相当一部分企业没有盈利,其股价仅依靠股民对高科技企业的狂热追捧而大幅上升,形成股市泡沫。当泡沫破裂时,市场必然出现深幅调整。但进一步分析,导致 NASDAQ 市场衰落的根本原因在于美国高新科技产业已过创新的"蜂聚"时期。按照经济学家熊彼特的观点,创新是经济变动的一个重要因素,而创新作用的发挥只是"蜂聚"在某段时间里。创新不同于"发明和试验",因为"发明和试验"本身对经济生活不产生任何影响。熊彼特所说的创新,是指能对经济生活产生影响的"生产手段的新组合"。以计算机和互联网的发展为主线,推动美国新经济增长的信息技术革命也存在"蜂聚"现象。这一信息技术革命首先经历了一个技术发展过程。从第二次世界大战结束起直到 20 世纪 70 年代,技术本身的发展尚未达到创新"蜂聚"的程度。在这三十年间,计算机的发展经历了一个从大型到微型、从慢速到高速、从专用到通用、从低性能到高性能、从高价格到低价格的不断更新与不断升级的演进过程。到 20 世纪 70 年代末 80 年代初,个人计算机的问世是信息技术发展过程中的一个重大"革命性"转变。由此,使 80 年代出现了一个以个人计算机发展为中心的创新"蜂聚"时期。因而 80 年代被称为信息技术发展的"PC"时代。在此基础上,90 年代又进入一个以互联网发展为中心的创新高峰期,互联网的发展是整个信息技术发展过程中的又一个重大的"革命性"转变。90 年代被称为信息技术发展的"互联网"时代。在 80 年代和 90 年代这两个创新"蜂聚"时期(也可以连起来视为一个创新"蜂聚"时期),一大批高新技术的中小企业迅速诞生与崛起。由计算机整机的生产分解出集成芯片的独立生产(芯片业);由计算机硬件的生产分解出各种软件的独立生产(软件业);由单个计算机的生产分解出与互联网有关的硬件、软件的独立生产与服务(互联网业);由互联网的发展分解出新的商业形式(电子商务)等。这些创新导致新兴行业中企业的高收益和迅速扩张。然而,进入 2000 年,这种创新逐渐由形成新的产业转变成在已有产业内的不断完善。生产与服务产品不断标准化;新经济产品市场开始出现阶段性的饱和状况;市场竞争下降,微软、英特尔、思科、AOL 及雅虎等新经济的代表性企业形成几乎垄断的地位。

  企业创新能力下降、投资风险加大、市场预期收益降低,导致投资减少、股市重心下移。在市场不断萎缩的过程中,NASDAQ 市场不断丧失为高新技术企业融资的能力,走向衰落。在创新的"蜂聚"时期,NASDAQ 市场迅速发展,而在创新"蜂聚"期过后，NASDAQ 市场必将经历漫长的衰落过程。

三、NASDAQ 市场为高科技企业发展提供了舞台

高科技产业的发展，除了高新技术本身之外，风险投资和资本市场三者缺一不可。在高科技公司的创业初期，风险投资公司的创业基金是其主要的资金支持。但是，高科技公司要迅速成长为像微软和英特尔之类的巨型公司，其需要的巨额资金是单靠以分散投资为原则的创业基金所不能胜任的。公司进入成长期之后，创业基金就逐步淡出，高科技公司往往以募集新股或公司重组的方式进入证券市场。如果没有强大的资本市场的支持，美国高科技产业的发展是难以达到今天的规模和影响力的。

NASDAQ 市场在美国高科技产业的发展过程中扮演了极其重要的角色，作为国际创新的重要产物，对加快美国高科技产业的发展、促进美国经济持续高速增长有很大作用。

NASDAQ 市场培育了美国的一大批高科技巨人，如微软、英特尔、苹果、戴尔、网景、亚马逊等。NASDAQ 市场对美国以电脑、信息为代表的高科技产业的发展以及美国近年来经济的持续增长起到了十分巨大的推动作用。据统计，美国高科技产业上市公司中的绝大部分是 NASDAQ 的上市公司。软件行业上市公司中的 93.6%、半导体行业上市公司中的 84.8%、计算机及设备行业上市公司中的 84.5%、通信服务业上市公司中的 82.6%、通信设备业上市公司中的 81.7%都是在 NASDAQ 上市的。硅谷的技术和 NASDAQ 市场的完美结合，造就了资讯创新时代的骄子，使美国成为全球高科技领域的翘楚，从而创造出美国经济持续增长的奇迹。

第四章 近代我国股权投资发展的历史

第一节 我国大陆股权投资行业发展历史

中国股权投资的发展始于20世纪80年代。1985年，中国中央发布《关于科学技术体制改革的决定》，首次提出发展创业投资以支持高技术产业的发展。1986年国家科委、财政部共同出资设立了"中国新技术创业投资公司"，主要是为高技术开发投资或提供贷款，标志着中国创业投资进入中国资本市场；1989年成立了第一家中外合资的创投公司"中国科招高技术有限公司"，专门负责国家高技术计划成果的产业化投资；1992年，美国国际数据集团（IDG）下属的太平洋技术风险投资基金与北京等地科委合作设立了创业投资公司，专门从事科技产业投资，标志着外资创业投资机构正式进入中国，至今股权投资基金已在中国发展了25年。在1998年中央《关于尽快发展我国风险投资事业的提案》提出后，中国股权投资开始迅速、蓬勃发展，中国股权投资业的发展大约可划分为三个时期。

一、第一个时期（酝酿期）（1985～1995年）

1985年，中央颁布《关于科学技术体制改革的决定》，此后国务院陆续颁布一些建立风险投资基金和风险投资公司的政策和规定。如1991年国务院颁布了《国家高新技术产业开发区若干政策的暂行规定》，形成了股权投资领域的初步政策环境。继中国新技术创业投资公司、中国科招高技术有限公司等股权投资公司后,一些地方性的投资公司相继成立,如江苏省好新技术创业投资公司、广州技术创业投资公司。从1990年开始,境外投资者设立的一些中国投资基金开始投向境内,如1992年太平洋技术风险投资基金进驻中国。

酝酿期的股权投资基金有以下两个特点:一是主要由政府发起,并以政府为主要资本来源,并非为产业化的股权投资基金;二是因融资管道不便、资本市场欠发育、知识产权不明确等原因,科技改革与经济改革未能同步进行,中国股权市场发展缓慢。

酝酿期的股权投资开始进入中国资本市场。这之前作为新兴的资本市场重要组成部分的股权投资并不为投资者所知,国家相关政策的颁布、股权投资公司的相继成立为股权投资的后续发展奠定了基础。

二、第二个时期(兴起期)(1997~2001年)

中国股权投资业兴起的条件逐渐成熟。随着中国市场经济的逐步发展和资本市场的不断完善,以及中国企业的发展形成了对风险投资的客观需求,发展股权投资基金提上日程。1996年国务院发布《关于"九五"期间深化科学技术体制改革的决定》,强调要发展风险投资,一批带有创业性质的企业投资基金和科技信托投资公司开始诞生;1999年科技部、国家计委、国家经贸委、财政部、人民银行等部门联合发布了《关于尽快发展我国风险投资事业的提案》;各地也纷纷出台地方性的支持政策,如上海1998年出台了《上海市促进高新技术成果转化的若干规定》、深圳市2000年出台《深圳市创业资本投资高新技术产业暂行规定》、北京中关村2001年出台《中关村科技园条例》并率先引进了美国有限合伙企业制度。一系列股权投资法规的推出,完善了我国股权投资的法规制度体系。

兴起期的股权投资基金类型主要有两种形式:一是省市支持的创业服务公司,1998年深圳市成立了注册资本为2.5亿元的高技术产业服务公司,上海也在1999年成立了科技创业投资服务公司;二是特定产业基金、基础设施投资基金和地区性投资基金、特殊产业基金也获得了一定的发展,如1997年成立中瑞合作基金,开创了我国中外合资产业基金,提供了产业基金发展的新样板。

兴起期的股权投资行业进入了一个快速发展时期。中央及各省市地方政府对股权投资积极引导,完善相关的政策,使我国股权投资进入了新的发展阶段。

这一时期尽管还存在着一些观念、制度、法律等方面的障碍，但随着政策法规的进一步完善、投资管理公司的发展、上市公司将闲置资金委托承销商进行投资，中国股权投资迅速发展。2000年我国股权投资规模达21.54亿美元。

三、第三时期（全面发展期）（2002年至今）

适合股权投资发展的环境基本形成。中国政府大力支持股权投资业的发展，法律、风险投资环境等方面日益完善。2005年我国进一步出台了《创业投资企业管理暂行办法》，并随后出台了相关的税收支持政策，2007年3月又修订了《物权法》，至此我国股权投资的法规制度体系已经相当完善。中国企业在美国NASDAQ市场上市，股权投资实现顺利退出。股权投资基金进入繁荣时期。

创业基金和产业基金在股权投资行业全面发展期表现突出。创业基金为我国中小企业融资提供了一个平台；产业基金则积极促成国家大型项目和重点企业的扶持。2007年活跃在我国创业投资市场的中外创业投资机构新募集了558只创业投资基金，共募集资金54.85亿美元，与上年相比增加了48.1%和38.1%。投资方面，2007年创业基金共完成了440个投资案例，相较于2006年的324个，增长了35.8%，投资金额达到32.47亿美元，相较于2006年增长了82.7%。产业基金在这一期间发展势头良好，2006年以后是产业投资基金发展较快的阶段。2006年成立了第一家产业投资基金——渤海产业投资基金。从2006年到2008年下半年，我国共批准了三批产业投资基金。

中国股权投资市场在2001~2008年这8年间发展迅速。股权投资基金投资金额从2001年的10.18亿美元增加到2008年最顶峰的220.74亿美元，在全球股权市场逐步下滑的大环境下，中国股权市场表现出色。2009年受全球金融危机的影响，我国股权投资有所下降，但这个下降过程短暂。2009年第二季度后，中国股权投资市场迅速回暖，仅在第四季度股权投资募资额达52.62亿美元，创历史新高。在全世界经济发展减缓及国际股权投资退潮的影响下，中国股权投资业在进行了短暂的调整后，开始全面发展。

第二节 我国大陆股权投资基金的特点

一、基金数量、募资金额大幅增长

从募资金额角度分析，2006年我国股权投资基金的募资金额为141.96亿美元，2008年达到611.53亿美元，这是我国股权投资基金募资金额最多的年份。2012年，我国股权投资基金募资金额为253.12亿美元，与2006年相比增长了78.30%。从新增募集基金数量角度分析，我国新增股权投资基金数量从2006年的40只上升至2012年的369只，新增募集资金数量增长了8.23倍。

其中，2012年新增募集资金数量达到历史新高，但平均单只基金规模创下历史新低。其主要原因是随着股权投资这一概念在中国的不断深入，股权投资基金作为一种新型投资工具被越来越多的投资者采纳，使得2012年全年新募基金总量再创新高。但从2011年底开始，外部投资环境不稳、IPO趋紧账面回报走低，使有限合伙人的信心受到影响，导致很多资金不能按时到位，影响基金募资总额。

综上所述，在调整中快速发展是我国股权投资基金的一个显著特点。

二、投资策略逐步合理化

金融危机以后，我国股权投资基金在投资策略上逐步趋向合理化，传统行业依然是股权投资关注的重点。近几年我国股权投资基金最热门的投资领域包括机械制造、生物技术/医疗健康、房地产、化工原料及加工以及清洁技术等。[1] 这种趋势也与境内外资本市场对这些行业企业的热捧相一致，显示出投资者对中国消费市场巨大潜力的良好预期。此外，互联网、农林牧渔、能源及矿产、电子及光电设备等行业也受到股权投资基金的大力注资。

三、股权投资基金在政府的鼓励下发展

我国的股权投资基金是在政府的鼓励和支持下产生和发展的。在20世纪80年代中期，国家为了鼓励科学技术的发展、促进科学技术向生产力转化，首先设

---

[1] 王钰：《中国私募基金发展问题研究》，金融与经济，2005（7）：30-32。

立创业风险投资基金，2005年之后，严格意义上的股权投资基金开始在我国出现。我国股权投资基金的发展与政府的支持政策密切相关，从《关于科学技术体制改革的决定》到《国家高新技术产业开发区若干政策的暂行规定》，从《设立境外中国产业投资基金管理办法》到《关于尽快发展我国风险投资事业提案》，从《关于加强技术创新，发展高科技、实现产业化的决定》到《中华人民共和国公司法》《中华人民共和国证券法》的颁布，从《创业投资企业管理暂行办法》到《关于当前金融促进经济发展的若干意见》，我国政府不断根据经济发展形势和完善资本市场的要求调整政策法规。在调整中发展，在发展中调整，不断地为股权投资基金的发展营造适宜的环境。

特别是2010年以来，政府更加密切地关注资本市场的发展。2010年5月，国务院批转了发展改革委《关于2010年深化经济体制改革重点工作的意见》（以下简称《意见》）。在深化金融体制改革方面，《意见》要求"加快股权投资基金制度建设，出台股权投资基金管理办法，完善新兴产业创业投资管理机制。健全创业板市场相关制度，推进场外交易市场建设，推动形成相互补充、相互促进、协调发展的多层次资本市场体系"。2010年7月1日，中国人民银行网站公布了《中国人民银行银监会证监会保监会关于进一步做好中小企业金融服务工作的若干意见》（以下简称《金融意见》），《金融意见》要求"完善中小企业股权融资机制，发挥资本市场支持中小企业融资发展的积极作用。鼓励风险投资和私募股权基金等设立创业投资企业，逐步建立以政府资金为引导、民间资本为主体的创业资本筹集机制和市场化的创业资本运作机制，完善创业投资退出机制，促进风险投资健康发展"。

总之，资本市场对一个国家的经济发展有着举足轻重的意义。在政府的监管和扶持下不断规范和发展是我国股权投资基金发展中的一个重要特点。

四、投资机构多样化

近年来，一方面由于国际、国内股权投资基金良好业绩的推动，另一方面由于政府对股权投资基金的投资主体资格不断放宽，各类金融机构开始将眼光转向股权投资基金市场。

信托公司在资金信托计划的框架下，大举进入股权投资市场，信托在股权投资领域的争夺就更趋积极。除信托公司外，证券公司也在积极准备直接股权投资。高盛投资西部矿业取得了骄人的业绩，国内券商也在积极推动，希望能以子公司的形式，用自有资金进行直接股权投资。保险公司在《国务院关于保险业改革发展的若干意见》中，就取得了"开展保险资金投资不动产和创业投资企业试点"的资格。虽然目前保监会在此问题上还比较谨慎，但在法律上已没有限制。国开行则积极参与国家层面的股权投资基金，如中瑞合作基金、东盟－中国投资基金、中国－比利时直接股权投资基金、渤海产业投资基金，以及近期的曼达林基金和中非发展基金等。

五、地方政府积极参与股权投资基金市场

自 2005 年以来，我国各地地方政府积极支持股权投资基金事业的发展，通过成立股权投资基金的形式参与股权投资基金市场。

2007 年 1 月，经国务院特别批准，主要投资于天津滨海新区和环渤海地区的渤海产业投资基金和渤海产业投资基金管理公司正式成立。渤海产业投资基金总额 200 亿元，首期募集 60.8 亿元。[①]在渤海产业基金的示范效应下，各地政府的积极性被充分调动起来，纷纷设计了本地区的产业投资基金。2007 年 5 月，包括广东核电基金、山西能源基金、上海金融基金和四川绵阳高科技基金在内的四家产业基金，成为国家发展和改革委员会产业基金的第二批试点。2010 年 8 月 25 日，北京市海淀区政府出台了一系列优惠政策，对股权投资基金进行补贴，其中包括"新设立或新迁入海淀区且工商注册和税务登记在海淀区的股权投资企业，在正式开展股权投资业务并完成第一笔投资业务后，可申请一次性资金补助"。

---

① 陶建华：《我国私募基金现状分析》，合作经济与科技，2006（17）：45-46。

第五章 现阶段我国主要股权投资市场

第一节 创业投资市场

一、创业板的相关概念

俗话说"时势造英雄",企业的发展也有相似之处。一些有潜力的企业在发展之初需要一个适宜它成长的环境才能茁壮成长、发展壮大,尤其是大量的中小企业、创新型企业、民营型企业中的佼佼者。如果它们在发展中能借力而为,将加速推动企业的发展。目前,我国的创业板正是加大这类企业发展壮大可能性的平台。

从某种意义上讲,知识经济催生了创业板。20世纪七八十年代,美国NASDAQ的辉煌向世人展示了资本的巨大力量。高新技术、新型商业模式、新能源等创新的力量引领着这一时代的企业。资本市场为这些创新、创业的力量提供了巨大的支持,也在一定程度上有效地解决了企业发展资金受限等问题。

2008年9月世界金融危机爆发以后,我国中小企业发展举步维艰,此时创业板的推出成为这一时期中小企业的救命稻草,也成为他们重整旗鼓的希望。我国创业板在众人的翘首以待中呱呱坠地了。2009年3月31日,中国证监会正式发布了《首次公开发行股票并在创业板上市管理暂行办法》(以下简称《暂行办法》)。这一消息对于整个中国资本市场来说,无疑是振奋人心的。中国多层次资本市场的构建和发展也由此开启。

首先，简单介绍一下主板市场。主板市场也称为一板市场。指传统意义上的证券市场（通常指股票市场），是一个国家或地区证券发行、上市及交易的主要场所。一般而言，各个国家主要的证券交易所代表着其国内的主板市场，如美国的纽约证券交易所，我国的上海证券交易所、深圳证券交易所等。主板市场反映了一国整个经济的发展状况，主板市场跟银行一样有"经济晴雨表"之称。与其他证券市场相比，主板市场对发行人的营业期限、股本大小、盈利水平、最低市值等方面的要求较高，因此在主板上市的企业多为大型成熟企业，具有较大的资本规模以及稳定的盈利能力。一般的中小型企业很难达到主板上市要求，所以这类企业就自然而然地被拒之门外了。自20世纪90年代至今，我国资本市场形成了由主板（含中小板）、创业板（俗称"二板"）、全国中小企业股份转让系统（俗称"新三板"）、区域性股权交易市场及证券公司主导的柜台市场共同组成的多层次资本市场。

创业板市场在各国的称呼都不一样，有些国家叫二板市场，有些叫第二交易系统等。叫法虽然不同，但实质都一样，都是为中小科技型企业或具有高成长性的企业融资而设立的。创业板市场指交易所主板市场以外的另一个证券市场，是与现有主板市场相对应的概念，指在主板之外为中小型高成长企业、高科技企业和新兴公司的发展提供便利的融资途径，并为风险资本提供有效的退出渠道的一个新市场。其主要目的是为新兴企业提供集资途径，帮助其发展和扩展业务。从世界范围来看，创业板市场主要分为两种模式。一种模式是"独立型"，即完全独立于主板之外，具有自己鲜明的角色定位，美国的NASDAQ市场即属于此类。另一种模式是"附属型"，即附属于主板市场，旨在为主板培养上市公司。在创业板上市的公司发展成熟之后可以直接升级到主板市场。换言之，创业板充当着主板市场"第二梯队"的角色，但是在实践中，我国的创业板并没有起到服务创业型企业的作用。

全国中小企业股份转让系统是经国务院批准设立的全国性证券交易场所，全国中小企业股份转让系统有限责任公司为其运营管理机构。2013年1月16日，全国中小企业股份转让系统正式揭牌，意味着"新三板"交易模式诞生。2013年6月19日，国务院确定股份转让系统试点扩大至全国，2013年12月13日，国务院发布《关于全国中小企业股份转让系统有关问题的决定》，正式宣布"新三板"扩容至全国。而"新三板"由于其创新的商业模式以及其服务的对象，可以被认为是真正意义上的中国的 NASDAQ，也会是未来的真正的股权投资市场。

二、创业板市场选择的对象及受益者

毫无疑问，创业板重点支持新兴企业以及高科技企业。这与党的十七大报告中的关于自主创新国家核心战略不谋而合，也是创业板市场的基本立足点。此处，笔者援引深圳证券交易所副总经理陈鸿桥在 2008 年中国（深圳）投资贸易洽谈会"中小企业与创投基金对接会"上的讲话内容，谈一谈我国创业板市场选择的对象。陈鸿桥认为，创业板重点关注六类新兴企业，这六类企业主要包括新经济、"中国服务""中国创造"、文化创意、现代农业、新商业模式。

创业板关注的第一类企业就是新经济企业。所谓的新经济，就是以互联网、移动通信的增值服务为基础的经济模式。这种经济模式人们现在接触得最多，同时也逐渐成为我们现代生活不可或缺的一部分。如 B2C 或 O2O 电子商务、移动互联网、互联网金融、手游、LBS 服务、云计算、在线教育、移动（垂直）搜索、大数据服务等形式。这样的竞技模式不但节约人力、空间，还可以提高效率，降低企业能耗。

"中国服务"概念企业是创业板青睐的第二类企业。这类企业关注三个方面的内容。第一是商业连锁，正如连锁经济型酒店和连锁餐厅，形成连锁和复制的形式。第二是高技术和服务业的结合，如现代物流业，电子化技术和传统货物运输相结合，改造原有的物流状态。第三是服务打包，包括 IT 服务外包、金融服务、配餐公司等。

"中国创造"类的企业也会是创业板支持的对象。"中国创造"包括五个内涵，即技术创新、服务创新、商业模式创新、管理创新以及机制创新。此外，这类企业还具有"三高两低"的特征，即研发投入的比例、研发人员的数量、无形资产占整个资产的比重要高于同行业；产值相比其他企业耗费低、污染低。这样的企业最好能够在关键领域、关键环节实现关键创新，将产品、技术做到精彻。

文化创意型产业是创业板实现突破的板块。这是新兴产业，具有巨大的发展潜力，在我国还有很大的挖掘空间。目前，中国的巨人网络、新东方、江通动画等都是文化产业创业的代表。随着我国经济发展，教育培训、影视传媒、工业设计等一些文化创意行业都会迅速崛起。目前中国的很多大城市已经涌现出了一批教育培训、文化传播公司，但做强做大的少之又少。创业板的推出无疑给他们的发展提供了一次绝佳的机会。

现代农业是创业板支持的又一个重点。现代农业应该具备4个特征：一是注重科学技术的应用；二是注重现代工业化的生产流水线、标准化生产方法的应用；三是注重现代服务业的品牌管理；四是注重不可复制性。现代农业是指把简单的、粗放的农业化生产变成一种融合现代工业化和现代服务业的产业链条，提高附加值。

新商业模式企业也是创业板需要的创新企业。商业模式的创新贯穿于中国制造、中国创造、中国文化、现代农业之中。商业模式的创新，从本质上讲就是赢利模式的创新，是一种新的赚钱方法。

事实上，创业板市场选择企业有着一定的标准，概括来讲主要有三点：已经迈出创业的初期，进入了快速成长阶段；近几年的成长性已经初步体现，未来的高成长性可以明确预期；有显著的创新性。

创业板推出后，很多人都会受益。发明家、风险投资机构、保荐人、投资人都将分得这块令人眼馋的"蛋糕"。国家发展和改革委员会的数据显示，我国65%的发明专利、80%以上的新产品开发是由中小企业完成的，但是受到资金不足的"瓶颈"制约，专利向现实生产力的转化率不足15%，个人专利的生产转化率更低至不足8%。创业板市场为高新技术中小企业提供了一个面向全社会的直接融资渠道，发明创造向现实生产力的转化"瓶颈"将大大缓解，发明的经济价值将得到全社会的认同。发明者通过拥有、出售企业的专利、特许权等无形资产将获得丰厚的回报。

在高新技术企业上市之前，风险资本拥有稳定的退出途径，正是在以私募基金方式组建的风险资本的推动下，微软、谷歌等计算机、信息产业的大鳄才得以诞生和发展。风险资本的规律是：投资10至20个企业往往只有一个成功，而成功的企业会带来数十倍的投资回报，弥补其他的投资损失。风险资本如何从这一个成功的企业全身而退呢？途径有公开发行新股（IPO）、并购、管理者回购以及清算，其中推动所扶持的中小企业到创业板市场上市是最主要的途径。创业板市场有利于消除风险资本投资的沉没成本，引导风险资本退出。这必将激励高收入者、先富裕起来的人加入风险资本投资的行列，积极充当天使投资人，促进我国的风险资本和实业投资、技术发展之间的良性循环。

鉴于在创业板上市企业的特殊性、保荐人的责任和利润的成倍增长，用传统的财务分析方法很难正确评估其市场价值，因此各国创业板市场都实行保荐人制度，我国也不例外。《证券发行上市保荐业务管理办法》赋予了保荐人较大的权利和责任，要求保荐人对发行人的成长性进行尽职调查和审慎判断，并出具专项意见，如果发行人有自主创新能力的，还要求保荐人在专项意见中说明其自主创新能力。保荐人要对其所保荐的企业的质量向公众投资人负责，这就需要保荐人投入更多的人力、物力来监督，引导上市公司运作。当然，更多的付出对应的是更高的劳动报酬，与主板市场相比，创业板市场的保荐人有望获得更高的管理费。

投资人分享高成长性企业的经营成果。与主板市场相比，创业板企业的成长性更高，在较高的业绩支撑下，创业板市场的股票价格超越主板成倍增长不足为奇。创业板市场的投资者在承受较高风险的情况下，将获得更高的投资回报。此外，高风险投资者被分流到创业板市场后，主板市场的非理性投机将有所减少，市场波动性相应降低，主板市场的投资者也可获得更稳定的投资回报。

但是在实际发展过程中，创业板并没有达到建立的初衷，帮助创业型的创新型企业发展。由此在2013年，国务院又批准了一个全国性的证券交易场所：全国中小企业股份转让系统，专门为创新型、创业型、成长型企业服务。

三、新三板市场的典型特征

中国的主板市场根本无法容纳数量众多的中小企业，也满足不了中小企业的融资需求，新三板注定发展成为庞大的场外交易平台，将真正变成中国高新技术企业的创富平台。了解新三板市场的特征，可以更好地融入进来，对企业的快速发展提供帮助。

（一）新三板市场的特征

1. 包容性强，市场化程度高

新三板对挂牌企业的要求较低，像资产很小、没有销售收入或没有盈利的企业都可以在新三板挂牌。服务于创新型、创业型、成长型的中小微企业，而这些企业往往是最有成长性、也是最需要资本市场扶持的企业。

2. 规模小、时间短

新三板市场的企业多数处在创业初期，经营规模小、挂牌时间短，历史数据和经营信息少，很难获得，使得股票交易数据也很少。

3. 融资渠道单一

由于企业规模小、发展具有不确定性、面临的风险因素多，使得企业无论是在挂牌前还是在挂牌后，只有自有资本和短期融资这两种融资渠道，几乎没有长期负债。在新三板市场挂牌，在一定程度上拓宽了企业的融资渠道。

4. 融资小额且高效

小规模企业在新三板市场挂牌后就可以通过定向增资的方式募集资金，而且定向增资的备案速度快。

5. 个股分化严重

在新三板挂牌的企业有的股价依然坚挺，有的大幅下降，有的甚至超出它的定向增资数倍，也有现股价跟高峰相比下降80％的情况。挂牌企业面临着待价而沽和无人问津的问题。

6. 股票流动性比较差

新三板市场是对主板市场、中小板市场及创业板市场的一种补充，是一种场外交易市场，所以新三板市场的交易远不如其他市场活跃。由于转板概念的出现，提高了与其他市场的相关性、联动性，新三板市场的交易活跃了不少。

（二）新三板市场的企业特征

1. 投入性高

跟传统企业相比，高新技术企业在技术研发上投入大量的人力、物力、财力，使企业达到技术上的领先水平，为将来在新产品市场竞争奠定坚实的技术基础。与此同时，企业还要针对技术的商品化进行大量的投入。

2. 高技术含量和独占性

高新技术企业存在和发展的前提是高科技含量，这是区别于传统企业的特征。因为高新技术企业的运营是在有了科研成果后，才在技术或专利所有者的领导下开始的，从而可以看出，技术在一定时间内具有独占性。

3. 成长性好，收益率高

高新技术企业一般在技术或专利具有独占性的期间，凭借技术上的领先和独占性开拓产品市场。一旦市场认可具有高附加值的高科技产品，企业就能获得高额的利润并占领市场。

4. 高风险及不确定性

高新技术企业冒着技术风险和市场风险向市场推出新产品，无论是消费者的认可还是技术都存在巨大的风险。

5. 无形资产的重要性

新三板市场的主要资产形态之一是无形资产，是企业获得收入的源泉。新三板企业多数是在一项或者多项技术或者专利的产业化进程中建立起来的，逐渐形成自身规模，从而占有市场。为了促进技术的更新和进步，企业需要研发、投入更多的技术或专利，在保持市场占有率的基础上进行扩大。

6. 企业的发展和决策

新三板企业是典型的高新技术企业，有着明显的阶段性特征，在把科研成果商品化的过程中，要经过设计、试制、生产等多个步骤。企业需要根据前一阶段的情况来推断出下一阶段的决策，市场理想就追加投资，不理想就不再追加投资。

（三）新三板市场的交易特征

1. 被动的交易机制

新三板市场的交易是投资者在市场上得到的，而不是指令性的交易。这样做的好处就是资源共享，与更优厚的价格无关。

2. 交易比较安全

新三板市场实施的是以机构投资者为主体、限定自然人投资者、规定最低交易股份数额和要求主办商予以代理等交易制度。这种交易制度不仅显示出新三板市场希望尽可能减少交易风险，而且能维持稳定的交易市场秩序。

3. 证券机构的作用

主办券商需要代理交易委托、报价申请、成交确认和交割清算。规范市场交易秩序在一定程度上是通过主办券商来实现的，但是现阶段的交易制度并非做市商制度，主办券商只起到交易代理的作用。

4. 制度的不断完善

新三板市场得益于国家对市场的明确定位以及不断完善的相关政策、制度建设。

经过几年的发展，新三板已经形成了以创新型、创业型、成长型中小微企业为主体的市场规模，成为中小微企业登陆资本市场的最佳选择。并且新三板的运行呈现出挂牌企业数量增长、结构优化，发行公司数量猛增、持续融资特点鲜明，交易机制逐步优化、定价功能不断完善等特点。针对小微企业，新三板特设了"小额、快速、按需"的融资制度，挂牌与发行不做捆绑安排，将融资方式、融资时点、融资规模、融资过程、融资价格的决定权都交予市场。总之，新三板的典型特征就是准入门槛较低、挂牌时间较短、成本低、主要集中于高新技术企业、成长性好、流动性差、定制增资。

四、突破新三板发展困局

市场对新三板的价值认可度显著低于中小板和创业板，流动性不足成为新三板对企业降低吸引力的主要原因。如果说小微创企业具有成长性，估值应偏高，那么新三板市盈率低于中小板和创业板的合理解释便在于差异制度设计下的市场割裂。

当前，一方面，核准制行政性造成主创板供给稀缺，即所谓的壳资源问题，背后的理念支撑是政府对投资价值判断具有管控能力和责任；另一方面，较高的投资者适当性标准也造成新三板需求方力量不足，流动性差又加剧需求不足，形成负向反馈循环。

如何突破这种困境？首先在主创板方面，注册制目标背景下IPO常态化及退市制度化，既增加市场供给又优化市场存量，同时缩小沪深交易市场与新三板市场的估值割裂，这也符合增加居民资产的发展趋势。其次，新三板明确发展定位。新三板定位于服务创新型、创业型、成长型中小微企业，无盈利指标准入设定，并不意味着新三板比主创板的层次"低端"，而应是存在一定差别定位和竞争关系的又一集中交易市场，而非界定模糊的场外市场；事实上，随着电子交易的发展，物理意义上的场内、场外市场已然没有区分必要。再次，按分层降低新三板投资者适当性标准，在当前经济结构面临转型、传统产能普遍过剩的形势下，部分新三板企业投资风险并不比大型传统行业企业高，因而以其风险高而设定较高投资者门槛的理由并不充分，应该允许更多投资者来分享创新型和成长型企业的成长红利。

综上信息而言，宜以交易制度改进为抓手。当前，新三板并行协议和做市两种交易制度。附加转让意向平台的协议转让突破互报成交确认的局限，具有集中竞价的某些特征；做市转让试图通过做市商双向报价来构建交易对手方，使交易标的连续成交，从而实现价值发现。做市交易是一种报价驱动交易制度，应该说，做市商制度是改善流动性的一项创新，但由于做市买卖有价差，存在交易成本，因而相比指令驱动的竞价交易，报价驱动的做市交易并不理想。而且按新三板现行交易制度,当投资者的报价优于做市商报价时,即买价高于做市商报买价或卖价低于做市商报卖价,仍按做市商报价成交,这实质上构成报价垄断,必然带来低效率。

我国做市商制度有待改进。大的方面,做市商扩容、大宗交易在期待中;破除做市商对报价权的垄断,如对优于做市商的报价进行披露和替代。小的方面,对初始做市库存股仓位适度下调(目前为最低10万股或5%总股本),因为对现有做市制度的诟病主要在于做市商基于牌照低价大量拿票,并在无大宗交易配套的二级市场出货,从而造成做市股股价承压。而且附加集中申报机制的协议转让的搜寻成本大大降低,又可点对点大宗交易,拟IPO企业更便于控制股东数量,这些是当前存在大量做市转协议的主要原因。

竞价交易理论基础和理想模型是完全竞争市场,前提是市场参与者众多,每个交易者不能利用供需数量影响价格,只能是价格接受者。这就要求供给方面股权足够分散、股东足够多;同时需求方面潜在购买者也充分多。主创板企业在IPO后能满足这些要求,因而适用竞价交易,通过交易所主机集中或连续匹配买卖指令形成价格,实现价值发现功能。目前,新三板大部分企业流通股少,股权集中度高,没有充分多的卖方;同时,严格的投资者适当性标准也使买方数量不足,与完全竞争市场相去甚远,因而竞价交易暂未推出。若允许新三板股票公开发行,使得持有一千股份以上的股东突破千人,即千人千股,则竞价交易可行。

伴随公开发行与竞价交易,再适度降低投资者适格标准,则新三板可成长为与主板和创业板并行竞争并差异化定位的多层次资本市场的有机组成部分。

可喜的是,在2017年12月,股转公司发布了《全国中小企业股份转让系统股票转让细则》,明确了竞价交易是三板股票转让的一种方式,新三板市场的流动性改革正在稳步推进。

第二节 私募股权市场

私募股权(Private Equity)起源于20世纪40年代的美国,其所具有的开发新技术和新产品的创新能力对美国在危机之后的经济复苏意义重大。随着越来越多诸如蒙牛乳业、盛大网络、百丽国际等引入了私募股权投资的企业成功上市，加之我国经济的发展和对资本市场的初步建设，私募股权投资作为一种新型的投资方式引起了市场的广泛关注。

私募股权投资属于上市公司非公开股权交易，主要投资于非上市公司股权，也可以理解为通过私募形式对非上市企业进行权益性投资，并在交易实施过程中考虑将来的退出机制，如通过上市、并购或管理层回购等方式出售持股获利的一种投资方式。私募股权投资作为先进的投资模式，是金融创新和产业创新的结果，其运作方式拓宽了企业融资渠道，推动了被投资企业的价值发现和价值增值，因而得到越来越多投资者的认可。相应政策法规的出台也为私募股权投资的发展提供了良好的契机。如在2012年3月份召开的"两会"中，"鼓励民营资本、扶持中小企业"，"IPO市场化改革"已经成为经济领域的重点议题，而这些议题和私募股权投资的投资方向和退出渠道紧密关联。又如新修订的《中华人民共和国证券投资基金法》已在2013年6月1日正式施行，该法为私募股权投资基金的规范运作打下了坚实的基础。尽管中国的私募股权已取得长足发展，但由于制度不配套、市场体系不健全等问题，导致中国的私募股权不适应产业创新的需要，同发达国家相比还有很大的差距。因此，很有必要针对私募股权现存的一些问题，探索一条既符合国际惯例又适合中国国情的中国私募股权发展道路。

一、中国私募股权投资的发展现状

全球资本流动主要通过国际证券市场、企业直接投资、私募股权投资三种方式进行。目前，全球范围内存在数千家私募股权投资集团，其中黑石（Blackstone）、凯雷（Carlyle）、KKR、德州太平洋集团（Texas Pacific Group）、新桥投资等公司的规模最大。从世界范围看，私募股权基金的发展已有近百年的历程，而我国的私募股权投资只有30多年的历史。在我国，私募股权投资产生于20世纪80年代中期，伴随着证券市场的发展，私募股权投资基金在我国逐步发展壮大。1992年，第一个进驻我国市场的美国风险投资公司IDG技术创业投资公司成立。2004年6月，著名的美国新桥资本以12.53亿元人民币从深圳市政府手中收购深圳发展银行17.89%的控股股权，中国出现了第一家国际资本控股的商业银行。2006年12月30日，国务院特批的中国首支人民币私募股权基金渤海产业投资基金在天津发起设立。2008年6月11日，鼎晖和弘毅人民币基金在天津正式宣告成立。目前，国内外私募股权投资基金在中国市场全面发展，我国已经成为亚洲最为活跃的私募股权投资交易市场之一。[①]

（一）基金筹资数量攀升，单笔筹资金额较少

从私募股权投资基金完成募集的数量来看，2013年全年新募基金数量最高，共有369支私募股权投资基金完成募集，同比增长57.0%，2014年有所下降。从完成募集的金额来看，2008年达到最大，为611.54亿美元，以后募集金额急剧下降。2012和2013年的基金募集数量相比以前有所上升，但募集金额不升反降，由此说明单笔基金的募集金额较少。整体来看，成立的基金数量和募集资金都在快速增长，但从单只基金募资规模来看，2013年和2014年我国私募股权投资募资较为困难。随着私募股权投资理念在中国的不断深入，私募股权投资作为一种新型投资工具被越来越多的投资者采纳。从筹资角度分析，我国私募股权投资基本呈现"新募基金数量攀升，但募资仍较困难"的态势，单个基金的筹资情况不容乐观。

（二）投资规模扩大，涉及领域多元，投资回报率下滑

衡量私募股权投资业绩可以从投资的规模、投资涉及的行业领域以及投资的回报率三个角度来进行。我国私募股权投资在投资方面呈现出投资规模扩大、投资领域多元、投资回报率下降的特征。

1. 投资规模扩大

我国私募股权投资总量在2012年达到历史最高水平，与上年同期相比增长了166%。2013年中国私募股权市场投资活动较2012年略有放缓，投资金额为197.85亿美元，但在2014年又有所回升。由于中国近年来经济高速发展，国内宏观经济运行态势良好和相应的政策扶持，出现了一大批优秀企业，产生了利用资本市场继续做大做强的内在需求，因此我国私募股权投资基金的投资活跃度大幅回升。

2. 投资领域多元

2012年私募股权投资涉及24个行业，且各个行业投资活跃程度均呈显著增长态势。2013年的投资交易共涉及23个一级行业，房地产行业的私募股权交易次数最多，共发生80笔交易，其中互联网行业、房地产投资和能源及矿产行业的交易金额最大。2014年也呈现出类似的分布情况，私募股权投资机构所投行

[①] 王文挺、谢群：《我国私募股权投资市场的发展现状及问题分析》，现代商业，2013（13）：63-64。

业分布在23个一级行业中,其中房地产行业为最热门行业,共计发生投资交易105起。私募股权投资的行业领域呈多元化分布特征,从目前的投资领域分布情况来看,投资偏向传统成熟企业,高新技术产业投资比例较低。私募股权投资呈现出的行业领域多元化发展模式,不仅有助于分散投资风险,而且为私募股权投资的进一步发展壮大提供了广阔的平台。

3. 投资回报率较低

私募股权投资通过IPO方式退出的回报率较低。2013年境内外资本市场通过IPO退出被投资企业的私募股权投资方式仅获得了5.13倍的平均账面投资回报,与2013年同期境内外7.78倍的平均账面投资回报相比,私募股权机构通过IPO退出所获得的投资回报倍数较小。在证监会的新政作用下,二级市场估值逐步向理性回归,新股IPO价格大幅下降,境内IPO退出也变得艰难,使得IPO这一传统退出渠道不断紧缩。因此,投资机构在退出活动中应当开始有意识地采用其他退出方式。

二、私募股权投资模式

私募股权投资模式体现了私募股权投资业竞争的本质,是私募股权基金生存的基础。只有建立起整合自身能力的投资模式,才能使私募股权基金获得并保持竞争优势,实现可持续发展。

(一)利用投资模式构建基金战略

1. 投资模式的构成

私募股权基金的投资模式是由投资模式要素组成的,包括投资阶段、投资行业、投资方式、赢利模式、融资结构、投资期限、投资伙伴、投资区域等。投资模式的要素一般是多维度的。

投资模式的每一种要素具有不同的要素形态。例如,投资的阶段要素包括种子期、创建期、扩张期、收购期、破产期等要素形态;投资的行业要素包括信息技术(IT)、生物、基础设施、环境保护、房地产等要素形态。

私募股权基金的投资模式是多要素和多形态的,并且是由这些多要素和多形态组合而成的。假设某一只基金的投资模式具有3个要素和3个形态,那么其投资模式要素形态组合就像魔方一样,与旋转组成魔方的小方块拼出有规则的图案类似,每一个旋转出来的图案就是基金可供选择的投资模式。

围绕创造价值的核心驱动因素设计投资模式。由于各个驱动因素在创造价值上的贡献不同，所以需要围绕创造价值的核心驱动因素来设计投资模式。核心驱动因素就是私募股权基金投资模式的特色。解决和支撑核心驱动因素的能力就是私募股权基金的核心竞争力。

投资基金与企业不同。对于企业来说，赢利模式最重要。赢利模式是建立在企业的核心竞争力基础之上的，反过来，赢利模式也集中体现了企业的核心竞争力。种瓜得瓜，种豆得豆。只有春天播种了好种子，秋天才有好收成。当你在投资中发现了价值、创造了价值，投资退出的渠道就畅通了。否则，设计再好的退出渠道和赢利模式，所投资的企业经营业绩不佳，投资基金也难以全身而退。

2. 投资模式和投资策略是不可复制的

投资基金的投资策略是投资运营的灵魂，关系到投资运营的成败。但现在许多基金在筹建的过程中借用或复制其他投资基金的投资策略，或者借用和复制管理团队以往采用的投资策略。这种行为是一种危险的模仿，既降低了投资管理的质量，又增加了投资的风险因素。

基金的投资策略需要建立在对产业、资本市场和投资市场分析的基础上。由于投资的时机不同、投资的领域不同、投资的产业阶段不同、投资的资本来源不同、投资的政策条件不同、投资的金融资源整合方式不同，以及投资的产业要素变化方式也不同，所以，所谓的借用投资策略完全没有重视上述变数。实际上没有一只基金的投资策略可以被复制和抄袭。

许多投资基金的策划团队在电脑的数据库中寻求投资方案和投资策略，而不是通过分析、归纳和研究来寻求基金管理方案和基金投资策略。这些投资基金的管理团队根本未能真正地理解所采用的投资策略，从而将投资交易变成了一种偶然的、个性化的和缺乏合理性的游戏。

投资基金的管理团队应当从基金出资人的立场出发，用专业的态度对待投资策略的制定，虽然在一个泡沫化和浮躁的时代做到这一点并不容易。

3. 利用投资模式构建基金投资战略

投资模式的策划就是根据资本市场的需求和股权投资市场的需求，在整合思想的基础上，对投资模式的要素和形态进行变换和调整、设计和组合，使基金获利最大化的投资模式。与此同时，整合资源和人才，才能形成强大的竞争优势。

投资模式的创新就是增加投资模式要素及要素的形态，并且按市场需求使关键投资模式要素及要素的形态与其他要素和要素的形态相匹配；整合出满足特殊市场需求、独具特色的投资模式，创造和增加基金经营上的价值空间，构建私募股权基金的持续竞争优势。

投资模式这一命题本应是私募股权基金领导人关注的核心问题。但是在私募股权基金业发展初期较浮躁的状态下，许多私募股权基金领导人并没有清楚地认识到这一点。就好比在中国经济发展的起步阶段，许多企业处于追求规模的阶段，只知道赚钱，一批民营企业衰落了，企业才开始意识到要建立核心竞争力。没有构建可持续的投资模式的私募股权基金，即使现阶段收益可观，但是因为没有可持续的投资模式，以后的经营风险也会越来越大，最终走向失败。正如一句德国谚语所说，时间是筛子，最终淘去一切沉渣。故私募股权基金应该构建持续的竞争优势，即按照中国国情和行业特点设计投资模式，依据投资模式制定基金战略并构建基金的核心竞争力，利用增值服务增强差异化的竞争优势。很可能只是在投资模式上微调，你就开拓了一片"蓝海"。

随着私募股权投资业的发展和升级，缺少增值服务能力的私募股权基金将越来越边缘化，具有积极投资管理能力的私募股权基金将强势发展。

（二）集中化战略

1. 私募股权基金的深度与广度

私募股权基金可以倾向于广度，将投资分散在若干行业或者市场。私募股权基金也可以倾向于深度，做一个有深度的投资基金，集中投资在聚焦的行业，虽然投资覆盖的市场相对较窄，但是其投资经营具有深度，例如，在选择投资项目时独具慧眼，能够提供更好的增值服务等。

私募股权基金倾向于投资的广度，往往以牺牲投资的深度为代价。二者不可兼得。业绩突出的基金经理往往具有研究发掘那些不为人知的信息的独特能力，并像企业家一样去深入地了解和经营企业，并提供增值服务。这些专家型的基金经理一般都在一个行业积累了大量的经验、知识和人脉。

专业化产生竞争优势。一是通过专业化的深度调研和增值服务为投资成功提供了最大的机会，专业化还提高了工作质量和效率，产生了竞争力，形成了基金的竞争优势，创造了更好的投资业绩。二是高度专业化与具有创新意识的管理团队组合，可以不断创新，保持持续的竞争优势，使之能够从容应对资本市场"兵戎相见"的挑战。过分专业化固然有风险，但是把精力和资源过度分散的风险会更大。专注是一种强大的力量,专家往往打败杂家。

集中投资并且留心这个篮子。有人说"不要把所有的鸡蛋放在一个篮子里",这就等于"分散了你的财力和精力";但是也有人说"把所有的鸡蛋放在一个篮子里,并且留心这个篮子",这就是集中投资。集中性的投资策略的含义一是选择正确的鸡蛋放入篮子里,如果篮子里只有几个鸡蛋,那么这几个鸡蛋最好都是好鸡蛋。分散化的投资组合并不能让坏鸡蛋变成好鸡蛋。对于私募股权基金来说,就是选择投资正确的企业。二是投资后更重要的是留心这只装满鸡蛋的篮子。对于私募股权基金来说,就是要向投资企业提供增值服务,提升企业的价值。

2. 行业专业化基金

行业专业化基金可能被认为是行业的投资专家,特定产业的投资基金包括生物医药、IT、网络、房地产等。2005 年,搜狐公司前首席运营官古永锵从事以融合了项目搜索、控股投资、业务运营为一体的搜索基金(Search Fund)。2006 年,中国网通集团首席执行官田溯宁辞去首席执行官一职,开始专注于中国宽带产业基金的管理和运营。此后,中国政府批准了两批产业投资基金,从此由地方政府或金融机构发起的产业基金如雨后春笋,涉及高科技、新能源、基础设施、金融、绿色产业、船舶、文化、水务等多个领域。

作为新进入私募股权投资业的投资者,最好把第一只基金设成专业化基金。一开始投资自己擅长的一个行业、一只基金、一个概念。这样的基金可以通过不同阶段的投资进行多样化投资,从种子期到晚期,甚至包括管理层收购。基金管理公司在获得了专业经验和市场的认可后,就可以从核心扩张,用新的基金来扩张基金公司的业务范围。

行业专业化基金的业绩好于多样化基金。一些专家认为,专一的私募股权基金比多样化私募股权基金的业绩好。而这些成功者失败的原因是他们从事了不熟悉的网络投资。美国的私募股权基金从 20 世纪 90 年代初期开始向专业化方向发展。20 世纪 90 年代末,亚洲和欧洲也出现了专业基金。特别是出现在全球需求旺盛的技术行业,如电信、无线电技术、生物技术、医疗、传媒和能源。私募股权基金提高其专业化程度是市场的大势所趋。

(三)核心化战略

一个优秀的私募股权基金到底是采用集中化、专业化的战略,还是采用多元化、分散化的战略?这些并非取决于表面的集中化、专业化或者是多元化,而是看能否聚焦到核心战略。

1. 投资模式与核心竞争力：以汉森信托公司为例

英国汉森信托公司（Hanson Trust. PLC）是一个看似不相关的多元化公司，业务之间不具备共享活动。然而，多年来，汉森公司业开发出了一些管理原则，并且将这些原则应用于所收购的成熟业务的管理当中，使汉森信托公司在成熟市场上的业务收购和管理方面具有明确的核心竞争力。汉森公司的业务之间几乎没有任何共享活动，恰恰证明了汉森公司在成熟市场上的收购业务和管理业务具有清晰的核心竞争力。

从英国汉森信托公司的案例可以看出，私募股权基金是通过形成自己的投资模式，并且以之归纳为一系列为指导原则，从而构建和培育其核心竞争力的。

围绕核心竞争力建立私募股权基金的核心业务，我们称为核心化战略。私募股权基金的核心能力构成基金的核心专长，并构成基金竞争优势的基础。所以，私募股权基金应该围绕核心竞争力建立基金的核心业务，在激烈的资本市场竞争中拥有生存和成功的竞争优势。

专注于核心竞争力与谋求市场领导地位实际上是一个硬币的两面。市场领先的基金成功的关键是聚焦在一个焦点，聚焦核心才能走在竞争的前列。

2. 投资阶段的核心化战略

私募股权基金的核心化战略主要体现在基金集中投资在最能体现其核心竞争力的投资阶段。私募股权投资按照企业的生命周期主要有以下的投资阶段：种子期、研发期、创业期、扩张期、上市的过渡期、收购或兼并期、从亏损到赢利的转变期。

投资的核心能力与高投资回报的投资阶段相匹配。投资风险越高，投资回报越高；反之，投资风险越低，投资回报越低。在投资风险高的投资阶段获取高投资回报，要求投资基金具有特定投资阶段的高超的能力和专门化的技术。投资风险越高、投资回报越高的投资阶段要求投资基金的能力越强、技术越专门化。

实施核心化战略的领先基金都是聚焦在特定的投资阶段上的。基金通过投资阶段的聚焦，即投资主要集中在自己擅长经营的投资阶段，才能充分发挥基金的专长，为被投资公司提供增值服务或者实施主导经营和重整，从而获取高于资本市场的、高于其他私募股权基金的高收益，形成持续的竞争优势。例如，从事孵化高科技企业的种子基金、投资成长期企业的成长基金、专门投资破产企业的重整基金等。

3. 投资方式和工具的核心化战略

私募股权基金的核心化战略的另一个主要表现，是基金聚焦在最能体现其核心竞争力的投资方式和工具上。实施这种核心化战略的私募股权基金，专注于自己最擅长经营的杠杆收购、管理层收购、企业重整投资等。在核心经营的领域，基金具有这种特定投资方式的技能和经验，对相关的投资工具的使用和创新驾轻就熟，关系网络庞大而有效，在信息获取、决策速度、增值服务等方面具有竞争优势，掌握了市场的交易流，成为私募股权基金的领先者。

世界级基金KKR是全球领先的另类资产管理公司，是全球私募股权投资的鼻祖和翘楚，拥有或持股51家公司，这些公司年度营业收入总计达2 180亿美元，是另两大私募股权巨头黑石集团和凯雷集团的两倍多。KKR通过管理层收购和杠杆收购的巧妙结合的投资模式，成为私募股权基金的领袖。迄今为止，KKR已经宣布或已经完成的投资项目超过160个，涉及25个行业，交易总额不下4 180亿美元。其交易金额逾10亿美元的投资项目不下62个，远超其他任何一家直接投资基金。成立31年来，KKR管理的基金实现的复合年均回报率达26.3%。KKR所从事的并购业务，或者说股权投资，是投行业务的最高端，在华尔街被称为"皇冠上的明珠"。KKR公司是管理层杠杆收购的代表。杠杆收购是以很小的基金资本撬动巨额的贷款和高收益债券来发起收购的，由KKR首创，并为业内广泛采用。KKR为杠杆收购贡献了一个又一个大规模收购的经典案例。KKR实施的核心化战略的做法是这样的，一是由两个熟悉管理层杠杆收购的权威即核心合伙人出任被投资公司的董事，二是由具有被投资行业专门知识的合伙人出任董事，三是通过激励机制使管理层与收购者的利益相一致，极少撤换被投资公司的经理。结果KKR以管理层杠杆收购为专长的核心竞争力构成了其竞争优势，能够使KKR在标购中胜出，而标购的胜出并不一定是买价高，而是收购方案更合理、更符合卖家的需求等。

第三节 企业并购市场

目前中国经济发展处于转型加速期阶段,产业发展处于新旧秩序更替之际。一方面传统行业产能过剩,亟须转型,另一方面新兴行业飞速发展,外延式扩张需求高涨。加上我国资本市场不断健全,国企改革不断深化,近年来我国并购市场高潮迭起。

一、中国近年并购市场发展现状

Wind 中国并购数据库统计数据显示,自 2009 年以来,我国并购交易市场呈现不断增长趋势,尤其自 2014 年开始,并购交易数量呈现爆发式增长,交易规模大幅攀升。

(一)并购交易规模和数量不断创历史新高

随着我国产业结构调整升级和监管简政放权,近年我国并购交易市场出现爆发式增长。2015 年并购市场交易数量和规模均创历史新高,全年宣布交易项目达 6 606 笔,宣布交易规模达 31 149 亿元,交易规模较 2014 年同比增长了 19%。2016 年,由于境内资本市场再融资及资金出境均趋严,并购市场出现回落。

伴随并购交易规模和数量的不断攀升,平均单笔并购交易金额也出现大幅增长。在已落地的并购交易中,中国化工集团以 430 亿美元并购瑞士先正达、奇虎以 36 090 亿美元私有化退市等项目不断突破单笔交易金额上限。[①]

(二)并购活跃地区集中东部沿海,北广上领跑

从并购交易的数量和金额来看,华东地区、华北地区、中南地区等为并购交易活跃地区,尤其是北京、上海以及东部沿海发达城市。相比较而言,中西部地区和东北地区并购市场则较为平淡。

(三)并购交易行业分布上,信息技术类并购在数量上继续领先

从 2012～2016 年五年并购交易发生的行业分布来看,从并购标的角度出发,信息技术、工业、金融为并购交易数量高发的三大行业,三大行业数量占比分别

---

① 周远:《我国资本市场层次结构问题研究》,天津,天津财经大学,2008。

为28%、20%和9.4%，医疗健康、能源、通信、地产紧随其后。从并购交易规模分布来看，2016年金融、工业和信息技术一样占据前三。

（四）杠杆收购趋势明显，资本市场运作用途明显

在并购方式方面，2015～2016年并购交易以高杠杆方式收购的趋势明显，融资比例呈现快速攀升态势。首先，在交易金额方面，以发行股份购买资产为主，以协议收购和增资为辅位，在交易数量方面，协议收购和增资占比较大；其次，在协议收购和增资方式中，以现金支付为主，其次为现金+股权、股权等方式。在实务中，交易对价支付的杠杆率逐步加大，并购方通过成立并购基金，以银行理财资金作为优先级资金来源、以其他金融机构资管计划作为劣后资金来源的模式逐渐普遍，并购方实际到位的自有资金比例逐渐降低。

在资金用途方面，近年大部分并购用于横向规模收购，占比约42.6%，剩余并购最终目的为多元化战略、资产调整、借壳上市或实施私有化。

（五）跨境并购平均交易规模大，数量比重持续攀升

随着近年我国企业海外扩张步伐加快，境外并购规模持续增长。2016年，中国企业出境并购299笔，平均交易规模30亿人民币，虽然在交易数量方面远低于境内并购，但在平均交易规模方面远超境内并购。

从跨境并购的行业分布来看，2012～2016年出境并购数量以信息技术和工业两大行业领头，医疗健康、能源、金融三大行业紧随其后。从并购金额上来看，工业、信息技术和能源行业排名前三。

二、近年我国并购市场发展的动因分析

近年来我国并购市场发展的根本原因是产业结构调整升级、微观经济主体谋求转型的需求。面临经济转型的关键期，企业内生增长不利，只能寻求外延扩张，通过横向并购获取规模经济、通过纵向并购获取产业链经济、通过混合并购实现多元化战略和业务转型的内部动机强劲。同时，国家战略导向和政策放松的外部环境为并购市场发展提供肥沃土壤。

（一）以横向并购、资源整合目的为主，追求协同效应

现阶段，由于我国企业大多研发实力有限，不利于通过研发扩充产品线，目前大多数并购交易的目的仍以横向并购为主导，通过产生协同效应来获取规模经济。具体表现为通过并购同类型固定资产、产品、生产技术等达到充分释放产

（二）以纵向收购、多元化收购目的为辅，打通产业上下游，实现业务转型

随着我国部分优质企业不断发展，以整合产业链、获得对产业链更大影响力和控制力为目的的企业并购数量开始逐渐攀升。纵向并购有助于企业降低成本、塑造供应链优势、提升综合竞争优势。

同时，随着经济发展进入新常态，许多传统行业面临产业升级，业绩备受压力。当企业原有业务增长出现可预见的瓶颈时，众多传统企业开始通过外延式发展进入新的业务领域，用新业务接替原有业务来承担业绩增长的压力。

（三）逐渐宽松的国家政策环境是并购市场发展的有力外因

资源整合、产业链整合与业务转型等内部动机以及外部政策环境的支持，为并购强力发展提供了肥沃土壤。2014年证监会简政放权，取消上市公司非借壳上市类的行政审批，取消要约收购事前审批，在A股高估值背景下，上市公司通过大量并购实现市值管理。此外，新三板并购政策放行，《非上市公众公司收购管理办法》和《非上市公众公司重大资产重组管理办法》有效提供了新三板并购市场的政策支持。

2017年共发生38例上市公司并购新三板公司的案例，比2016年增长了52%，其中小规模成长性较好的企业是非常受上市公司青睐的。

以下给出几个标志性的案例。

案例一：

帝王洁具（002798.SZ）并购欧神诺（430707.OC）99.99%股权——上市公司横向并购优质挂牌公司	
交易对方：鲍杰军、黄建起等欧神诺52名股东 交易标的：欧神诺99.99%股权 交易价格：19.67亿元 支付方式：发行股份及支付现金 配套融资：本次重组配套资金总额不超过45 450.12万元，本次发行股份购买资产的发行价格为51.99元/股预，计发行A股股票数量为33 563 450股。	财务顾问：华西证券 法律顾问：北京市金杜律师事务所 审计机构：立信会计师事务所（特殊普通合伙） 评估机构：银信资产评估有限责任公司

续 表

帝王洁具（002798.SZ）并购欧神诺（430707.OC）99.99%股权——上市公司横向并购优质挂牌公司
看点：帝王洁具主要从事亚克力板和亚克力卫生洁具的研发、设计、制造与销售。公司主要产品包括亚克力板和亚克力卫生洁具；此外，公司还通过OEM方式采购、销售陶瓷洁具和家用桑拿房产品。欧神诺是一家专业从事中高端建筑陶瓷研发、设计、生产和销售的高新技术企业，产品主要包括抛光砖、抛釉砖、抛晶砖、仿古砖、瓷片及陶瓷配件等。本次交易完成后，帝王洁具可与欧神诺在中高端建材的产业、渠道、资本等方面展开深度合作，围绕"卫生洁具"和"建筑陶瓷"两个建材板块，持续深化、形成联动、协同发展。"卫生洁具""建筑陶瓷"作为建筑材料的两个重要板块，二者的主要客户群体具有一定的重合性。帝王洁具、欧神诺已在各自领域深耕多年且布局广泛，二者的客户基础不断稳固，并在产品开发、品牌营销上与各自客户建立了稳定的战略合作关系。本次交易完成后，帝王洁具、欧神诺可以相互分享市场开拓经验、共享各自积累的客户资源、协助对方在其擅长的市场领域拓展业务，在极具成长性的中高端建材板块中增强各自竞争优势，充分发挥产业及渠道的协同效应，促进公司业务拓展。

案例二：

围海股份（002586.CZ）并购千年设计（833545.OC）88.23%股权——上市公司纵向一体化收购上游产业以期提升竞争力	
交易对方：上海千年城市规划工程设计股份有限公司 交易标的：千年设计88.23%股权 交易价格：14.29亿元 支付方式：发行股份及支付现金 配套融资：本次交易募集配套资金不超过5.74亿元，发行价假设依2017年4月17日公司股票收盘价格9.87元/股的90%，本次配套融资发行的股份数量不超过64 566 929股（该股份数不超过本次交易前公司总股份数的20%）。公司向交易对方及股份认购方总计发行股份166 813 980股。	财务顾问：浙商证券 法律顾问：上海市锦天城律师事务所 审计机构：天健会计师事务所（特殊普通合伙） 评估机构：坤元资产评估有限责任公司
看点：围海股份并购新三板公司千年设计，这是一个上下游之间的产业链的并购。该并购案例在支付上采取现金支付5.48亿，股份支付是8.8亿，同时做了5.4亿的配套融资。标的公司属于工程设计咨询服务行业，而上市公司属于水利和港口工程建筑业，工程设计咨询服务行业在工程产业链上处于上游环节。围海股份收购千年设计，有助于公司进一步延伸与完善上下游产业链，充分发挥上市公司与标的公司的协同效应，加快实现上市公司从施工总承包到工程总承包的经营模式转变，提升上市公司的核心竞争力。	

案例三：

华东重机（002685.SZ）并购润星科技（838016.OC）100%股权——2017年上市公司并购新三板最大金额案例，优质公司强强联合，优势互补	
交易对方：周文元、王赫、黄仕玲和黄丛林3位自然人 **交易标的**：润星科技100%股权 **交易价格**：29.5亿元 **支付方式**：发行股份及支付现金 **配套融资**：公司拟以询价方式向不超过10名符合条件的特定投资者非公开发行股份募集配套资金。本次募集配套资金总额不超过85 816.00万元，其中82 600.00万元用于支付本次重组的现金对价，3 216.00万元用于支付本次交易的中介机构费用及其他发行费用。	**财务顾问**：中信建投证券股份有限公司 **法律顾问**：北京市海润律师事务所 **审计机构**：瑞华会计师事务所（特殊普通合伙） **评估机构**：北京中同华资产评估有限公司
看点：华东重机为了实现公司业务规模、利润水平的同步提高，促进公司产业升级，提升整体竞争力，增强公司抗经济周期风险的能力，通过产业并购等方式迅速进入高端装备制造等战略新兴产业，提升公司的产业定位，提高公司的整体盈利能力，实现公司持续、稳定、健康发展。标的公司所处行业发展前景广阔，润星科技在消费电子类、数控机床领域内处于行业领先地位，润星科技近两年毛利率分别为33.88%和41.12%。通过本次交易，上市公司的经营规模和盈利能力都将得到较大程度的提高。	

可以预见，随着新三板市场的快速扩容，相应的兼并收购交易亦迅猛增长，且新三板并购重组制度也不断增强补丁，制度不断完善，政策红利不断释放，也为新三板企业参与并购重组创造了更好的外部环境。并购已成为新三板市场一道靓丽的风景线，并在新三板这一市场化导向的市场上发挥越来越重要的资源配置作用。资源配置、优胜劣汰是资本市场的基础功能。新三板市场高度分化，有价值的并购能产生协同效应，促使产业整合、升级，依靠并购更好地发挥新三板资源配置功能，帮助企业在新三板市场发展。

三、我国并购市场未来发展分析

未来我国并购市场将围绕2015年中央经济工作会议"供需双轮驱动、供给侧结构性改革"为主基调，以"去产能、去库存、去杠杆、降成本、补短板"五个任务为核心导向，结合资本市场持续发展、国企改革进一步推进、先进产业调整升级及全球化战略布局的市场机遇继续发展。

1. 构建多层次资本市场，资本市场并购融资需求井喷

2015 年底，国务院常务会议确定了构建多层次资本市场、积极发展直接融资的基调，以降低社会融资成本和杠杆率，达到去杠杆、降成本的目的。由此使得围绕资本市场的并购融资持续活跃。

第一，监管不断简政放权，取消上市公司并购重组的行政审批（借壳上市除外）。上市公司具有较大动力，通过定增或并购实现市值管理，进一步加速了上市公司并购重组。第二，随着注册制与战略新兴板的推进，A 股估值逐渐回归基本面，将带来拟上市企业上市前为提高控制权的股权整合并购机遇，以及海外创新型上市公司回归 A 股前私有化的并购机遇。第三，新三板市场融资便利化、挂牌相对确定性、转板试点逐步推进，市场化的政策和灵活性有利于整个新三板市场并购的开展。①

2. 国企重组、转型和整合将占据并购重组主战场

近年来央企重组开始加速，央企并购重组大潮出现。随着国企改革进一步深入，国有资本投资公司和国有资本运营公司开展实质性运作，并购市场将迎来极大发展机遇。未来五年，国企将面临重组、转型和整合的高峰，在国有企业混合所有制改革中，通过引入新的战略投资者、出让非主营业务资产、收购核心业务资产，国企并购将占据并购主战场。房地产行业并购，尤其是国有房地产企业的兼并重组加快进度，21 家国资委允许的涉房地产央企已加速整合。

3. 中国制造 2025，激活高端制造并购

纵观近年我国并购市场活跃行业的分布，制造业并购数量一直占据榜首。《中国制造 2025》于 2015 年 5 月出台，该规划明确指出要围绕电子、机械、国防军工、汽车等工业机器人、特种机器人，以及医疗健康、家庭服务、教育娱乐等服务机器人的应用需求，积极研发新产品，促进机器人标准化、模块化发展，扩大市场应用。在国家政策的支持下，多家 A 股上市通过并购手段，加快对该领域的布局，以高端制造业为导向实施中长期战略调整和规划。

4. 中央去产能号召，龙头企业并购获取规模效应

中央经济工作会议五大任务中以去产能和去库存为首，辅以处置不良资产、严控新增产能等配套政策，由"淘汰落后产能"过渡到通过兼并重组"化解过剩

---

① 朱从玖：《并购重组与经济转型升级》，中国金融，2007（6）：40-42。

产能"。

化解过剩产能和严控新增产能适应行业龙头通过兼并重组达到规模效应的并购融资需求。同时，在去库存背景下，房地产行业新增土地供给受到遏制，大型房企将通过并购方式在二级市场上受让土地，以提高市场份额及行业集中度。

5. 全球化战略和"走出去"政策激励跨境并购持续增长

尽管自2016年下半年开始至今，外汇储备流失较快等原因导致我国资本项下的对外直接投资审核趋严趋紧，但是对于高端技术、先进制造等方面的收购，国家"走出去"的战略始终未曾改变。一方面，我国处于产业升级和结构转型阶段，技术水平相较发达国家差异较大。我国需要利用海外尖端技术以促进制造业发展，改善环境问题，提高跨国并购的活跃度。另一方面，境内外的估值体系差异较大。随着全球经济增速放缓，国内企业开始在全球寻找新的利润增长点。因此预计未来几年仍将持续涌现大宗跨国并购案例。

第四节 我国股权投资市场现状分析

2017年上半年股权投资市场发展趋稳，利好政策的频发为股权投资机构提供募、投、退"一站式"政策服务。2017年5月，财政部、国家税务总局发布《关于创业投资企业和天使投资个人有关税收试点政策的通知》（财税〔2017〕38号），明确给予投资于种子期、初创期科技型企业的有关创业投资企业与天使投资个人以投资抵扣相应税收的优惠政策，"真金白银"扶持股权投资机构发展。

募资方面，股权投资机构新募集857只基金，披露募集金额约为4 481.30亿元，在LP构成中主要以国资背景的LP为主。上半年，国内股权投资市场本土LP增至17 525家，累计可投资本量高达29 724亿元，国资LP可投资本量占比已达40%，发展力量不容小觑。投资方面，2017年上半年共发生4 393起股权投资案例，披露投资案例金额约为3 839.18亿元。投资案例数和投资金额均呈现下降趋势，股权投资机构出手相对谨慎；与此同时，大额融资案例频现，表明优质项目吸金能力不减。此外，银行参股VC/PE基金类型日趋多元化，政府引导基金、产业基金、PPP基金、市场化FOFs的LP中均可见银行的身影，银行子公司的直投业务也在有序开展,"投贷联动"试行满一年已初现规模。从投资行业来看,股权投资机构依旧重点追捧 TMT 行业,但投资热点有所分散。人工智能、共享经济、汽车等均为 2017 年上半年的投资热点。退出方面,股权投资市场共发生 1 377 笔退出案例,其中新三板和 IPO 这两种退出方式占比高达 74.8%,成为股权投资机构的重要退出渠道。上半年,中企境内外上市总数量为 267 家,VC/PE 支持中企上市数量达到 147 家,IPO 退出为多家机构带来可观收益。上半年在退出方面表现较为突出的机构有达晨创投、九鼎投资及深创投等,其中达晨创投上市企业数量达 13 家,九鼎投资和深创投则均为 9 家;这三家的 IPO 账面金额分别高达 92.25 亿元、77.40 亿元和 26.88 亿元,收益颇丰。

一、私募股权投资

募资总体情况:2017 年第三季度新募集 472 只基金,募资总额为 2 320.42 亿元,基金募集活跃度上升,规模在一亿元以下的基金数量增多明显。从基金类型来看,成长基金仍为本季主流类型,拟投领域聚焦新能源、医疗健康等。

投资总体情况:2017 年第三季度共发生 773 起私募股权投资案例,披露投资金额约 1 577.16 亿元,投资活跃度小幅下降,投资规模稳中有升。从投资地域来看,热点区域由沿海地区向内陆呈扇形辐射发展;从投资行业来看,IT、互联网行业继续领跑投资市场热度,生物技术/医疗健康本季度投资活跃度较高;从投资策略来看,成长资本依然为主流策略,PE 机构投资轮次渐显"两端布局"趋势。

2017 年第三季度共发生 343 起退出案例,退出格局悄然生变。其中 IPO 持续发力,在本季度共 175 起案例,并购退出也受到青睐,共 77 起案例;新三板退出"失宠",本季度仅 73 起退出案例。从退出企业所在行业来看,生物技术/医疗健康领域退出案例数遥遥领先,机械制造与 IT 行业紧随其后。

二、创业投资

募资总体情况:2017 年第三季度中外创业投资机构共新募集 138 只基金,披露募集规模的 110 只基金新增可投资于中国大陆的资本量为 450.93 亿元,平均募集规模为 4.10 亿元人民币。2017 年第三季度中国创业投资募资市场两极分化严重,知名机构频频募集大额基金,募资金额超过 10 亿的就有 5 只基金。

投资总体情况:2017 年第三季度中国创业投资市场共发生 832 起投资案例,

披露投资金额的796起投资交易共涉及386.05亿元人民币。与第二季度相比，第三季度活跃创投机构出手较为谨慎，投资节奏有所调整。

退出总体情况：2017年第三季度，中国创业投资市场共发生267起退出案例，其中IPO退出137起，排名第一。VC机构经过多年深耕，终于迎来爆发期。

三、并购市场

汤森路透数据显示，2017年前三季度，全球范围内的并购活动总交易金额达到2.4万亿美元，较2016年同期升高了2%，美国和欧洲地区的并购活动最为活跃。2017年前三季度，仅欧洲地区并购交易金额达到690亿美元，较2016年同期增加了60%；美国地区并购交易金额达到1 050亿美元，同比增加31%；而亚太地区并购交易总金额增长有所放缓。

2017年第三季度，在全球并购市场上，美国地区金融行业的跨境并购案例数量最多，单笔并购金额相对较小；日本地区工业和原材料行业并购案例数量较多；中国跨境并购市场呈现案例数少、单笔并购金额偏大的特点，能源行业、电力和原材料等传统行业是跨境并购方较为青睐的领域。

2017年第三季度，中国并购市场共完成并购交易605起，同比下降24.96%，并购总额达2 864.88亿元，同比下降59.48%，环比下降99.9%。与2016年同期相比，国内并购市场在较严的政策环境下有明显回落。

2016年底至2017年第三季度，中国跨境并购市场在政策影响下出现了回落趋势。就国内跨境并购的政策环境而言，目前政府一方面在不断警示跨境并购的风险，并加强了外汇管控的力度，以控制非理性跨境并购。另一方面则支持符合"一带一路"等国家战略规划和能够促进国内产业结构升级、技术进步的跨境并购行为。预计未来一段时间，政府将继续坚持"严监管"和"正向鼓励"双轨运行。

第六章 股权投资为投资观念带来的改变

第一节 投资者的回报

通过企业上市，可获取几倍甚至几十倍的高额回报，很多成功人士从中得到第一桶金。投资人买卖股票，是买卖已经上市 IPO 了的公司股票，股票市场叫作二级市场，任何普通投资人都能买。股权投资叫作一级市场，即在公司还未上市前投资其股份，此时公司股票还不能自由流通，普通投资人一般没有渠道购买。并且这时公司股票价格低、投资成本少，投资该公司等到其上市后能赚取更多的钱。[1]

通过分红取得比银行利息高得多的现金分红。很多人担心投资原始股后，是否必须等到公司上市才能赚钱获利。其实上市只是公司资本证券化、原始股变性的方法，基本上只要公司体制好、年年获利，就算不上市，投资者仍然每年会得到高额分红。

投资人通过投资（未上市公司的股份）获得收益。股权投资基金（投资准备上市、未上市公司的股票）最终目的是为了获得较大的经济利益。

原始股权的购买机会是十分有限的，购买者多为与公司有关的内部投资者、公司有限的私募对象、专业的投资机构以及追求高回报的投资者。他们投资的目

---

[1] 钱苹、张帏：《我国创业投资的回报率及其影响因素》，经济研究，2007（5）：78-90。

的多为等待公司上市后出售手中的原始股票，套取现金，获取投资的高回报。

通常这一周期要在一至三年左右。投资者若购得千股，日后上市，回报可以达到数倍甚至上百倍。

第二节　价值投资是股权投资最有效的投资逻辑

对于投资者而言，价值投资和价格投机两种理论都是证券市场投资的基本理论，在资本市场投资上也得以广泛应用。寻求有效的投资逻辑、正确理解两种投资理论是投资者在股权投资中获利的关键所在。

一、价值投资的内涵

一般来说，价值投资理论所说的价值通常是指股票价值，即发行该股的上市公司赋予它的一种价值，它不仅受市场变动影响，更与发行公司的经营情况息息相关。所以我们也认为在价值投资理论中，股票价值等同于企业价值。而我们所说的"价值投资"，是基于股票发行公司的财务状况、经营情况以及行业发展前景等各类基础要素，判断公司的发展潜力和盈利能力，从而确定股票的投资价值的一种长期投资策略。

价值投资主要包含两个阶段：价值发现和价值实现。一方面，由于股价并不能充分反映各大上市企业的潜在价值，因此需要投资者通过调查研究，找出被低估的上市企业，确定股票价值和潜在价值。另一方面，股票价值的实现是通过在资本市场中流通、交换来实现的，因此价格只有经过了长时间的波动变化才能逐步逼近价值，此时股票的市场价值也逐渐丧失。由此可见，价值投资主要可以概括为寻求被低估价值的股票、通过长期持有股票实现盈利的两大主要行为。

二、价值投资与价格投机的对比

由于投资者进行交易活动的动机和持有时间等多个方面有一定的区别，因此在区分价值投资和价格投机时，各类学者提出了不同的观点和区分方法。美国投资专家亨利·彼得从投资动机的角度切入，认为不以获得股利而是通过短期不断买卖获得价差为目的的行为可以称为投机；通过买进股票并长期持有，目的为获取股利增长的行为则是投资。这种通过意图来划分投资和投机行为的方式得到学术界的广泛认可。"证券分析之父"本杰明·格雷厄姆同样从这个角度提出,"投资是一种通过认真分析,有指望保本并能有一个满意收益的行为。不满足这些条件的行为就叫投机"。

根据上述思路,证券投资策略一般分为"价值投资策略"和"价格投机策略"两类,其主要区别可以从内涵和外延两个层面进行描述。内涵上,价值投资的盈利有赖于发现和实现价值,价格投机的盈利则有赖于承担风险。外延上,投资建立在详尽分析的基础之上,要求对盈利和风险的权衡更为理性,注意规避风险,最后还要求获得相对合理的投资报酬,而投机由于本质上依赖于承担股票价格波动产生的价差,因此风险更加难以控制。

三、股权投资的逻辑选择

投资逻辑作为投资者进行投资选择的指导思想,将从本质上影响投资者的投资决策。资本市场上多方和空方的博弈往往是有规律可循的,高明的投资者在进行投资决策时也往往深受自身投资逻辑的影响,例如,有人专挑重组股,有人则特别关注股本大小。

股权投资市场风险较高,所以投资时一定要有行之有效的逻辑。这要求一方面投资逻辑要符合中国市场经济发展的规律,另一方面要求投资者摸清多方和空方博弈中的逻辑。只有在正确的投资逻辑指导下,才能有效提高投资的收益率。

近年来,尤其是 2015 年证券市场利好频传,股权投资市场中不断出现 IPO 量级的企业,其惊人的股票溢价导致很多投机者和投资者争相涌入。2016 年初的调整则给了众多不理性的投机者重创。在我国"新兴+转轨"的金融市场发展现状中,市场更多的获利机会在于被低估的股价出现波动产生的价差收益以及重组股。这种缺乏理性的投资逻辑一方面难以控制投资风险,另一方面也将因大量投资泡沫的出现破坏金融市场的良性发展。在此背景下,探讨股权投资的有效投资逻辑显得更为必要。

首先,股权投资的投资周期大于主板市场。股权投资市场不同于主板市场,锁头企业多为高新企业和中小型创业企业,企业经营时间较短,往往没有形成完整的公司内部治理结构、合理有效的财务制度以及自我监管制度等,优质的标的公司价值会因此而被低估,形成明显的价值洼地。当以上问题解决后,标的公司的价值将会迅速被体现。因此依靠短期股价波动获益的困难更大,且由于股权投资受国家政策的影响较大，因此短期投资的风险控制也更为困难。价值投资的长期性则可以规避这种短期风险。

其次，我国股权投资市场投机过度导致的资本泡沫还未消除，"价值投资"作为一种更为理性的投资逻辑，顺应了当前金融发展趋势。2017年上半年，投资机构纷纷撤出股权投资市场也证实了盲目投资下价格投机已经难以获利。究其原因，在于我国股权投资市场发展并不成熟，还存在流动性不足以及成交量较低等问题。想要通过快进快出的方式拉高股价获取投机收益，有可能遭遇无人接盘的滑铁卢。

最后，需要注意的是，只有正确理解价值投资，在详细研究的基础上做出清醒冷静的判断，才能提高投资收益。部分撤出股权投资市场的机构投资者虽然也称其投资逻辑在于价值投资，但是当宏观政策调整导致整个股权投资市场受到冲击时，往往也因跟风撤出投资，而非基于基本面分析和公司发展潜力做出更为理性的判断。在这种投资逻辑引导下，即使是所谓的"价值投资"，也容易跌入投资陷阱。

综上所述，只有基于宏观环境、国家发展战略并且结合企业基本面而做出的价值投资，才将是股权投资最有效的投资逻辑。

第七章 现阶段股权投资发展的机遇

金融是国家重要的核心竞争力,党中央高度重视防控金融风险、保障金融安全。自党的十八大以来,在以习近平同志为核心的党中央领导下,面对国际金融危机的持续影响和国内经济"三期叠加"的严峻挑战,金融系统大力推进改革创新,切实加强宏观调控和金融监管。金融机构实力不断上升,金融产品日益丰富,金融服务普惠性提高,多层次金融市场逐步健全,金融基础设施日趋完善,金融体系防控风险能力显著增强。党的十九大要求,"深化金融体制改革,增强金融服务实体经济能力,提高直接融资比重,促进多层次资本市场健康发展。健全货币政策和宏观审慎政策双支柱调控框架,深化利率和汇率市场化改革。健全金融监管体系,守住不发生系统性金融风险的底线"。这是习近平新时代中国特色社会主义思想在金融领域的根本要求,是金融发展一般规律与我国金融改革实践探索相结合的科学部署,是指导金融改革发展稳定的行动指南,是做好新时代金融工作的根本遵循。

金融和实体经济是共生共荣的关系,服务实体经济是金融立业之本,也是防范金融风险的根本举措。为实体经济发展创造良好货币金融环境。要着力加强和改进金融调控,坚持以供给侧结构性改革为主线,以解决融资难、融资贵问题为抓手,加强货币政策与其他相关政策协调配合,在稳增长、促改革、调结构、惠民生、防风险等方面形成调控合力。[①]回归金融服务实体经济本源。金融业要

[①] 朱文莉、刘思雅:《政府创业投资引导基金发展现状、问题及对策》,计之友,2014(2):43-47。

专注主业，注重发展普惠金融、科技金融和绿色金融，引导更多金融资源配置到经济社会发展的重点领域和薄弱环节。强化金融机构防范风险主体责任。既要塑造金融机构资产负债表的健康，也要促进公司治理、内控体系、复杂金融产品交易清算的健康。要严把市场准入关，加强金融机构股东资质管理，防止利益输送、内部交易、干预金融机构经营等行为。建立健全金融控股公司规制和监管，严格限制和规范非金融企业投资金融机构，从制度上隔离实业板块和金融板块。推进金融机构公司治理改革，切实承担起风险管理、遏制大案要案滋生的主体责任。

第一节　价值投资时代已经来临

经历 2015 年股票市场大起大落和 2016 年熔断之后，A 股市场波动率大幅缩减，个股呈现结构分化、价值逐步增强的特征。2017 年，A 股继续体现为结构分化、价值增强的市场格局，大盘指数环境相对来说处于震荡上行状态，颇有牛市风范。但以题材成长股为代表的创业板仍然低迷，该指数延续 2016 年跌势，2017 年仍然下跌。市场的这种高度分化导致很多不重视基本面研究的投资者今年没能获得好的收益。反之，坚持价值投资的投资者今年收获颇丰。

从过去一段时间的市场现象看，以企业基本面价值为主要考量的投资方法，正逐步成为市场的主流。其主要逻辑在于，经过 2015 年大幅波动之后，投资者深受题材股市之害，加上强监管和持续的 IPO 供给，市场对确定性和价值的诉求得以提升。而恰好在这样的时间节点，一批龙头企业的市场竞争力和盈利能力十分优异，虽然它们长期被市场忽视，长期处于估值偏低的状态。

在这样的背景下，伴随着公私募和港股通资金中价值风格投资者的持续买入，一场蓝筹革命轰轰烈烈展开了。在过去的一段时间里，以贵州茅台、格力电器、海康威视、恒瑞医药、美的集团，伊利股份等一线绩优蓝筹股为代表的个股，演绎了精彩的价值回归和价值发现的故事，具有重大的市场风向标意义。春江水暖，绩优先知。我们认为这种趋势可能代表着一个新的时代的开启，即新价值投资时代的到来。

当前中国经济进入了中速增长与存量经济时代。龙头公司受益于行业集中度提升，使得长期净资产收益率（ROE）上升。中国经济的这些特征非常类似于美国、日本等发达经济体经济经过高速增长之后进入中速换挡过程中的基本面特征。

类比于 20 世纪 80 年代的美国，经济不温不火，但在经济转型过程中产生了很多优秀企业。20 世纪 80 年代初在美联储强力紧缩下，美国经济走出滞胀，同时 GDP 也下了台阶，由 60 年代的年均 4.3% 降到 80 年代的 3.3%；经济结构继续由制造业向服务业转型；货币政策偏紧，财政政策着力于经济结构调整。伴随经济结构和行业结构的调整，一大批世界级企业涌现，如可口可乐、宝洁、GE、沃尔玛、迪士尼等。凭借模式创新、技术优势、品牌优势等取得了远远超过当时经济增速的增长和远胜于整体指数的回报。

展望看长远，中国经济正从一个高速扩张的"增量经济"转向优化存量和科技、创新及消费制造升级驱动的"新常态经济"。拥有品牌、资源、技术、规模成本优势的行业龙头企业有望强者恒强、稳健成长，成为中国经济转型期的中坚力量。

因此，2017 年蓝筹股的上涨是获得基本面支持的。从财报也可以看到，一线蓝筹上市企业都呈现利润快速增长或稳定回升的状况。因此，2017 年蓝筹股行情主要还是体现为估值回归。而随着一线龙头公司的价值重估，其他被低估或被忽视的优质成长股也有望被市场逐步挖掘，从而形成越来越多个股依据基本面及基本面预期，进行股价结构重构的过程。

我们预期这种以业绩驱动的上涨行情，将会带动场外资金沿着基本面驱动的逻辑，不断挖掘新的"茅台"、新的"格力"，从而带来优质资产的长期投资机会。

资金面方面，从国内大类资产配置角度看，房价趋稳、投机氛围减弱、股票市场获得居民财富和场外资金的配置也将是必然趋势，这些都有利于市场的长期稳定和发展。

当然，市场短期出现震荡调整、各种短期因素的扰动带来指数的反复，这些都是市场生态的一种组成。但我们觉得目前优质资产的长牛慢牛逻辑具有坚强的内在动力和自我强化的可能性，是很难被改变的趋势。

以下几种行业有机会长期展望。

1. 金融业

在市场风险偏好和风格偏好下，优质行业龙头公司的价值重构正在进行。优质银行和保险估值仍然有提升的空间。国内金融股基本面反转趋势出现，国内优质大行受益于不良率企稳和净息差见底，保险龙头将在较长时间内受益于保障型保险高增长和行业竞争格局的改善。

2. 消费属性行业

长期而言，当前我国人均 GDP 已经超过 8 000 美元，消费升级的时代已经到来。消费升级将主要体现在两方面，一是从低品质消费向高品质消费转变，二是从商品性消费向服务型消费转变。而从短期逻辑来看，当前消费板块的基本面正在出现显著的边际改善，一是自 2017 年以来，居民收入增速明显；二是过去两年房地产对消费的压制开始解除；三是价格上涨从上游到下游已经开始。

本轮经济复苏后，社会消费品零售总额增速一直在 10%～11% 波动，并无明显提升。但是传统消费行业上市公司的收入和利润加速增长，非日常消费品收入增速从 2015 年下半年 6% 回升至 2017 年上半年 20%。背后的逻辑是，消费升级特别是三四线城市及农村的消费升级，带来了需求的结构性爆发，拥有品牌优势、渠道优势的龙头公司更加受益。这一趋势在众多传统消费行业体现得非常明显。如酒行业，2017 年中报收入同比增长 20%，利润同比增长 25%，然而行业内部分化非常大。品牌力强的次高端、高端酒最快，然后是有地域影响力、渠道能力强的地方龙头，其他公司收入增长接近于 0。在同一公司内部，高端酒的销量也高于其他产品。原因就在于消费升级是本轮行业复苏的主要驱动力，大众消费对品质的需求提升，推动了高端品牌的销售和品牌集中度的提升。根据券商食品研究员调研，安徽省白酒的主流消费价格从 80 元左右迅速向 120 元左右跨越。

乳制品行业同样可以看到消费升级的影响。

（1）三四线城市乳品消费需求上升。三四线城乡液态类乳品零售额比上年同期增长近 9%，成为拉动乳品消费规模增长的新引擎；伊利、蒙牛在乡县的乳制品销售增速高于公司整体。

（2）消费者对品质的要求提升，高端产品增速显著高于行业平均。

（3）强大的品牌力和渠道控制力使得龙头的增长快于其他，市场份额进一步提升。如伊利股份的常温奶市场份额从 2014 年上半年的 26.4% 提升至 2017 年上半年的 33.8%。

汽车行业自主品牌崛起的基础是三四线城市消费升级。2017 年上半年乘用车销量仅同比增长 1.6%，吉利汽车、广汽集团收入却分别同比增长了 118%、56%，带动了上市公司收入同比增长了 15%，远超过行业数据。

消费总体将受益于居民收入增速回升；居民的收入水平决定着居民的消费情况，自2017年以来，居民可支配收入增速显著回升。自2012年以来，我国整体的消费增速一直处于下行通道，2016年第三季度后，城镇居民可支配收入增速稳中向好，由10.7%持续上升至2017年二季度的11.0%。连续三个季度居民收入增速止跌回升对提振居民消费有很大的边际影响。相比城镇居民可支配收入，2017年以来，乡村居民的可支配收入增速提升的幅度更大，因此我们看到了2017年一季度和二季度城乡居民的可支配收入增速出现了较为明显的上行。

同时，居民的消费意愿和未来收入信心水平明显提升。根据央行调查显示，居民的消费意愿自2016年第三季度以来迅速提升，达到了阶段性历史高点，而居民对未来收入的信心从2017年开始也出现了缓慢回升。消费意愿和收入信心的非同步上升说明了在恩格尔系数即生活必需品支出比例相对稳定的情况下，居民的消费结构发生了变化。这种变化是消费意识的变化，最有可能的就是消费升级带动下的消费结构变化。

综上所述，一方面，消费水平总体提高将受益于居民收入增速回升，另一方面，消费升级的意识也在不断引导居民消费结构不断变化。除了日常大众消费品可以关注外，汽车、电子、医药医疗等行业也提供了巨大的市场空间。

3. 新能源汽车产业链

从2014年至2016年，全球新能源乘用车销量分别为35万辆、55万辆、77万辆，年复合增长率高达48.3%，预计未来两至三年内，将继续维持40%以上的高速增长趋势。2018年新能源汽车全球销量将达到150万辆，行业将继续保持高成长趋势。自2017年以来，新能源车行业进入常态化发展，前六批推广目录累计已有1 983款车型入选。

全球各大传统车企均开始加速新能源车的布局规划，并相继公布产销规划。为实现《巴黎协议》，近期多国先后公布禁售燃油车计划。特斯拉凭借Model S和Model X，已在全球建立起高端、前沿的良好品牌形象与口碑，激发其他企业加速追赶。

在这种"鲶鱼效应"的刺激下，已布局的自主品牌将在短期内加速自身成熟，推出更受消费者欢迎的产品；还未布局的自主品牌将加快布局，以抢占一席之地。

新能源汽车拥有极其丰富的产业链条，下游是各类车型销售，包括商用车和乘用车；中上游主要是汽车的制造材料，涵盖钴资源、氢氧化锂、电池、正负极、隔膜、电解液、锂电设备、电机电控等。[①]

从行业基本面看，行业大部分环节都处于降价通道，龙头的成本与技术优势将更为凸显。未来能在行业内长远发展下来的必将是技术开发、成本管控能力最强的公司，只有这样的公司，才能同时满足市场对"技术变革"以及"高性价比"的要求。

碳酸锂全球供给量为20万吨/年，需求量也在20万吨左右，整体增速约为10%左右；碳酸锂供需处在弱平衡状态。预计到2020年，全球碳酸锂需求将达到30万吨，行业整体增长将达到50%。其中，电池级碳酸锂需求将由目前8万吨快速增长至19万吨左右；复合增长率将达到24%，仍然是难得的需求高增长行业。钴全球供给量约为10万吨，预计供给量短期不会发生变化；需求目前为10.3万吨，增速大约为7%。

2016年新能源汽车产量为51.7万辆，对应动力电池出货量为30.5 GWh。预计2020年全球新能源汽车400万辆左右，且新能源汽车对搭载电池的容量有更高需求。按照70%的产能利用率，保守估计2020年动力锂电产能需求为360 GWh。

2015年的作为电解液中核心电解质的六氟磷酸、2016年的作为负极集流体的铜箔以及电解液、2017年动力电池首选的湿法隔膜，都曾因一时供给严重不足而导致价格飞涨。未来或许仍要继续关注供需不匹配的投资机会。

4. 5G带来的投资机会

从2017年的移动大会来看，5G已经在不远处等着我们，国际芯片制造商巨头高通也于2017年公布了5G芯片的研发计划。根据以往经验，芯片研发进度滞后于协议标准制定大约半年至一年的时间，因而预计5G芯片最快于2018年问世。5G的加快发展是为了快速适应目前垂直化应用的广泛出现，具有代表性的包括智慧医疗、智慧交通、智慧城市、智慧安防、物联网、车联网、无人机、智能穿戴等。这些应用场景对5G通信的需求不仅旺盛，并且呈现多样化，要求带宽高、信号稳、速度快、延迟低。从上游的标准制订到下游的应用需求，都推动着5G产业的发展不断提速。业内预计2020年前后，5G可实现商用，而2019～2021年将是5G建设的高峰期。

---

① 赵岗：《中国股权投资基金运营新略》，北京，中国发展出版社，2014。

5G 带来的变革在哪里？从网络运营商角度来看，移动互联面临新一轮的降费提速，网络流量收入将难以覆盖巨额的基础设施建设投资。因而各家运营商积极转型平台化，纷纷发力大数据项目，致力于从未来爆发式的连接数据中挖掘信息价值。

在产业转型过程中，随着市场重心的迁移，蛋糕有望重新分割。对于相关的基建行业和终端设备制造商来说，商机是显而易见的，移动网络的更新换代将带来巨大的替代市场，其中包括光通信、天线／网络、移动设备等产业。而相比之下，受 5G 影响更深远的其实是下游的应用领域。如果说 3G 提供了文本和图片的传输、4G 实现了视频的体验，那么 5G 将承载起"智能"的力量。随着 5G 应用的推广，带宽、时延、速度等瓶颈将被逐一突破，智慧医疗、智慧交通、智慧安防、物联网等应用场景有望迎来一个快速发展期。

相关产业未来市场有多大？根据业内运营商的研究预估，随着 5G 的应用推广，相关产业的市场规模将出现不同程度的扩张，同时上下游产业的未来发展空间将出现逆转，即下游应用市场的空间将逐渐超过基础网络服务市场。以 2014 年为基点，预计至 2020 年，基础网络服务的市场空间将由 11 500 亿发展至 15 000 亿，而下游应用市场的空间将由 3 000 亿快速扩张至 20 000 亿。与此同时，与之相关的 IT 产业也将由 9 000 亿发展至 16 000 亿的规模。

投资机会在 5G 通信设备、光通信、物联网等板块中真正受益且未来市场规模有望快速扩张的品种。最新研究成果表明，一方面，无线／传输设备作为 5G 投资占比最大的板块，将充分受益于 5G 投资幅度的大规模增长。根据市场预测，国内三大运营商 5G 投资总额将高达 1 800 亿美元，较 4G 增幅整体高达 48％。在资本开支逐步提升的背景下，相关公司的利润、估值有望稳步提升。另一方面，物联网作为通信领域成长确定性板块，基站建设／芯片成本正加速优化，芯片／前端模组公司有望率先受益，同时相关物联网支撑平台成长弹性巨大。

5. 人工智能时代的投资机会

2017 年 7 月，国务院印发了《新一代人工智能发展规划》，将我国人工智能相关产业的发展提到了国家战略的高度，引起社会广泛关注。

科幻大片中的机器人常常会给人留下深刻的印象。在现实生活中，机器人的雏形其实已经出现了，如语音识别、人脸识别等，这些都属于人工智能。从定义上来说，人工智能就是人为地让机器拥有类似于人类的智能程度。

人工智能涉及广泛的技术应用领域，主要包括：大数据分析，收集整理并分析海量相关数据；数据挖掘，通过分析海量数据构建模型，并找出其中的规律性；深度学习，机器模拟人类神经网络的运行机制，通过学习快速进化；模式识别，从大量样本中寻找稳定的模式等。

近年来，人工智能领域的研究试验快速发展。谷歌研发的AlphaGo连胜世界围棋冠军李世石、柯洁，预示着人工智能的时代已经来临。

当下，一些应用逐渐被推广，包括语音识别（将人们说的话迅速准确地转换成文字）、语义识别（让机器理解人们说的话）、智能穿戴（自动记录人体的行为和身体状况信息，并与人进行交互）、智能安防（自动识别区域内的异常情况并报警）、无人驾驶（自动识别各种交通路况并计算最优路径或方案）、智慧医疗（对病情自动诊断并提供最优建议）、智能教育（构建知识图谱和专家系统）、智能投顾（通过计算提供投资方案或投资建议）等。

从本次国务院印发的《新一代人工智能发展规划》中可以看到，在未来十多年中，人工智能及其相关产业具有广阔的市场前景。根据《新一代人工智能发展规划》确定的目标，到2020年，我国人工智能总体技术和应用与世界先进水平同步，人工智能产业成为新的重要经济增长点，核心产业规模超过1 500亿元，带动相关产业规模超过1万亿元。

到2025年，新一代人工智能在智能制造、智能医疗、智慧城市、智能农业、国防建设等领域得到广泛应用，核心产业规模超过4 000亿元，相关产业规模超过5万亿元；到2030年，人工智能理论、技术与应用总体达到世界领先水平，形成涵盖核心技术、关键系统、支撑平台和智能应用的完备产业链和高端产业群，人工智能核心产业规模超过1万亿元，带动相关产业规模超过10万亿元。

如此庞大的市场规模必然将掀起新一轮产业革命，除了给相关产业带来巨大商机外，也为资本市场带来了巨大的想象空间。

具体到A股市场的人工智能概念板块，目前已有多家公司宣布相关布局。但我们认为这些公司中的大部分在短期内尚难以构成真正意义上的人工智能产业，或难以快速踏入行业门槛，因此需要在未来长期发展中有一个证伪的过程。

第二节 资本市场的发展空间巨大

作为一个资本市场的研究者,笔者对党的十九大的感受可以用两个词来表达,即"美好生活"和"创新"。要实现这两个方面,首先就需要融资方式的转型,需要由过去的以间接融资为主导,转变为更多地依赖以资本市场为依托的直接融资。在这一大背景下,资本市场在未来将面临快速发展的爆炸时代,也可以说是资本市场发展的新时代。

现在股权市场尽管比较热闹,但还是比较弱小。场外市场的规模我们可以从目前直接融资和间接融资的比重看出,目前实体经济主要还是依靠银行的间接融资。场内市场大家都知道,现在 A 股的市值大概是 63 万多亿,2016 年 GDP 总量是 74.4 万亿,预计 2017 将达到 79.5 万亿左右,目前市值是 GDP 规模的八折左右。而美国资本市场的市值是 GDP 的 1.4 倍,成熟市场也都超过了一倍。预计中国经济规模未来还要继续扩大,未来五年内将突破 100 万亿的 GDP 总规模,即便未来资本市场的总市值与 GDP 规模相当,这个市场的发展空间也可以说是巨大的。

从证券化率的角度来看,中国的证券化率仍然比较低,40%多的金融资产仍然选择储蓄。未来中国也会朝着金融脱媒(金融非中介化)的方向运行,发达经济体融资方式的转变也是这样一步步走过来的。

一、资本市场能满足企业融资方式的转变

经济要转型,首先面临的是企业融资方式的转型。过去 30 年,中国经济高速发展,解决了老百姓的"衣食住行"问题,同时中国进入了重化工业时代。

在重化工业的发展阶段,只需要有强势的地方政府和规模较大的银行,经济就可以高速、高效发展。因为,海外技术都相对成熟,一些国家出于环境的考虑,会将"高能耗、高污染"的产能过剩行业搬迁到中国,从而将技术转让给我们。

强势的地方政府可以进行"高效的"拆迁,可以不考虑环境成本,此时有较大的银行相配套,向项目提供资金支持,"奇迹"便产生了。

因此,过去经济发展的融资方式主要是依靠银行的间接融资。但未来发展

最为迅速的更多是服务型、创新型的企业，这些企业融资的体量较小，产品会否被广泛接受也存在不确定性，因此银行不愿意为这些企业放贷。

但是资本市场愿意做这个事，因为资本市场对项目的评价已分散到每一个投资人，不像银行需要专门的信贷评审专人，资本市场本身就是提供"高风险、高回报"的融资。

若100个项目通过银行信贷融资，90个项目成功，10个项目不成功，银行也很难承受。但通过PE融资，哪怕只有10个项目成功，投资者也觉得这样的投资组合不错。

2008年，苹果的财务报表很糟糕，生产的第一代苹果手机销量不高，功能也不像现在这样齐全。所以银行不愿为其放贷，但资本市场觉得它不错，当时市值就近千亿美元。这一事实表明，美国资本市场带给科技类民营公司的机会与空间是巨大而现实的，诚然更多公司出现了破产、退市，但其优胜劣汰的机制与融资功能，使得科技类民营公司出现杰出代表，促进了人类科技的进步。

二、充实供给市场，促进行业转型发展

企业要有融资需求，还要有供给，只有这样市场才能快速发展。从供给来看，过去30年，中国老百姓的金融行为都与储蓄相关，有钱就存银行，富余的钱很少。2000年后，老百姓还是将富裕的钱存入银行，为什么？因为买房要首付款，首付款是一次性支付，买车也是一次性支付。

但是现在，老百姓的收入水平提高了，他们的金融行为也必然会发生变化。他们不会再想着将富余的钱第一时间存入银行，而是思考如何保值增值。

由保值增值我们可以联想到资本市场。2008年到2014年，中国居民现金及存款由当初的54%下降到了46%，这样一个存款搬家的过程，未来还会延续。

企业有通过资本市场融资的需求，再加上老百姓有这方面的资金供给，两者结合以后，未来资本市场就会高速发展。

20世纪80年代发展最快的是纺织工业和食品加工业，90年代是家电行业，2000年后是房地产和汽车为主导的周期性行业，哪家企业踏上转型脉搏，哪家企业就会快速发展。

但很遗憾的是，能踏上这个转型脉搏的企业几乎很少。纺织工业很多都没转型，家电行业中有许多企业也都消失了。当然比较欣喜的是，现在一些传统周期性行业开始转型，如一些房地产企业开始向影院、娱乐产业发展。

过去十几年由于房地产开发、煤矿和资源矿的开采都需要较大的资金量，老百姓不太可能参与，但可以通过买房来实现小资金的壮大。

未来老百姓也可以参与资本市场，通过资本市场来把握经济转型带来的财富增值机会。

虽然我们对于经济转型能否成功还有疑问，但经济转型是一种必然趋势。"兵马未动，粮草先行"，经济要转型，首先需要融资方式的转型，资金就是企业进行转型的"粮草"，因此未来十年的资本市场必将快速发展。

三、金融监管

影响短期市场走势主要是经济增长情况、货币的宽紧变化、政府对金融市场的政策和外围市场的变化。

首先，海外市场对国内市场的传导主要是通过资金进出变化来实现的。预计美联储的政策到2018年三月份之前会相对平稳，不会对全球的资金市场产生影响。

其次，目前A股对经济增长的细微变化不是很敏感，投资者一致预期未来一两年经济增速都会在6.0%～7.0%这样一个水平上。但经济增速变化对货币政策还是会产生影响，因为经济增速在7%附近，预示着货币政策将稳中偏紧，若经济增速回落，货币政策会稳中偏松。债市和股市自然会受货币政策的影响。货币政策预计将稳中偏松，对股市和债市应该说相对利好。

最后，从金融监管来看，到2018年两会期间，不太可能加大监管力度，股市和债市应该风险较小，能给大家带来获取收益的机会。

加快市场出清可能会带来短期的阵痛，但会很快带来中长期稳步、健康、持续发展。假若以缓步化解，A股市场也可能不经历调整就直接迎来加快发展时期。

总体而言，未来十年的股权市场比较像2002年之后的房地产市场，将面临爆炸式发展，就做资产配置而言，千万别错过这个市场。

第八章 股权投资的方式与流程

第一节 股权投资的方式

我国目前的股权投资通常按项目所处发展阶段来划分，主要分为天使投资、VC 投资、PE 投资、Pre-IPO 投资四大类，下面分别加以说明。

一、天使投资

天使投资一般是创业企业最初形成阶段（种子期）的主要融资方式，主要是由富有个人或天使机构直接向企业进行的一次性投资。天使投资者不仅向创业企业提供资金，往往还利用其专业背景和自身资源帮助创业企业获得成功。

天使投资的主要标准如下。

（1）创业者或创业团队有热情、有头脑、有经验，能力全面、思想开放。天使投资机构通常不会投没有经验的"新手"，这样风险太高。同时希望企业的创业团队中的核心成员在相关领域有工作经验和良好的业绩，头脑灵活不偏执、容易沟通。

（2）有可供验证的产品或服务。通常，大多数天使投资机构不会凭着一纸商业计划书投资，而是希望创业团队已经开发出可供验证的产品，最好已经有一定数量的用户。有时候，如果天使机构和创业团队是多年的朋友，而且创业团队之前有非常成功的经验，天使投资人也不排除会对创意（通常称 idea）进行投资。

（3）有成长潜力和广阔的市场空间。由于天使投资承担着比普通投资更大的风险，因此常常期望比普通投资更大的回报，所以天使投资更加强调企业商业模式有"爆发式增长"的潜力，也就是商业模式本身要有充分的可扩张性。如互联网商业模式，只要针对的受众群够大，往往都具备良好的可扩张性；在传统行业中，如连锁经营行业，可扩张性取决于优秀的管理、运营与低资产扩张能力。能赚钱的生意很多，特别是在传统行业，很多看起来很平常的生意做得好都会非常赚钱，但并不意味着有潜力做大。

（4）商业模式可行、产业链定位清晰。商业模式可行不仅指企业运营在商业模式上可以盈利，同时还要在现实中有操作可行性。另外，企业还要考虑在整个产业链中的定位和价值。产业链定位不够清晰的企业往往会遇到经营上的困难；如果企业处于经营的"红海"位置，那么就要求企业在模式和资源上有过人之处，能够形成竞争壁垒；如果企业处于经营的"蓝海"位置，那么就要求企业在成功的各个关键点上能够以某种形式验证。

（5）风险可以控制。风险有内部风险和外部风险。内部风险可能来自产品、技术、团队、管理、运营、财务等方面；外部风险可能来自竞争对手、法律政策、市场环境等方面。所有投资人都不喜欢带有"赌博"性质的投资，不希望企业的商业模式在某个关键点上有较大的不确定性，不希望企业的成功高度依赖某些不稳定的资源。

二、VC 投资

VC（Venture Capital）投资，即风险投资，又称"创业投资"。VC 投资是典型的企业成长与科技成果转化的孵化器。该类投资是集金融服务、管理服务、市场营销服务于一体的全方位战略投资，不仅为种子期和扩展期的企业带来了发展资金，而且带来了先进的创业理念和企业管理模式，帮助企业解决各类创业难题，使很多中小企业得以跨越式发展。因此，风险投资是优化现有企业生产要素组合、把科学技术转化为生产力的催化剂。

一般来说，VC 机构从以下 5 个方面评估企业是否符合他们的项目评选标准。

1. 商业计划具备可行性

VC 机构一般先评估企业的商业计划书是否合理、数据是否翔实，是否能够按计划吸引到投资，是否能完整地说明企业的经营现状、营运规划及未来的市场和产品发展计划等。

2. 经营团队的背景与能力

无论如何审慎评估、采用何种评估方法，VC 投资本身都是一种高风险的投资行为。因此，很多有经验的风险投资评估机构都把投资焦点放在创业者及经营团队上，凭借多年的评估经验，将风险企业的创业人是否具有企业家精神，以及风险企业是否具有一个团结向上的经营团队作为主要评估内容。

3. 市场规模大小与开发潜力

市场分析是产品、技术、财务评估的基础。任何风险投资项目都必须具有一定的市场空间基础，才能维持企业的生存与发展。

4. 产品与技术能力

VC 投资机构会详细了解该项目的技术来源、核心技术竞争能力、技术风险、产品功能特性、生产制造计划、周边产业配套程度、专利与知识产权、政府政策支持等方面的综合情况。因为产品及技术能力是评价风险项目能否盈利的主要依据之一。

5. 财务计划与投资收益率

VC 投资机构会评估企业过去的财务记录，以及目前的股东结构、未来财务计划的合理性、申请投资金额的合理性、回收年限与投资报酬的实现可能性等，以保证该项目具有理想的财务预期。

三、PE 投资

PE（Private Equity）投资，通常称为私募股权投资，是指创业投资后期的私募股权投资部分，即对已经形成一定规模的、并产生稳定现金流的成熟企业的权益性投资。投资形式多采用私募形式，在交易实施过程中附带考虑将来的退出机制，通常通过上市、并购或管理层回购等方式出售持股获利。

PE 与 VC 虽然都是对上市前企业的投资，但是两者在投资阶段有很大的不同。VC 投资对象为处于创业期的中小型企业，而且多为高新技术企业；PE 着重于企业成长与扩张阶段，可以是高科技企业，也可以是传统行业。

由于 PE 投资于相对成熟的企业，因此有一套更加严格的投资标准来筛选企业。下面是一家 PE 机构的投资标准。

（1）项目是国家产业政策鼓励与具有国际化、成长优势的行业，如装备业、消费服务业、互联网产业等领域。

（2）细分行业前三位或具备挑战行业领袖的潜力企业，特别是垄断行业的民营企业新秀。

（3）企业发展战略目标清晰、专心专注、步骤明确、注重节奏，资本投向具体并注重实效，不搞产业多元化。

（4）在公司创业第 3～5 年出现快速成长拐点，5 年以上未见快速成长的不宜投资。

（5）管理规范。企业历史沿革清晰，产权形成清楚，业务、人员、机构要独立，3 年内不存在重大违纪违规记录，避免企业在环保、税收、用工等方面的不规范行为。有国有资本进入并参与管理过度的要谨慎；企业文化落后，慢条斯理、按部就班，派系林立、互相牵制的改制企业要谨慎；过度依赖政府与政策支持、企业家成为政治家的企业要谨慎。

（6）大股东转让股权、套现倾向明显、存在资金饥渴又不让深入尽责调查的，只要资金不要服务、只要出价高不要服务好的要谨慎。

（7）企业家有独特魅力，首先要有从事该行业的基因，其次有清晰战略，对行业了如指掌，再次要行动敏捷，知道该怎么做就马上做，还要为人厚道、关爱员工、有社会责任感，但好出风头、虚荣心强、生活化倾向太明显、地位不突出、经营管理完全委托专业团队管理，第二代接班人没有付出学费、懂得创业艰难守业更难的道理前要谨慎。

四、Pre-IPO 投资

Pre-IPO 投资是指投资于企业上市之前，或预期企业可近期上市时的权益投资，其退出方式为上市后从公开资本市场出售股票退出。

与投资于种子期、初创期的 VC 或 PE 投资不同，Pre-IPO 投资的投资时点在企业规模与盈收已达可上市水平时，甚至企业已经站在股市门口。Pre-IPO 投资具有风险小、回收快、回报高的特点。在高盛、摩根士丹利等大规模基金投资组合中，Pre-IPO 投资也是重要的组成部分。

以下为一家公司的 Pre-IPO 的投资标准。

（1）巨大产业发展空间；

（2）细分行业龙头企业（前 3 名）；

（3）较强的核心竞争力；

（4）清晰的商业模式；

（5）优秀的管理团队；

（6）投资前一年或当年净利润不低于2 000万元；

（7）过去三年净利润年均增长率不少于30%；

（8）未来三年净利润年均增长率不少于30%；

（9）各项指标符合IPO发行制度和规则；

（10）法律和财务方面无实质性的上市障碍。

从中可以看出，Pre-IPO投资标准更加注重企业的成熟度和是否符合发行上市条件。Pre-IPO投资主要通过提升所投资企业的能力和资本市场形象来提升企业价值，通过成为公众公司、成功实现企业价值重估和定价来取得高额投资回报。通常，声誉良好的基金会提升企业的资本市场形象，这对普通投资者起到了"先吃螃蟹"的示范作用，有助于提升投资者对企业的信心。

目前，在证券发行审核制度背景下，证监会在审核企业时，除了对IPO企业信息披露、合规经营审核外，还对企业的持续性经营能力进行审核。市场也认为，通过证监会审核的企业基本上都是优秀的企业（财务造假的除外）。因此，Pre-IPO基金投资时往往将企业是否符合发行条件、能否快速上市放在首位，而对企业的价值重视程度不够，设定投资标准时也有较明显的"短视"行为。未来随着我国发行审核制向注册制转变，证监会将对企业持续经营能力和成长性的考察放归市场。届时只有盈利能力强、成长性好的价值企业能够获得高的估值，而这就需要Pre-IPO基金转变经营思路，由"快准狠"转变为"稳健精进"。在投资财务指标放宽松的同时，股权投资基金战略眼光前瞻和专业价值判断等方面的个性化标准将体现在基金的投资标准里。但是作为专业的股权投资基金，坚持优中选优，并能够控制流程这一投资标准是股权投资永远不过时和有用的法则。

第二节　项目投资

项目投资就是股权基金通过项目筛选、尽职调查、投资决策等过程投资私人股权，成为项目公司股东。投资私人股权主要有以下三种方式。一是增资扩股方式，即项目公司增发新股，并将这部分新股出售给股权基金。项目公司与股权基金之间发生交易，结果项目公司注册资金增加，资产规模扩大。二是受让股权方式，即项目公司原有股东把股权转让给股权基金，项目公司原股东与股权基金之间发生交易，结果项目公司注册资金不发生变化，资产规模也不发生变化，只是股东发生了改变，即股权基金替换了原有股东。三是其他投资方式。除了上述两种投资模式外，还可以两者并用，或与可转债并用。如果采取可转债，只能改变项目公司的资产结构，股东结构暂时不会发生变化。

项目评价是项目投资中最为关键的业务，直接关系到投资成功与否。不同类型的股权基金，评价项目的要求与标准不同。但股权投资属于财务性投资，而且存在一定的存续期，所以，股权基金有一个共同的项目评价原则，即"以退量投"。所谓"以退量投"，就是退出决定投资，即一个项目投资与否取决于股权基金能否在预定的时间内、预定的投资收益率情况下成功退出。

由于不同类型的股权基金采取的退出渠道或退出方式会有所不同，因此，不同类型的基金评价项目的要求与标准也不一样。如并购基金主要以并购为主要退出方式，其评价项目的要求及标准与其他类型的股权基金有所不同。但在所有退出方式中，上市退出如IPO退出收益率最高，所以，股权基金基本上是以能否通过上市退出来评价项目优劣的。

整个项目投资流程大致分为项目收集、项目初审、尽职调查、投资决策、合同签订以及股权确认六个阶段，如图8-1所示。

第八章 股权投资的方式与流程

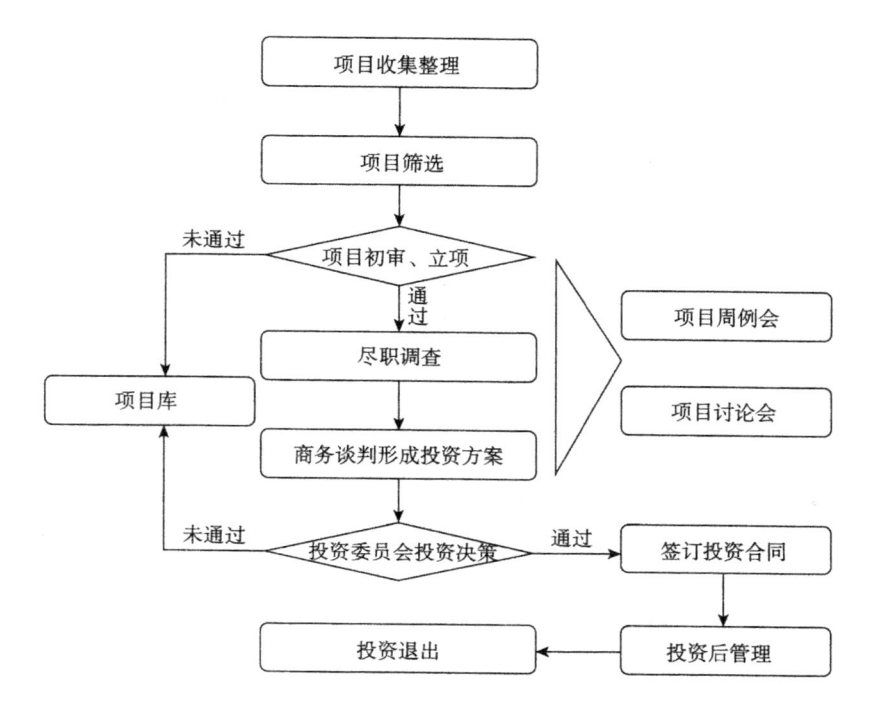

图 8-1 项目投资流程

一、项目收集

（一）项目收集渠道

股权基金要取得良好的投资回报，如何在众多项目中以较低的成本和较快的速度获得好的项目是关键。因此，基金管理团队在充分利用自有资源的同时也会积极从外部渠道获取项目信息，建立多元化的项目来源渠道。一般来说，投资项目的来源渠道主要包括自有渠道、中介渠道以及推介渠道等，如表 8-1 所示。

表 8-1 投资项目的主要来源渠道

渠道	描述	途径
自有渠道	主动进行渠道建设，通过公司自有人员的关系网络、参加各种风险投资论坛的会议和对公开信息的研究分析收集信息	个人网络、市场分析、战略合作伙伴、股东
中介渠道	借助或联合相关业务伙伴（如银行、券商等）、专业机构（如律师或会计师事务所等）以及其他创投公司获取交易信息	银行或投资银行、证券公司、律师或会计师事务所等其他专业机构（如咨询公司、广告公司等）

续 表

渠道	描述	途径
推介渠道	利用机会参加不同机构举办的各种项目推介会、项目路演会以及创业比赛	创业孵化器、产业园、科技园、大学、科研机构等

各种信息渠道来源提供的项目信息质量存在差异,通常通过个人网络、股东、业务伙伴获得的项目信息质量比较高。因此,基金管理团队在寻找项目过程中倾向于通过朋友、熟人获取项目。另外,通过有业务往来的中介机构推荐的项目质量比较高,一些重要的投资洽谈会也是收集高质量项目的重要渠道之一。

(二)项目收集形式

股权基金收集项目的主要形式就是企业的"商业计划书"(以下简称BP)。BP是融资方(企业)为了实现融资或其他发展目标,根据一定的格式和内容要求而编辑整理的一个向股权投资者全面展示企业目前发展情况以及未来发展潜力的书面材料。即使融资方最初没有提供BP,如果股权基金有进一步洽谈兴趣,会要求对方补充,因为后期项目投资业务离不开BP提供的全方位的原始信息。股权基金收到BP后要及时整理,建立自己的项目库。[①]

BP与传统"项目可行性报告"存在一定差异。一是用于融资方式不同。BP主要是用于股权融资,而"项目可行性报告"主要用于债权融资或政府立项。二是提供对象不同。BP主要是提供给权益性投资机构,如股权基金等,而"项目可行性报告"主要提供给债权投资机构或政府相关机构,如商业银行等。三是内容侧重点不同。BP侧重企业整本信息,包括企业股权结构、企业管理团队、企业所处行业、企业研发、企业产品及市场、企业商业模式、企业发展战略、企业财务状况、企业融资计划、投资退出计划等;"项目可行性报告"侧重项目信息,包括项目技术性、项目环保性、项目生产性、项目财务指标(投资总额、内部收益率、投资回收期、平衡盈亏点以及价格敏感性等)、还款计划等。

二、项目筛选

(一)项目筛选目的及要求

所谓项目筛选,就是对收集的项目进行初步评估,为项目立项提供依据。有

---

① 陈洁、廖菲:《私募股权投资运作流程研究》,财会通讯,2012(26):5-7。

的股权基金往往把项目收集与项目筛选合二为一，即在项目收集的同时对项目进行筛选。

项目筛选的要求是项目基本符合该基金的投资偏好，如表 8-2 所示。由于受专业人才、基金规模以及运作模式等方面的限制，为了提高投资成功率，筛选项目时首先要考虑基金投资偏好。反过来，为了提高融资成功概率，融资方需要根据自身项目特点有针对性地选择股权基金。

表 8-2　项目筛选依据

基金偏好	相应的融资项目要求
投资强度	考虑单个投资项目的投资额度，规模较大的基金投资额度较大，反之，投资幅度较小
投资行业	考虑是否属于基金募集说明书中载明的投资领域（行业基金）、基金对该领域是否熟悉、基金是否有该行业的专业人才等
发展阶段	考虑项目发展阶段，如种子期（天使投资）、初创期（VC）、发展期（成长基金）、成熟期（并购基金）
运作模式	考虑融资方式，如债股结合（夹层基金）、众筹平台项目（众筹基金）
投资对象	考虑投资对象，如子基金融资（母基金）、物权（物权基金）、上市公司私人股权（PIPE）
投资区域	考虑投资地域，如是否位于基金附近城市、是否位于经济发达地区等

（二）项目筛选业务

项目筛选业务一般由投资业务员处理，其根据 BP 信息对照基金投资偏好，决定是否通过筛选。也就是一般投资业务员便可决定项目是否通过项目筛选。通过筛选后，便进入立项程序。没有通过筛选的项目都要进入基金项目库，以便以后进行查询。

三、项目立项

（一）立项目的及标准

通过筛选表明项目基本符合该基金投资偏好，但是否具备投资潜力还需要经过合规性及实质性评估。所谓合规性评估，即基金会制订一些投资条件（立项标准），满足这些要求的项目便可进入实质性评估。所以，立项就是对项目进行合规性评估。

立项标准制订的原则是考察项目的市场空间及排他性（项目门槛），确保项目在一定时间内有足够的发展空间及较少的竞争对手，从而满足资本市场的要求，如上市，以便基金可以尽快地退出。立项标准主要从宏观环境、企业结构、运作模式、企业战略以及退出方式五方面进行考虑，但对不同基金以及不同项目考察的侧重点不同。

（二）立项业务

立项业务主要由项目组负责，一般投资经理具有立项权或由项目组集体表决。立项依据主要有企业提供的 BP 以及约谈企业负责人进行面对面交流，并就一些关键问题做一次口头介绍或讲演。投资经理可通过这次面谈获取更多有关项目的信息，核实 BP 中所描述的主要事项。

决定立项后就要起草《立项报告》，作为立项依据。《立项报告》的内容主要以 BP 为基础并结合基金立项标准。《立项报告》需要明确立项的理由以及未来尽职调查过程中的评估重点。

另外，立项通过，表明股权基金对该项目可以正式配备专门的项目小组以及安排相应的费用预算。

四、尽职调查

（一）尽职调查的目的及必要性

尽职调查又称尽调或谨慎性调查，其内容包括企业的背景与历史、所属行业，企业的营销、制造方式、财务资料与财务制度、研究与发展计划等各种相关的问题。尽职调查的目的就是对通过立项的拟投项目进行实质性评估，也就是独立于项目公司提供的 BP，由基金方委派专业人士亲自入场，按照基金的投资要求对项目潜在投资价值和投资风险做出实质性判断。

尽职调查的必要性首先在于信息不对称，只有通过实际的、详尽的、专业的调查才有可能全面了解企业情况，佐证 BP 的相关信息。其次，尽职调查也为合作双方奠定了合理估值及深入合作的基础。再次，尽职调查中对有关的单据、文件进行调查，这本身就是一个保存和整理证据的过程，相关情况能以书面证据的方式保存下来，以备查询或留作他用。因而，详尽准确的尽职调查是股权基金客观评价项目、做好投资决策的重要前提条件。

（二）尽职调查的方式

尽职调查的方式很多，主要有现场调查、搜寻调查、官方调取、通知调查、秘密调查和委托调查。

（1）现场调查。现场调查可以对调查对象有比较直观的了解，并可以得到据以调查的相关线索。因此，现场调查是尽职调查最常用的方法，它包括现场会谈和实地考察。若采用现场会谈，应当约见尽可能多的、不同层次的成员，包括市场销售部门、行政部门、财务部门、生产部门的主管。会谈主要了解企业经营战略和发展思路、企业文化、团队精神、企业的内部管理及控制等情况，通过会谈获取对企业高管的感性认识。实地考察应侧重调查企业的生产设备运转情况、生产组织情况，实际生产能力，产品结构情况，订单、应收账款和存货周转情况，固定资产维护情况，周围环境状况，用水、用电、排污情况，员工的工作态度及纪律等。

（2）搜寻调查。搜寻调查指主要通过各种媒介物搜寻有价值的资料。这些媒介物包括报纸、杂志、新闻媒体、论坛、峰会、书籍、行业研究报告、互联网资料、官方记录等。搜寻调查应注意信息渠道的权威性、可靠性和全面性。

（3）官方调取。官方调取指通过行业协会、政府职能管理部门获取或调取企业的相关资料。如通过工商管理机关、税务机关、金融管理机关、外汇管理部门、环保管理部门、卫生管理部门、质量监督管理部门、供电部门、供水部门、土地及城建管理部门、行业主管部门等调取资料。

（4）通知调查。即通知被调查人，要求其提供相关资料和申报信用记录，然后对该资料和记录进行抽样验证、分析。

（5）秘密调查。秘密调查指在被调查人不知道的情况下进行的调查方式。主要通过接触客户的关联企业、竞争对手、商业伙伴或个人获取有价值的信息。

（6）委托调查。可以委托社会中介机构进行部分或全部信息调查。对于比较重要或法律关系复杂的融资租赁交易，可以利用律师执业技能、专业知识以及法律赋予的调查取证的特权，进行律师尽职调查，形成全面、专业、规范的律师尽职调查报告，供信用评估时参考。对客户的财务调查可以委托注册会计师进行，也可将租赁物委托资产评估师进行资产评估，形成专业的评估报告。

（三）尽职调查的主要内容

尽职调查内容涵盖企业所有情况，包括企业商业秘密，所以，股权基金进行尽职调查前需要与项目公司签订保密协议，以保障项目公司的利益。尽职调查的内容主要包括项目公司历史与现状调查：如改制与设立、历史沿革、发起人和股东的出资、重大股权变动、重大重组并购、主要股东情况、内部职工持股（如有）情况以及商业信用情况等；项目公司业务与技术调查：如行业及竞争、采购、生产、销售、核心技术人员、技长与研发等方面；项目公司同业竞争与关联交易调查：如同业竞争、关联方及关联交易等；项目公司人力资源调查：如员工基本情况、高管人员任职情况及任职资格、高管人员的经历及行为操守、高管人员胜任能力和勤勉尽责情况、高管人员薪酬及兼职情况、报告期内高管人员变动、高管人员是否具备上市公司高管人员的资格、高管人员持股及其他对外投资情况以及企业人力资源管理体系等；项目公司组织结构与内部控制调查：如公司章程及其规范运行情况，组织结构和股东大会、董事会、监事会运作情况，独立董事制度及其执行情况，内部控制环境、业务控制、信息系统控制、会计管理控制以及内部控制调查等。尽职调查主要从业务、财务以及法务三方面对拟投项目进行投资风险与潜在投资价值的调查。以上尽职调查内容大致分为投资业务、财务以及法务三部分，所以，尽职调查小组一般由三部分人员组成：投资专业人员、财务专业人员和法律专业人员。其中财务和法律人员有时可以聘请或委托第三方会计师事务所以及律师事务所专业人员担任。

（四）尽调报告

尽职调查结束之后，尽职调查小组需撰写书面尽调报告，一般包括"投资业务尽调报告""财务尽调报告"以及"法务尽调报告"，或者一份综合的"尽调报告"，包括投资业务、财务以及法务三方面内容。"尽调报告"独立于项目公司提供的 BP，是基金尽职调查团队通过实际调查得出的投资判断，但涉及的内容与 BP 相似，并且对 BP 涉及的内容进行佐证。

五、投资方案设计

尽职调查结束后，除了要对投资与否进行判断外，还要对投资价格以及投资策略等进行建议，即设计投资方案。所以，尽职调查后的主要工作就是以"尽调报告"为基础撰写用于基金内部的"投资建议书"或用于谈判的"投资框架协议"（条款清单，Term Sheet），其目的就是设计投资方案。主要包括拟投企业的潜在投资价值、投资风险、风险防范措施、投资价格、投资规模、投资策略、投后管理以及退出方案等，其中股权估价以及投资策略设计是核心内容。

（一）股权估价

理论上估价方法很多，但在股权投资实践运用中都存在一定的局限性。一是所有估价方法自身在理论原理上都存在不足之处；二是不同基金会从不同角度对企业进行价值评估；三是由于针对股权基金特有的赢利模式，现有的估价方法都不适合。所以，目前股权投资在实践中没有统一的估价方法，但成本法、收益法、市场法在实践中运用比较普遍。

1. 成本法

成本法的原理就是将企业的各项账面资产按照重置成本进行调整并加总而得到企业的价值。但在股权投资中，与投资人决策相关的信息是各资产可以带来的未来收益以及股权基金通过退出能带来的收益，而不是其现行市场价值。价值评估的对象是企业整体的价值，而整体的价值来源于要素的结合方式，而不是各部分的简单相加。成本法以单项资产的再建成本为出发点，可能忽视企业的获利能力，而且在评估中很难考虑那些未在财务报表上出现的项目，如企业的垄断收益以及资本市场收益等。所以，虽然操作性较好，但不能真实反映股权投资评价企业的价值观。

2. 收益法

收益法即现金流贴现法，是将企业所产生的未来现金流量进行折现而得到企业的价值，所使用的模型是现金流量模型。股权投资使用这一方法存在的不足之处在于：一是难以准确估计现金流量。未来现金流量要通过财务预测取得，如销售收入预测以及成本预测，由于主观性以及信息不对称，股权基金难以准确预测拟投企业未来 5～7 年的现金流，而且工作量非常大。二是收益法虽然在反映企业盈利能力方面比成本法更为科学，但同样存在不能反映股权投资赢利模式的问题。

3. 市场法

市场法即市场比较法，它主要是利用类似上市企业的一系列市价比率指标来估计目标企业的价值，得出来的结论是相对于可比企业的一种相对价值，而非目标企业的内在价值。市场法的最大特点是易操作，最常用的有 PE 法（市盈率法）、PB 法（市净率法）以及 PS 法（市销率法）三种，其中 PE 法最为常见。

PE 法即：

目标企业每股价格＝可比企业平均市盈率 × 目标企业每股净利

使用这一方法的基本要求是：首先，目标企业与可比企业必须在增长潜力、股利支付率和风险（股权资本成本）这三个因素方面类似。这三个因素中最关键的是"增长潜力"。增长潜力类似不仅指具有相同的增长率，还包括增长模式的类似，例如，同为永续增长，还是同为由高增长转为永续低增长。其次，在选择可比企业平均市盈率时还需考虑股权基金投资后由于企业规模增加，增长潜力、股利支付以及风险都会发生变化，所以，要对可比企业平均市盈率进行矫正，也就是所谓的投资后市盈率。最后，使用这一模型，被评估企业必须连续盈利，否则市盈率将失去意义。

PB法即：

目标企业每股价格＝可比企业平均市销率 × 目标企业每投净利

使用这一方法的基本要求是：首先，目标企业与可比企业必须在股东权益收益率、股利支付率、增长率和风险这四个方面类似。其中最关键的因素是"股东权益收益率"。同样，如果其他三个因素类似，股东权益收益率差距较大，也要对公式进行修正；其次，这一模型也有它的适用性，即适应于拥有大量资产（如汽车制造行业）、净资产为正的企业。固定资产很少的服务性企业和高科技企业，净资产与企业价值的关系不大，其市净率没有实际意义。

PS法即：

目标企业每股价格＝可比企业平均市销率 × 目标企业每股销售收入

其中，市销率指标等于每股市价除以每股的销售收入（一般以主营业务收入代替），它能够告诉投资者每股收入能够支撑多少股价，或者说单位销售收入反映的股价水平。这一方法适应于销售成本率较低的服务类企业，或者销售成本率趋同的传统行业的企业。

因为市价比率一般是根据上市公司的数据得到的，而股权基金投资的目标企业一般都是非上市企业，非上市企业股票的流动性低于公开交易的股票，所以要将评估价值按照上市成本的比例减掉一部分。另外，非上市企业往往涉及控股权的评估。由于控股股东收益除了包括按股权比例分享的正常生产经营收益外，还包括仅控股股东才可能获取的控制权收益，因此当控股股东获取的控制权收益比重越大时，控股股东就越不会关心目标公司的生产经营管理。此时，就要对目标企业评估价格进行一定的折扣或溢价处理。

（二）投资策略设计

所谓投资策略设计，就是通过一系列投资手段或投资结构的设计，主要包括投资方式设计、金融工具设计、对赌条款设计、反摊薄条款设计、公司治理条款设计以及退出条款设计等，对投资需求进行风险及收益的合理配置。其宗旨就是最大限度降低股权基金的投资风险，同时使投资收益最大化。

1. 投资方式设计

股权基金投资方式主要有股权转让与增资扩股两种。股权转让是指公司原股东依法将自己全部或部分股权让渡给他人，使他人成为公司股东而公司注册资本不发生变化的民事法律行为。股权转让制度是现代公司制度最为成功的制度之一。股权转让价格并不等于注册资金或实际出资，是由双方（转让方、受让方）参照注册资金、实际出资、公司资产、未来盈利能力、无形资产等因素协商确定的，即重新估价，可以大于或小于注册资金、实际出资、公司净资产。由于股权投资的投资对象一般都是未上市的有限责任公司，因此，股权转让时一定要考虑其他原股东同等价格的有限购买权，即要取得其他原股东的同意。股权转让的意义主要在于改变股东结构。

增资扩股是指企业通过向社会募集股份、发行股票、新股东投资入股或原股东增资追加投资，从而增加企业注册资本金的民事法律行为。以增资扩股方式投资有限责任公司就是股权基金认购公司增加的股份，扩大公司注册资金。对于新进的资金，公司可以用于投资新项目或用于公司其他开支。所以，增资扩股的意义在于：公司筹集资金扩大经营规模、调整股东结构和持股比例、提高公司信用等。

2. 金融工具设计

股权基金金融工具主要有优先股与可转换债。为了使投资风险降到最低，股权基金通常会要求其投资形成的股权享有优先权，以最大限度地保障其投资及退出收益，如优先分红权和优先清算权。优先分红权指在公司宣告分派股息时，优先股股东有权优先取得投资额一定比例的股息。在优先股股东取得优先股息后，剩余股息又有如下两种分配方式：在取得优先股息后，优先股股东不再参与剩余股息分配；在取得优先股息后，优先股股东与普通股股东按股权比例分配剩余股息。此外，在公司的年度盈利不足以分派约定的股息，或当年未宣告分派股息时，根据投资协议约定，优先股股东可以享有在日后对往年应付未付的股息如数补给的权利。优先分红权最大限度地保障了股权基金投资收益，大大降低了其投资风险。但是，需要指出的是，公司法规定股东应按照实缴的出资比例分取红利，但全体股东约定不按照出资比例分取红利的除外。因此，实践中法律仅允许股东对分红比例进行约定，而没有规定各股东间可约定分红的顺序。但是，上述法律限制是可以通过某种条款安排实现的。如双方约定，当公司的分红额达到股权基金投资额的N%时，股权基金的分红比例是N%，而其他股东的分红比例是0%；当分红额超过N%时，则股权基金与其他股东再按股权比例分红等。但当投资对象为中外合资企业时，实践中操作难度很大，因为《中华人民共和国中外合资经营企业法》规定，"合营各方按注册资本比例分享利润和分担风险及亏损"，而公司法没有"股东另有约定的除外"的规定。

优先清算权指在公司清算或结束业务时，优先股股东有权优先于普通股股东获得每股N倍于原始购买价格的回报以及宣布但尚未发放的股利。因为股权基金一般都是溢价投入，即投入多、持有股权少，所以在清算时，如果按持股比例清算，对股权基金不合理。如某公司注册资本100万元，股权基金投入200万元，获得该公司20%的股权。公司清算时剩余资产有400万元，那么如果投资人没有清算优先权，则只能分得80万元，但如果拥有该项权利，则投资人可优先收回投资回报200万元的N倍，再按照协议的有关规定参与剩余资产分配。在优先股股东取得优先清算回报后，剩余可分配财产又可以有如下三种分配方式：优先股股东取得优先清算回报后，剩余可分配财产再分配给普通股股东，优先股股东不参与分配；优先股股东取得优先清算回报后，剩余可分配财产由包括优先股股东在内的所有股东按照股权比例共同分配；优先股股东取得优先清算回报后，剩余可分配财产由包括优先股股东在内的所有股东按照股权比例共同分配，直至优先股股东获得总计为原始购买价X倍的价款，之后优先股股东无权再参与分配。在投资协议中约定股权基金享有优先清算权，能够保障股权基金最大限度地收回成本并分得收益。如果公司的可分配财产按全部股权比例分配的数额高于约定的优先清算回报，股权基金也可以选择将优先股转换成普通股，不行使优先清算权而直接与普通股股东按比例分配。

但《中华人民共和国公司法》规定在清算程序中应当按照股东的出资比例进行分配，并没有赋予股东自行约定的自主权，属于强制性条款。故在投资协议中如果约定优先清算权，则难以得到公司法的支持与保护。在实践中，股权基金探索在投资协议或股东协议中明确以合同条款的方式通过仲裁达到优先清算的目的。但《中华人民共和国中外合作经营企业法》规定，合作企业期满或提前终止时，应当依照法定程序对资产和债权、债务进行清算，中外合作者应当依照合作企业合同的约定确定合作企业财产的归属。另外，《中华人民共和国中外合资经营企业法实施条例》规定，合营企业清偿债务后的剩余财产按照合营各方的出资比例进行分配，但合营企业协议、合同、章程另有规定的除外。因此，优先清算权适用于中外合作以及中外合资企业。

优先股享有优先权是以放弃管理权为代价的，虽然股权基金一般不参与项目公司的日常经营管理，但希望对企业重大事项具有话语权，如进入董事会，即使以优先股身份进入了董事会，其权力也会受到约束。所以，在股权投资实践中，股权基金一般会选择可转换优先股，即在一定条件下可以以相应的比例换成普通股，并享有对应的权利与义务。

可转换优先股条款指双方约定股权基金可以在一定时期内按一定比例或价格将优先股转换成一定数量的该公司普通股。假如公司盈利能力好，持有者可以转换成普通股，假如公司盈利能力不好，则优先股股东有权利在普通股股东之前把投入的钱收回来。

可转换优先股条款通常应包含如下内容。

（1）可转换优先股的转换价格、转换比例。

（2）优先股自动转换的条件。例如，约定当企业首次公开发行时，可转换优先股就自动转换为普通股，附带的限制性条款也随之消除；或是在被投资企业达到一定业绩要求后，也可以自动转换。

（3）附带的限制性条款。虽然优先股股东通常没有表决权，但股权基金通常以可转换优先股的形式要求表决权，以求尽量控制企业董事会。这一机制可以为增减创业企业家的报酬、分发红利、调整优先股可转换比例等补救措施提供有效的保证。例如，一基金以可转换优先股方式投资一公司 200 万元，双方在条款中约定该优先股一年后可获得股息，并按以下两种计算方法中金额较高的一种计算：第一，年利率为 8% 的非累积的股息；第二，以 1∶1 转换普通股后的分红额。

可转换债条款指双方约定股权基金在一定时间内有权依约定的条件将持有的债转换为普通股权或优先股权，即可以选择持有债务到期，要求公司还本付息；也可选择在约定的时间内转换成股权，享受股利分配或资本增值。可转换债具有"三性"，即债权性、权益性以及期权性。所谓债权性，即与其他债务一样，可转换债也有规定的利率和期限，投资者可以选择持有债务到期收取本息。所谓权益性，即可转换债在转换成股权之前是纯粹的债务，但在转换成股权之后，投资人就由债权人变成了公司的股东，可参与企业的经营决策和红利分配，这也在一定程度上会影响公司的股本结构。所谓期权性，即可转换性是可转换债的重要标志，债券持有人可以按约定的条件将债权转换成股权。期权性即约定债权人可按照投资时约定的价格将债权转换成公司的股权，如果债权人不想转换．则可以继续保持债权，直到偿还期满时收取本金和利息；如果持有人看好公司增值潜力，到期后可以行使转换权，按照预定转换价格将债权转换成为股权。正因为具有可转换性，可转换债利率一般低于普通债务利率。可转换债一方面可以降低融资方的融资成本，另一方面可以降低投资人的投资风险。可转换债是投资人享有的、一般债权人所没有的选择权。

可转换债与可转换优先股有本质的区别。前者是债券，固定所得是债息，破产清算时优先于任何股东受偿。后者是股票，固定所得是股票红利，其价格随着公司权益价值的增加而增加，并随着红利派现而下跌，且破产清算时对企业财产的索偿权劣于债权人。

但可转换债在我国目前的司法体系中会遇到法律障碍。首先我国禁止企业之间的借贷行为。根据我国《贷款通则》以及相关法律法规和规范性文件的规定，借贷作为一种金融业务，只能由正规的银行金融机构从事，而非银行金融机构的一般企业是不可以对外发放贷款并收取利息的。另外，我国目前的公司股权登记管理办法尚没有规定债权可以直接转变为股权，即债转股没有法律依据。但国有企业改制以及银行债权可以作为一种特许实施债转股。

3. 对赌条款设计

对赌是指投资方与融资方在达成投资协议时，对未来不确定的情况进行约定：如果约定的条件出现，投资方可以行使某种权利；如果约定的条件不出现，融资方则行使某种权利。通常目标企业未来的业绩与上市时间是对赌的主要内容，与此相对应的对赌条款主要是估值调整条款。企业估值主要依据企业现时的经营业绩以及对未来经营业绩的预测，因此这种估值存在一定的风险。为保证其投资物有所值，股权基金通常在投资协议中约定估值调整条款，即如果企业实际经营业绩低于预测的经营业绩，投资者会要求企业给予更多股份，以补偿股权基金由于企业的实际价值降低所受的损失；相反，如果企业实际经营业绩高于预测的经营业绩，投资者会拿出相同股份奖励企业家。与估值调整条款类似的还有业绩补偿条款，指目标企业或原有股东与股权基金就未来一段时间内目标企业的经营业绩进行约定，如目标企业未实现约定的业绩，则需按一定标准与方式对股权基金进行补偿。这是单方面的约束，在实践中用得比较少。

4. 反摊薄条款设计

反摊薄条款是一种用来保证原始股权利益的约定，也即后来投资人的等额投资所拥有的权益不能超过这些原始股权基金。约定反摊薄条款的目的是确保股权基金的股权数量或股权比例不会因新股发行或新的投资人加入而减少，从而也保证原始股权基金投资人对被投资企业的控制力不被稀释。

反摊薄条款可以归为两大类。第一类是结构型反摊薄条款，即反对股权比例被摊薄的条款。当企业增资扩股时，应当无偿地或按照双方认可的价格给予股权基金相应的股份，保证其股权比例不变。第二类是价格型反摊薄条款，即反对股权价值被摊薄的条款。如在双方约定的时间、条件下出现了事先约定的事项，原始股权基金所持股权的比例必须减少时，必须通过相关的附加条件，防止股权价值被稀释，如棘轮条款和加权平均调整条款。所谓棘轮条款，就是当被投资的企业在低价出售给后续投资者时，必须无偿给予原始股权基金股份，直到其每股平均价格下降至扩股后新股的价格水平。相较于棘轮条款，加权平均调整条款是较为温和的反摊薄方式，该条款规定调整后的转换价格应是初始转换价格和新增发行价格的加权平均值，它考虑在摊薄融资中发行新股的数量的基础上降低原有的可转换价格。

5. 公司治理条款设计

公司治理条款是股权投资中不可或缺的协议条款内容，反映出股权基金虽然通常作为公司小股东存在，但既可以通过各种投资工具和对赌协议保护资金的安全，也可以力争进入董事会从而影响公司的发展方向。公司治理条款设计主要有公司控制权条款设计和管理层肯定性、否定性条款设计。

公司控制权条款设计一方面是争取获得董事席位或者监事以及高管席位，另一方面，如果股权基金以优先股身份进入董事会，尽可能争取董事会中更多的表决权利。

管理层的肯定性和否定性条款就是要求被投资企业的管理层进行某些承诺或约定，其中肯定性条款就是指被投资企业管理层在投资期内应该从事哪些行为的约定。例如，定期提交经营管理纪录；定期提交财务报表，包括资产负债表、损益表和现金流量表,按月度、季度和年度呈报,年度报告应经注册会计师审核;提供年度预算,提交董事会和投资人批准;按公认的会计标准保持会计系统;确保按用途使用投资人的资金;保证必须在不同时期达到一定的盈利目标;维持一定的流动资金、净资产和流动比例;确保企业资产持续存在和保持良好的状态;承担债务偿付与税款支付责任;遵守法律法规与规章;随时报告运营过程中的重大事件,包括相关诉讼、违约及其他可能对创业企业造成不利影响的任何事件。而否定性条款是指被投资企业管理层不能在投资期内从事哪些行为的约定。如禁止变更公司的控制权;禁止管理人员向第三者转让股份;禁止改变公司主营业务;禁止从事与主营业务无关的投资活动;禁止未经许可的增资扩股行为;禁止未经许可的并购活动;禁止未经许可与其董事会成员、管理人员或职员以及有利害关系的个人进行任何商业交易;禁止未经许可擅自改变营业场所;禁止出售追加的普通股、可转换债券或优先股等。

6. 退出条款设计

股权基金可能通过多种渠道退出,如回购与转让。当项目公司无法上市或并购退出时,为了保障顺利退出,在设计投资策略时就要考虑退出条款设计,如公司回购条款、原股东回购以及共同出售条款等。

公司回购条款就是约定一定条件下公司按照合理的价格回购股权基金持有的该公司股权,同时公司注册资金减少。《中华人民共和国公司法》不存在"禁止回购自身股权"的规定,因此,股权基金与公司之间约定股权回购并不违法。但对股份有限公司"原则禁止,例外允许"。股权投资设置股权回购条款,其作用在于:首先,股权回购所设定的条件,如企业经营年复合增长率不低于25%、企业在未来三年内完成上市等,客观上督促或激励企业的现有股东采取各种措施实现其在投资者投资时所做出的承诺;其次,股权回购能够保障股权基金在被投资公司或管理团队等未实现经营承诺或其他设定条件的情况下,选择回购退出被投资企业。

原股东回购条款也是股权基金用于降低投资风险的一种投资策略,但不同于股权回购。因为原股东回购只是老股东与股权基金之间的有条件股权交易,不涉及公司注册资金变动,因而法律风险相对较低。在实际操作过程中,一般都是创业企业控股股东实行回购,但回购成功率较小,因为创业企业控股股东一般缺乏资金实力,而且当真正需要落实回购条款时,说明该企业的发展没有达到预期目标，原股东自身也会对公司未来缺乏信心。

共同出售条款就是约定在被投资企业上市之前，如果原有股东向第三方转让股份，股权基金有权按照原股东与第三方达成的股权转让价格和数量参与到这项交易中，共同转让股权而实现退出。

六、项目谈判

投资方案设计结束即"投资框架协议"撰写完毕后，下一步就是与拟投企业进行谈判，因为"投资框架协议"中的许多内容将写进"投资协议书"中，形成双方的权利与义务。所以，项目谈判的工作重点就是落实投资方案，其核心是股权价格确认。因此，项目谈判过程是投融资双方就企业价值达成共识的过程。

（一）项目谈判主要内容

项目谈判的关键议题有投资定位、投资方式、企业估值、股权比例、经营管理权以及违约责任等。

（1）投资定位。首先，股权基金通常不介入项目公司的日常经营，但为了帮助企业更好发展，会以一定的方式参与企业的主营业务、商务模式以及上市架构等重大事宜的商讨，并在投资协议中进行框架性的明确。其次，股权基金投资后不影响项目公司股份制改制时连续计算经营时间（业绩），即主营业务不发生重大变化、高管（董事、高级管理人员）不发生重大变化以及实际控制人不发生变更等。

（2）投资方式。常见的股权投资方式包括股权转让和增资扩股。股权转让实际上是实现了老股东的股权套现，企业并未获得发展所需要的资金，因此在多数情况下，股权基金会选择增资扩股的方式，但老股东往往希望套现部分股权。

（3）交易结构。为了控制投资风险，股权基金会提出一些附带条件的投资条款，如对赌条款、优先股以及可转换债等。这些投资条款会对企业方增加一些压力和风险。

（4）价格评估。估值方法有很多种，但股权价格评估没有统一的方法，而且不同的企业适用的具体方式也不同。股权价格直接影响双方的利益，双方期望值各不相同，所以，价格评估是项目谈判中最艰难的议题。

（5）股权比例。股权基金持股比例也是双方谈判的焦点之一。如果股权基金持股比例大，一是影响老股东利益，二是影响实际控制人对公司的控制权，包括未来上市后的控制权地位。但企业方希望尽可能融更多的钱而出让更少的股份，而股权基金希望持股达到一定比例后对企业重大事项具有话语权。

（6）经营管理权。掌握一定的控制权，尤其是对重大事项的否决权，对于保护股权基金的利益来说是至关重要的。通常，股权基金会要求获得董事会席位，并修改公司章程，将其认为的重大事项列入需要董事会特别决议的事项中去，以确保投资者对企业的发展方向具有有力的掌控。通常股权基金不会对企业的日常运营进行干涉，之所以要求对企业的重大事项具话语权，一方面是防止企业做出抽逃资金等违背投资协议的事情，另一方面是为了贯彻企业的长期发展战略，使企业能够始终在健康发展的轨道上运行。

（7）违约责任。违约责任是投资者和融资企业需要在协议中详细明确的事项。例如，未能如期上市、上市价格低于预期、业绩没有达标等与承诺不符的事项是否属于违约。企业和股权基金之间最好能够事先协商清楚，并对违约后的责任问题进行约定。盈利保证是股权基金给企业带上的一个"紧箍咒"，没有这个"紧箍咒"，企业发展战略（如上市计划）很可能无法实现，股权基金也无法得到相应的回报。股权基金还可以与企业之间形成激励机制，当企业业绩达到一定程度，或上市后股权基金的回报超过一定比例时，股权基金会给予企业家现金奖励等。

（二）项目谈判业务

项目谈判业务一般由股权基金的合伙人负责，整个谈判主要围绕"投资框架协议"的主要合同条款进行。"投资框架协议"仅供谈判之用，不构成投资人与项目公司之间具有法律约束力的协议，但"保密条款""排他性条款"和"管理费用"具有法律约束力。项目谈判结束后，项目组就要依据双方达成的协议撰写"投资协议书"拟签版，作为投资决策委员会决策的主要文件。

项目谈判有可能循环进行，即投资决策委员会在表决时有可能修改"投资协议书"部分条款，需要与项目公司进行进一步谈判，循环往复，形成最终版"投资协议书"。

七、项目决策

谈判结束不代表基金决定投资，还需基金的决策机构进行决策后才能决定是否投资该项目。

（一）决策依据

项目决策的依据有"商业计划书""立项报告""尽调报告""投资建议书"

（或"投资框架协议"）以及拟签版"投资协议书"，其中"投资协议书"是最主要的决策依据。如果股权基金设有顾问委员会和风险投资委员会，这两个机构还应分别出具"投资顾问建议书"以及"风险控制建议书"，作为决策依据。

（二）决策机构

股权投资基金的决策组织一般为投资决策委员会，属于基金的非常设决策机构，主要对基金的对外投资实施决策。因为是非常设机构，所以基金投资人主要通过"发起人协议""合伙协议"或"公司章程"以及"委托管理协议"中的相关条款赋予其决策权。

股权基金采取投委会决策机制主要是体现决策民主化与专业化相结合。所以，投委会主要由基金管理人（普通合伙人）或其委派人员组成，代表该基金最高的专业投资水平。从组成人员的专业知识结构来看，主要包括股权投资专家、行业技术专家、法务专家、财务专家以及企业管理专家等。

投委会在进行决策时，往往会参考基金内部其他机构的意见，如基金顾问委员会以及基金风险控制委员会出具的专业意见。

（三）表决机制

所谓表决机制，就是投委会决策投资项目时的通过机制。通过机制有多种，如全票通过机制、多数通过机制、半数通过机制以及一票否决制等。

采用何种表决机制，不同基金类型不一样，如投资早期项目的创业投资基金以及天使投资基金，一般采用半数通过机制，因为可以提高决策效率；而投资后期项目的股权基金，一般采用全票通过或多数通过机制，主要是降低投资风险。另外，不同基金因其投委会成员组成不同而影响其表决机制，如投委会组成人员的专业投资水平相当时一般会采取全票或多数通过机制；如果投委会成员专业水平相差较大，有可能采取一票否决制。

八、签订协议

投委会决策通过后表明基金内部对投资该项目形成了统一，但还不具备投资的法律效应。

（一）签订协议的意义

股权基金投资项目就是一种法律行为，需要投融资双方自愿、公平签订"投资协议书"，从而从法律层面保障双方的权利与义务。"投资协议书"一旦签订，双方必须严格履行各项条款，一旦违约需要承担相应的法律责任。

（二）"投资协议书"主要条款

"投资协议书"主要包括股权购买的比例及对价条款、购股款支付方式和期限条款、未分配利润归属条款、资金用途条款、新股东地位及股东权利条款、组织机构变动条款、退出条款、声明和保证条款、违约责任条款等。

第三节 投后管理

一、投后管理的定义及宗旨

所谓投后管理，是指股权基金与被投企业正式签订投资协议，投资资金正式进入被投企业并获得相应股权后一直到股权基金全部退出被投企业为止的这段时间里，股权基金以各种方式对被投企业进行监管，同时为被投企业提供各种增值服务。投后管理是整个股权投资业务中时间跨度最长的环节，简单来说，持股时间就是投后管理时间，可以长达数年。随着股权投资的发展，投后管理的内容越来越丰富，投后管理模式也趋于专职化。

风险防范和增值服务是投后管理的两个主要宗旨，但在实践中，前者更受股权基金重视。股权投资的对象主要是高新技术产业，股权基金不仅要承担技术开发和市场开拓的商业风险，而且要承担代理风险与信息不对称风险。由于商业风险无法完全预测，股权基金只能随着被投企业经营过程中出现的状况来调节他们的后续管理水平。在委托代理模式下，被投企业与股权基金之间的信息不对称不仅存在于签约投资前的项目评估阶段，也存在于后续投资阶段。签约前的信息不对称导致的主要问题是逆向选择，投资后信息不对称导致的主要问题是道德风险。因此，代理的风险越高，股权基金进行投后管理的程度就越大。股权基金通过投后管理识别代理风险，加强被投企业资金监管，增加与管理团队的沟通机会，从而防范风险。

股权基金作为财务性投资，其投资收益直接取决于被投企业价值增值的幅度。但被投企业的优势在于实体经济领域，而通过实体经济获得的收益远不能满足股权基金的投资收益预期。由于股权基金的优势在于资本运营，所以股权基金可以充分利用自身资本市场优势，帮助被投企业快速进入资本市场，从而获得更多投资收益。另外，股权基金除具有雄厚的资本外，还具有资源优势，可以在人力资源、市场开拓以及研发等方面为企业提供一系列增值服务。

二、投后管理的原则

投后管理应坚持风控为主、服务为辅，被动为主、主动为辅，共性为主、个性为辅的原则。所谓风控为主、服务为辅，即股权基金的首要任务是通过委派董、监、高（董事、监事、高管）等手段监控被投企业，然后通过资源对接、后续融资支持、具体辅导等手段为被投企业提供增值服务。所谓被动为主、主动为辅，即股权基金从事投后管理时，以投资协议相关规定以及企业发展需要为基础，不以影响企业的正常生产经营活动为标准，充分相信被投企业的自身发展能力。所谓共性为主、个性为辅，即股权基金的工作重心在项目投资，不可能针对每个被投企业实行个性化的风险控制措施以及提供个性化的增值服务。主要依据基金自身的特点对被投企业实行共性化的风险控制措施以及提供共性化的增值服务，以减少股权基金的工作量，个别企业个别对待。

三、投后管理的困难

股权基金对投后管理重视程度不够，一方面是由于股权基金的工作重点是项目投资，另一方面是由于投后管理存在一定困难。投后管理存在的困难主要表现在以下四个方面。一是投后管理对基金内部人才储备有更高的要求，如相关人员需要具备丰富的实践经验才能为企业提供增值服务；二是投后管理容易与被投企业产生对立关系，因为风险监控是投后管理过程中的主要工作，一般不受企业欢迎；三是投后管理增加基金的管理成本，因为投后管理需要增加股权基金的人力资源与办公费用开支，但带来的直接经济效果不明显；四是由于股权基金一般是小股东，对被投企业的控制权很弱，对被投企业在日常经营管理中出现的问题只能提出解决问题的建议，所以投后管理难以取得理想效果。

四、投后管理流程

投后管理从字面上容易理解为业务从基金投资后开始。但投后管理的大部分工作属于风险监控，由于风险的连贯性，投后风险监控从尽职调查开始就已经启动。所以，投后管理业务流程从投资阶段的尽职调查开始一直到基金退出（如图 8-2 所示）。

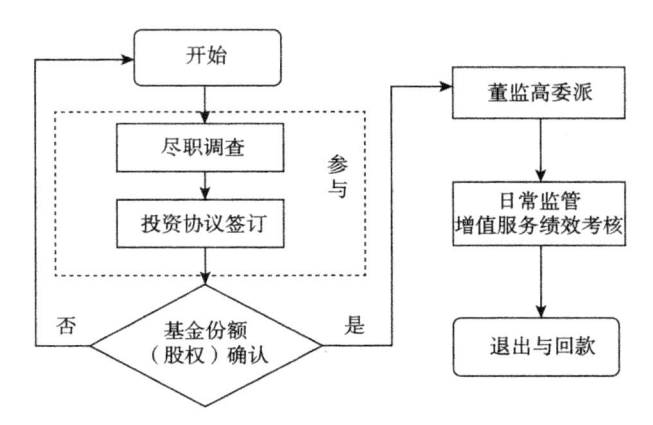

图 8-2　投后管理业务流程

（1）参与尽职调查。尽职调查是股权基金全面了解项目方的唯一途径，这也是未来投后管理工作的基础。由于分工原因，投后管理团队只是参与尽职调查工作，不对尽职调查发表意见或建议。

（2）参与协议签订。所谓参与协议签订，就是投后管理团队参与《投资协议书》的起草，从而深入了解投资协议赋予股权基金的权利以及项目方应承担的义务，以确保未来投后管理工作顺利进行。

（3）负责基金份额（股权）确认。投资协议签订后，投后管理团队应负责投资资金按照协议要求准时、足额从托管银行划拨到对方指定的账户上，同时负责在工商管理部门确认股权基金应持有的股权。

（4）负责跟踪监管。股权确认后，按照协议规定对项目方进行风险监管，包括委派董、监、高以及对日常财务与经营进行监管与评估，包括估值动态监测。

（5）提供增值服务。依据投后管理原则，为项目提供共性及个性化的增值服务，包括价值挖掘。

（6）提出退出方案。根据项目方运营业绩情况以及股权自身投资情况（如基金存续期），及时提出退出方案。

（7）负责资金回笼。股权基金实施退出后，投后管理团队负责退出资金足额、准时划拨到托管银行，确保资金安全。

五、如何参与日常管理

管理层是企业战略的真正执行者，企业运营能否达到预期目标，很大程度上依赖于管理层的执行和管理能力，因此，越来越多的股权投资机构为了资本的保值增值，已不再仅仅满足于董事会中的一个席位，而是要真正介入被投资企业的管理层，参与企业日常的管理经营活动。

一般情况下，股权投资方会在被投资企业的财务、人力及销售等关键职能部门安排管理人员，以保证被投资企业的营运情况真实地被股权投资方所掌握。当然，股权投资方在什么情况下选择参与被投资企业管理层要根据被投资企业所处的成长阶段及风险投资自身的能力情况而定。

在被投资企业生命周期的初始阶段（种子期或创业期），由于此时信息不对称情况最为严重，因此股权投资方与被投资企业管理者之间的交流会非常频繁。尤其是当创业者没有经验时，更应该和风险投资机构进行主动的沟通，而股权投资方也会积极派遣专业管理人员对企业进行监管，此时股权投资方一般会选择参与被投资企业的管理层。

而如果投资于企业的发展阶段，此时企业管理层已基本建立，各项经营活动已步入正轨。股权投资方更应该注重对被投资企业在战略制定等方面的决策性参与和监督，而对企业的日常管理仅进行定期的检查即可。因此，这时股权投资方主要以参与董事会为主，如果有精力和能力，也可适当地考虑参与被投资企业的管理层。但应注意的是，此时被投资企业管理层已经建立，股权投资方派遣的人员能否与原有管理层处理好关系对项目的成功与否至关重要，如果双方产生摩擦，那会对整个投资项目非常不利。

六、中美在投后管理的差异

知名私募基金KKR的联席创始人兼联席首席执行官亨利·克拉维斯（Henry Kravis）的一句名言是：好的股权投资是"耐心的资本，完成一项交易只是所有工作的开始，要以实业家的心态去进行投资"。

在美国，敏锐的PE会时刻关注着哪些公司的管理层掌握着大量的资金却大肆挥霍、不为股东实现利益最大化，并随时准备收购其股权进入董事会，更换管理层。这就迫使大多数管理层为了自身利益而努力尽责。

（一）美国股权投资介入途径

首先，美国股权投资在董事会中的作用是巨大的。据学者统计，在美国，如果企业经营出现危机，股权投资机构会平均增加1.75个董事会成员，以对被投资企业进行更多的监督。

其次，美国股权投资在参与管理层时注重人事的安排，特别看重对CEO的任免。研究表明，美国有股权投资支持的企业，在业绩不良的公司中有74%的总经理被至少更换一次，在业绩尚可的公司中，也有40%的总经理被至少更换一次。随着中小企业的发展，原始创业者在管理方面的经验就显得不足，无法把握迅速发展的企业，许多转为副总裁或部门经理，而由股权投资机构任命新的总经理。据统计，在被投资企业成立后的前20个月中，由最初创业者之外的人担任公司总裁的比例为10%，到了第40个月，这个比例上升为40%，到了第80个月，所有统计的被投资企业中有80%的CEO已不是当初的创业者，而是由股权投资机构任命的专业管理人员。

（二）中国股权投资介入途径

在股权投资参与中小企业公司治理的途径方面，王娟（2010）的研究表明，在调查的深圳中小板上市有股权投资背景的72家企业中，在被投资企业董事会中拥有席位的占到近80%。说明我国多数股权投资机构还是积极参与被投资企业监管的，而对被投资企业不进行监管的股权投资多数为地方政府组建的机构，其投资可能带有"天使基金"的性质。但从董事会席位的数量来看，绝大多数股权投资机构都是仅在被投资企业董事会中占有一个席位，而且在投资后基本只是对派遣的董事人员进行变更，而席位数量一般没有变化。这不同于美国根据被投资企业的经营状况进行董事席位变化，从这一点也可看出，我国股权投资对被投资企业的监管可能往往是"形式"上的而非"实质"上的。

通过调查，在深圳中小板上市的有股权投资背景的企业中，股权投资介入管理层的只有27%。与美国相比，目前我国股权投资选择真正参与被投资企业日常经营管理的并不多。产生这个现象的原因是多方面的。一方面，股权投资机构多数选择对被投资企业进行战略型的管理，不愿过多参与日常经营，很大一部分原因是出于对成本的考虑。另一方面，必须正视的是目前我国部分股权投资机构的专业化能力不强，很多时候不参与被投资企业的管理不是"不想"而是"不能"，股权投资缺乏相关的管理经验，或没有相关行业的供销网络，都使得股权投资机构没有能力参与到被投资企业的管理层，发挥风险投资的监管作用。

七、投后管理模式的选择

根据清科研究中心的调研,目前活跃于中国境内的股权投资机构有 15.1% 已设立专职投后管理团队,如达晨、九鼎、中信产业基金等;另有 54.3% 的机构虽未设置专职投后管理团队,但在将来计划设立。专业的投后管理必成趋势。在操作过程中,根据项目特点,投资方可以根据实际情况选择不同的管理模式。

(一)"投资团队"负责制

目前由投资团队负责的增值服务模式是我国增值服务的主要操作方式。在这一模式中,投资项目负责人负责项目的开发、筛选、调查和投资,同时也负责投资完成后对被投企业的管理工作。这一类投后管理的模式主要适用于投资项目总量比较少的机构。

根据清科研究中心的调研,活跃于中国境内的股权投资机构有近七成为投资团队负责的增值服务模式。这一策略的优势在于项目负责人从项目初期开始接触企业,对企业情况更为了解,能够为企业做出更有针对性的咨询和建议。劣势则在于,投资经理需要将精力分散到众多流程中,无法集中精力进行项目甄选。

(二)"投后团队"负责制

随着机构投资项目的增多,项目经理项目管理难度加大,近几年也有部分机构将投后管理这一职责独立出来,由专门人员负责,而投资团队更专注于项目开发。

专业化的投后管理团队的建立是股权投资发展到一定阶段、拥有足够的投资个数、进行专业化分工的客观需要。规模化运作的股权投资基金中,在出资人关系管理、被投项目增值服务、项目退出路径选择与设计及相关中介机构协调等层面的事务越来越多,凭借项目经理的个人力量已经难以兼顾,建立专职的投后管理团队进行专业化操作成为现实的需要。

专职投后管理团队负责增值服务的优势在于投资项目负责人可以逐步淡出企业的后期培育工作,将更多的精力投入潜力项目的挖掘开发中。劣势则在于项目在投后环节更换负责人,加大了被投企业与投资机构的磨合成本。

(三)"投资团队+投后团队"负责制

专门组建服务团队虽然可以完善服务体系、严密监控风险企业的发展动态、加大力度提供更好的增值服务,但仍需要一段时间与被投企业进行磨合,存在一定的弊端。

近年来，在前两种模式的基础上，国内逐渐产生两个团队共同服务的模式。一方面投资团队付出一定精力调动资源，另一方面具体项目的投后服务和管理方面的工作，共同帮助企业壮大。采用"投资+投后团队"的模式，为企业提供的增值服务具有系统性和针对性的特点，对被投企业的帮助最大。

第四节　基金退出

基金退出是整个股权基金投资业务链中的最后一个环节，同时也是决定投资项目收益状况的一个关键环节；项目投资和基金退出是股权投资业务中的一进一出，形成一个完整的投资链条。不同投资方式（渠道）对项目企业的要求不一样，股权基金最终收益也会不同。所以，类似投资方案一样需要设计退出方案，确保基金所持股权安全退出并且收益最大化。

由于退出的交易场所、交易方式不同，对项目公司的要求不同，对股权基金收益也会产生很大影响。不同交易场所采取的股权估价方法不同，而且套现的难易程度也不同。所以，退出方案设计需要选择合适的退出方式、合适的退出时间以及制定退出保障措施等。

常见的五种退出方式包括：IPO退出，即项目公司IPO后，股权基金在证券二级市场出售股权实现退出；并购退出，即项目公司产生并购行为时股权基金出让股权实现退出；转让退出，即股权基金与其他投资人通过协议方式转让股权实现退出；回购退出，即股权基金与项目公司或项目公司原股东签订协议，回购股权基金所持股权实现退出；清算退出，即该项目公司解散，股权基金获得公司清算财产实现退出。其中，IPO退出与并购退出能使股权基金获得巨大收益，因而深受青睐。[1]

一、IPO退出

IPO（Initial Public Offerings）即首次公开募股，指一家企业第一次将它的股份向公众出售。一般来说，一旦首次公开上市完成后，这家公司就可以申请到

---

[1] 王汉昆：《我国私募股权投资基金退出机制研究》，天津，天津财经大学，2009。

证券交易所或报价系统挂牌交易。IPO 退出就是项目公司 IPO 上市后，股权基金在二级市场出售该公司股票实现退出。

IPO 的意义在于从非公众公司转变为公众公司。所谓公众公司，就是股权可设计为金融工具即股票成为公共股权，并在证券场内市场（二级市场）进行买卖即上市，其股权价格由股票价格代替。此时股票价格除受企业价值影响外，还受股票市场交易行情影响，即投机因素在很大程度上影响股票价格。所以，企业一旦 IPO，由于受市场交易活跃的影响，股权价格或股票价格一般会远远高于企业价值。这是企业愿意 IPO 的主要原因之一，也是股权基金愿意 IPO 退出的主要原因。

（一）IPO 制度

IPO 制度即发行制度，不同国家有不同的发行制度，如注册制、审核制及行政审批制。

1. 美国注册制

资本市场发达的国家一般实行注册制，如美国。所谓注册制，就是监管部门仅对拟上市企业进行合规性审查，即仅审查是否符合相关规定。

美国 1933 年《证券法》规定，任何人不得销售任何证券，除非有关该证券的注册说明书已"有效"。IPO 公开招股书主要包括：封皮、招股书简介、风险因素、资金用途、股价摊薄表、管理层关于财务状况及运营结果的讨论与分析、业务描述、管理层成员介绍及其收入、关联方交易、主要股东及管理层持股表、股票分销计划以及审计报告；第二部分是一些不需要包括在公开招股书中的信息。任何人都可通过美国证监会公共阅览室或美国证监会的 EDGAR 系统得到该信息。这一部分主要包括发行及分销费用详细列表、有关董事及高管法律责任的任何补偿安排、发行企业的任何近期未注册的证券销售以及一些美国证监会要求发行企业因公开招股所应做出的承诺。另外，第二部分还要求进行 IPO 的企业随注册说明书通过 EDGAR 系统向美国证监会提交若干附件文件，包括承销协议、公司章程、有关股票合法性的法律意见书、所有重大合约（包括企业运营的重大合约，例如，重要的购销合约、授权合约、租约，以及任何董事、管理层成员和重要股东所签署的合约）。

除此之外，IPO 注册说明书还必须提供任何其他使得现有披露信息完整及不具误导性的信息，以及任何其他对于投资者购买股票而言意义重大的信息。

IPO注册说明书（包括任何要求披露的附件）必须以电子文本的方式通过EDGAR系统提交给美国证监会，同时按拟发行证券的估计价值缴付注册费。截至2009年10月30日，IPO的注册费是每100万美元的估计价值需要55.80美元。

美国证监会的审查只关注注册说明书及公开招股书是否完全遵守了信息披露要求，而不审查该项招股的实质，即不判断该项投资是否是一个好的投资，例如，进行IPO的企业是否面临任何实质性问题或重大风险。只要美国证监会认为注册说明书及公开招股书按要求披露了所有对于投资者投资该企业而言的重大信息，而无任何重大错误或遗漏，美国证监会就可以宣布该注册说明书有效；即使一个企业有种种重大问题，对于投资者来说充满风险，只要其注册说明书及公开招股书完整准确地披露了这些问题及风险，美国证监会不会否决该企业的IPO。

2. 我国审核制

我国IPO制度形成于计划经济向市场经济的转变期间，由最初的行政审批制改为目前的审核制，现在正朝着注册制方向改革。所谓审核制，就是监管部门不仅要对拟上市企业进行合规性审查，而且要进行实质性审查，即需要审查拟上市企业是否是一个具有投资价值的企业，如对同业竞争、关联交易以及持续盈利能力进行实质性判断。审核制的另外一个特点就是引入保荐人制度，即拟上市企业需要由保荐人推荐。保荐人的主要职责就是将符合条件的企业推荐上市，并对申请人适合上市与否、上市文件的准确完整性以及董事知悉自身责任义务等负有保证责任。尽管联交所建议发行人上市后至少一年内维持保荐人对他的服务，但保荐人的责任原则上随着股票上市而终止。

IPO发行审核要求发行人具有独立性、规范运行良好、符合主体资格、财务会计符合规定、资产运行良好、募集资金投向明确等。而且主板与创业板稍有不同，前者侧重企业的营利性，而后者侧重企业的发展性。

独立性要求包括：

（1）资产独立。生产型企业应当具备与生产经营有关的生产系统、辅助生产系统和配套设施，合法拥有与生产经营有关的土地、厂房、机器设备以及商标、专利、非专利技术的所有权或者使用权，具有独立的原材料采购和产品销售系统；非生产型企业应当具备与经营有关的业务体系及相关资产。

（2）人员独立。发行人的总经理、副总经理、财务负责人和董事会秘书等高级管理人员不得在控股股东、实际控制人及其控制的其他企业中担任除董事、监事以外的其他职务，不得在控股股东、实际控制人及其控制的其他企业领薪；发行人的财务人员不得在控股股东、实际控制人及其控制的其他企业中兼职。

（3）财务独立。发行人应当建立独立的财务核算体系，能够独立做出财务决策，具有规范的财务会计制度和对分公司、子公司的财务管理制度；发行人不得与控股股东、实际控制人及其控制的其他企业共用银行账户。

（4）机构独立。发行人应当建立健全内部经营管理机构，独立行使经营管理职权，与控股股东、实际控制人及其控制的其他企业间不得有机构混同的情形。

（5）业务独立。发行人的业务应当独立于控股股东、实际控制人及其控制的其他企业，与控股股东、实际控制人及其控制的其他企业间不得有同业竞争或者显失公平的关联交易。

规范运行要求包括：

（1）股份公司需建立股东大会、董事会、监事会、独立董事、董事会秘书制度，相关机构和人员能够依法履行职责。

（2）股份公司的内部控制制度健全且被有效执行，能够合理保证财务报告的可靠性、生产经营的合法性、营运的效率与效果。

（3）上市公司与控股股东在人员、财务、机构、业务、资产上完全分开。

（4）公司董事、高管需具备相应的任职资格，并了解与股票发行上市有关的法律法规，知悉上市公司及其董事、监事、高管的法定义务和责任．

（5）最近3年不得有重大违法行为。

（6）发行上市前不得有违规担保和资金占用。

主体资格要求包括：

（1）发行人应当是依法设立且合法存续的股份公司。

（2）发行人为有限责任公司整体变更为股份公司的，持续时间可从有限责任公司成立之日起计算满3年。

（3）发行人最近3年内主营业务和董事、高级管理人员没有发生重大变化，实际控制人没有发生变更。

（4）发行人的注册资本已足额缴纳，发起人或者股东用作出资的资产的财产权转移手续已办理完毕，发行人的主要资产不存在重大权属纠纷。

（5）发行人的生产经营符合法律、行政法规和公司章程的规定，符合国家产业政策。

（6）发行人的股权清晰，控股股东和受控股股东、实际控制人支配的股东持有的发行人股份不存在重大权属纠纷。

财务会计要求包括：

（1）发行人的资产质量良好，资产负债结构合理，盈利能力较强，现金流量正常。

（2）最近3个会计年度净利润均为正数且累计超过人民币3 000万元，净利润以扣除非经常性损益之后较低者为计算依据。

（3）最近3个会计年度经营活动产生的现金流量净额累计超过人民币5 000万元；或者最近3个会计年度营业收入累计超过人民币3亿元。

（4）发行前股本总额不少于人民币3 000万元。

（5）最近一期末无形资产（扣除土地使用权、水面养殖权和采矿权等后）占净资产的比例不高于20%。

（6）最近一期末不存在未弥补亏损。

（7）发行人不得有影响持续经营能力的情形。

募集资金投向要求包括：

（1）符合公司发展战略需要，应当有明确的使用方向，原则上应当用于主营业务。

（2）募集资金投资项目实施后，不会与控股股东及下属单位产生同业竞争。

（3）募集资金最好不要用于收购控股股东及下属单位的资产或股权。

（4）募集资金数额和投资项目应当与发行人现有的生产经营规模、财务状况、技术水平和管理能力相适应。

（5）募集资金投资项目应当符合国家产业政策、投资管理、环境保护、土地管理以及其他法律法规和规章的规定。

（6）募集资金大规模增加固定资产投资的，应充分说明固定资产变化与产能变动的关系，并充分披露新增固定资产折旧对发行人未来经营成果的影响。

信息披露要求包括：

（1）书面披露。内容包括招股说明书等申报材料、回复反馈意见材料、中介机构申报材料等。

（2）口头披露。包括预审员与公司的沟通、发审会与公司的表现等。口头沟通主要靠公司，保荐机构起到协助作用。

以上是主板的发行基本条件，创业板与其主要不同之处表现在财务指标上，要求如下：

（1）最近2年连续盈利，最近2年净利润累计不少于1 000万元，且持续增长；或者最近1年盈利，且净利润不少于500万元，最近1年营业收入不少于5 000万元，最近2年营业收入增长率均不低于30%。净利润以扣除非经常性损益前后孰低者为计算依据。

（2）最近一期末净资产不少于2 000万元，且不存在未弥补亏损。

（3）发行后股本总额不少于3 000万元。

（二）IPO流程

我国IPO流程大致分三个阶段。第一阶段为企业改制以及辅导阶段，即企业具备发行上市的基本条件；第二阶段为申报及审核阶段，即企业申报后证监会对提交的材料进行合规性审核以及实质性审核；第三阶段为发行及上市阶段，即获得核准后向交易所申请上市并挂牌交易。①

（三）IPO模式

与一般企业相比，上市公司最大的优势是能在证券市场上大规模筹集资金，以此促进公司规模的快速增长。上市公司的上市资格成为一种"稀有资源"，因此，企业除直接IPO上市外，还可以通过借壳、买壳以及红筹等模式实现国内外资本市场上市。所谓"壳"就是指上市公司的上市资格。由于有些上市公司机制转换不彻底，不善于经营管理，其业绩表现不尽如人意，丧失了在证券市场进一步筹集资金的能力，要充分利用上市公司的这个"壳"资源，就必须对其进行资产重组。买壳上市和借壳上市就是更充分地利用上市资源的两种资产重组形式。

（1）借壳上市模式。借壳上市是指上市公司的母公司（集团公司）通过将主要资产注入上市的子公司，来实现母公司的上市。借壳上市的典型案例之一是强生集团的"母"借"子"壳。强生集团由上海出租汽车公司改制而成，拥有较大的优质资产和投资项目。强生集团充分利用控股的上市子公司——浦东强生的"壳"资源，通过三次配股集资，先后将集团下属的第二和第五分公司注入浦东强生，从而完成了集团借壳上市的目的。借壳上市一般都涉及大宗的关联交易，为了保护中小投资者的利益，这些关联交易的信息都需要根据有关的监管要求，充分、准确、及时地予以公开披露。

（2）买壳上市模式。所谓买壳上市，就是一家优势企业通过收购债权、控股、

---

① 孙婧：《我国私募股权投资基金退出机制研究——基于创业板市场IPO》，中国证券期货，2012（10）：74-75。

直接出资、购买股票等收购手段以取得被收购方（上市公司）的所有权、经营权及上市地位。收购股权通常有两种方式：一是场外收购或称非流通股协议转让，如收购未上市流通的国有股或法人股。这种收购方式的成本较低，但是困难较大，要同时得到股权的原持有人和主管部门的同意。另一种方式是在二级市场上直接购买上市公司的股票。这种方式的收购成本太高，除非有一套详细的炒作计划，能从二级市场上取得足够的投资收益，来抵消收购成本。

（3）红筹上市模式。红筹模式是指境内公司将境内资产以换股等形式转移至在境外注册的公司，通过境外公司来持有境内资产或股权，然后以境外注册的公司名义上市。红筹模式中由于VIE（可变利益实体）架构不同，延伸出不同类型，如协议控制模式、新浪模式、大红筹模式以及小红筹模式等。

二、并购退出

并购退出是指通过其他企业兼并或收购项目企业从而使股权基金退出。由于IPO难度较大，而且时间长，因此股权基金会选择采用并购方式退出。虽然并购的收益不及IPO上市，但毕竟溢价较大而且能较快退出，因此成为仅次于IPO的退出方式之一，特别是随着上市公司的并购业务越来越活跃，股权基金并购退出方式也越来越普遍。

并购退出基本上有两种模式：一是股权基金投资的项目企业被其他企业如上市企业并购，股权基金通过转让股权成功退出；二是股权基金先以并购方式获得项目公司的控制权，经过一段时间培育后，再通过被并购或其他方式如IPO等成功退出。后者一般是并购基金的退出模式。前者收购方一般是上市企业，因为上市公司可利用其融资优势通过控股或全部控制项目公司的方式投入，股权基金借机转让股权退出。

并购的实质是在企业控制权运动过程中，各权利主体依据企业产权做出的制度安排而进行的一种权利让渡行为。并购活动是在一定的财产权利制度和企业制度条件下进行的，在并购过程中，某一或某一部分权利主体通过出让所拥有的对企业的控制权而获得相应的收益，另一部分权利主体则通过付出一定代价而获取这部分控制权。企业并购的过程实质上是企业权利主体不断变换的过程。

（一）并购动因

产生并购行为最基本的动机就是寻求企业的发展。寻求扩张的企业面临着内部扩张和通过并购发展两种选择。内部扩张可能是一个缓慢而不确定的过程，通过并购发展则要迅速得多,尽管它会带来自身的不确定性。并购的最常见的动机就是协同效应(Synergy),包括经营协同效应(Operating Synergy)和财务协同效应(Financial Synergy)。在具体实务中,并购的动因归纳起来主要有以下六类。

(1) 扩大生产经营规模,降低成本费用。通过并购,企业规模得到扩大,能够形成有效的规模效应。规模效应能够带来资源的充分利用和充分整合,降低管理、原料、生产等各个环节的成本,从而降低总成本。

(2) 提高市场份额,提升行业战略地位。规模大的企业伴随生产力的提高、销售网络的完善,市场份额将会有较大提高,从而确立企业在行业中的领导地位。

(3) 取得充足廉价的生产原材料和劳动力,增强企业的竞争力。通过并购扩大企业规模,成为原材料的主要客户,能够大大增强企业的谈判能力,从而为企业获得廉价的生产资料提供可能。同时,高效的管理、人力资源的充分利用和企业的高知名度都有助于企业降低劳动力成本,从而提高企业的整体竞争力。

(4) 实施品牌经营战略,提高企业的知名度,以获取超额利润。品牌是价值的动力,同样的产品,甚至是同样的质量,名牌产品的价值远远高于普通产品。并购能够有效提高品牌知名度,提高企业产品的附加值获得更多的利润。

(5) 实现公司发展战略。为实现公司发展战略,可通过并购取得先进的生产技术、管理经验、经营网络、专业人才等各类资源。并购活动收购的不仅是企业的资产,还包括被收购企业的人力资源、管理资源、技术资源、销售资源等。这些都有助于企业整体竞争力的根本提高,对公司发展战略的实现有很大帮助。

(6) 通过收购跨入新的行业,实施多元化战略,分散投资风险。这种情况出现在混合并购模式中。随着行业竞争的加剧,企业通过对其他行业的投资,不仅能有效扩充企业的经营范围、获取更广泛的市场和利润,而且能够分散因本行业竞争带来的风险。

(二) 并购类型

根据并购的不同功能或根据并购涉及的产业组织特征,可以将并购分为三种基本类型。

(1) 横向并购。横向并购的基本特征是企业在国际范围内的横向一体化。近年来,基于全球性的行业重组浪潮,结合我国各行业实际发展需要,加上我国国家政策及法律对横向重组的一定支持,行业横向并购的发展十分迅速。

(2) 纵向并购。纵向并购是发生在同一产业的上下游之间的并购。纵向并购的企业之间不是直接的竞争关系,而是供应商和需求商之间的关系。因此,纵向并购的基本特征是企业在市场整体范围内的纵向一体化。

（3）混合并购。混合并购是发生在不同行业企业之间的并购。从理论上看，混合并购的基本目的在于分散风险、寻求范围经济。在面临激烈竞争的情况下，我国各行各业的企业都不同程度地寻求多元化，混合并购就是多元化的一个重要方法，为企业进入其他行业提供了有力、便捷、低风险的途径。

（三）并购流程

一般来说，企业并购需经过前期准备、方案设计、谈判签约和接管整合四个阶段。

（1）前期准备阶段。根据企业发展战略的要求制定并购策略，初步了解目标企业的情况，如所属行业、资产规模、生产能力、技术水平、市场占有率等。

（2）方案设计阶段。根据评价结果、限定条件（最高支付成本、支付方式等）及目标企业意图，对各种资料进行深入分析、统筹考虑，设计出数种并购方案，包括并购范围（资产、债务、契约、客户等）、并购程序、支付成本、支付方式、融资方式、税务安排、会计处理等。

（3）谈判签约阶段。通过分析、甄选、修改并购方案，最后确定具体可行的并购方案。并购方案确定后，以此为核心内容制成收购建议书或意向书，作为与对方谈判的基础。若并购方案设计将买卖双方利益拉得很近，则双方可能进入谈判签约阶段；若并购方案设计远离对方要求，则会被拒绝，并购活动又重新回到起点。

（4）接管与整合阶段。双方签约后，进行接管，并在业务、人员、技术等方面对目标企业进行整合。并购后的整合是并购程序的最后环节，也是决定并购是否成功的重要环节。

三、转让退出

股权转让是公司股东依法将自己的股份让渡给他人，使他人成为公司股东的民事法律行为。转让退出也称协议退出，是指股权基金将自己持有的项目公司的股权转让给其他投资者，自己失去股东身份，从项目公司退出。

股权基金以股权转让方式退出时，一般项目公司还未改制，仍然是有限责任公司。除此之外，股权基金也可以在项目公司改制后在非证券场内市场挂牌交易时进行股权转让退出，如通过美国 OTC 市场、我国中小企业股份转让系统（新三板市场）以及地方股权交易中心退出。两者的共同特点就是以私人股权方式退出。所以，一般通过股权转让方式退出的收益不如 IPO 以及并购方式退出的收益大。

股权基金选择股权转让退出，主要原因是项目公司未来短期内难以实现 IPO 或并购退出，但项目公司发展处于上升期，且具有一定盈利规模，还具备一定投资价值。因此，股权转让退出是股权基金可以保障一定收益情况下的成功退出。

四、回购退出

股权回购有两种情况：一是公司回购股东拥有的本公司股权，即减少注册资本；二是公司其他股东如创业股东、大股东以及控股股东回购其他股东所持该公司股权，公司注册资本不变，属于公司内部股权转让。

回购退出就是通过项目公司或创业股东、大股东以及控股股东回购股权基金所持该公司股权而实现退出。回购的最大特点是股权基金为了降低风险、确保退出，在投资当初就以协议方式约定创业股东回购条件，如回购价格、回购时间等。

回购退出应注意以下两个问题。

（1）法律问题。《中华人民共和国公司法》允许有限责任公司回购股东股权，但受到一定限制。当发生下列三种情形之一，并且股东会在该股东投反对票的情况下依然做出有效的决议时，该投反对票的股东才可以请求公司按照合理的价格收购其股权。这三种情形分别是：①公司连续 5 年不向股东分配利润，而该公司 5 年连续盈利，并且符合公司法规定的分配利润的条件；②公司合并、分立、转让主要财产；③公司章程规定的营业期限届满或章程规定的其他解散事由出现，股东会会议通过修改章程使公司存续。因公司回购股权需满足一定条件，因此回购退出不会选择公司回购，而是选择大股东等原股东回购等。如选择大股东等原股东回购，应注意避免因涉嫌企业间借贷和联营保底导致该约定无效。

（2）可行性问题。在实践中回购条款一般属于条件性条款，股权基金投资时，创业股东等原股东做出让步，同意与股权基金签订回购条款主要出于公司融资目的，而且预期该条款不会真正实施。当条款生效时，表明该公司没有实现预期发展目标，不仅股权基金失去信心，创业股东等原股东也会失去信心，加上创业股东一般属于创业者，经济实力有限，在实践中最后兑现的成功案例不多。如果回购股东是国有企业，会涉及国有资产转让问题，需要专门的申报程序，可能导致该条款失效。所以，回购条款签订时应注意其可行性。但也有例外，如专门做早期投资的股权基金，包括创业投资基金、天使基金或政策性基金。有时为了快速回笼资金，把回购作为一种主动退出方式，持股一段时间后创业股东回购，让创业者享受企业未来发展的更大收益，提高创业者的积极性。

五、清算退出

清算退出就是以项目公司清算获得公司剩余财产而退出。清算退出是针对投资失败项目的一种退出方式。在这种退出模式下，投资收益最低，甚至有可能"血本无归"，也就是说，清算退出是股权投资最不成功的一种退出方式。尽管采用清算退出损失是不可避免的，但是毕竟还能收回一部分投资，因此，清算退出虽然是迫不得已，却是避免深陷泥潭的最佳选择。

清算退出主要有两种方式。一是破产清算，即公司因不能清偿到期债务，被依法宣告破产，由法院依照有关法律规定组织清算组对公司进行清算。二是解散清算，即启动清算程序来解散项目公司。这种方式不仅清算成本高，而且需要的时间也比较长。

（1）解散清算。解散清算是指公司按照法律法规规定的程序、方式等自行组织而无须外力介入的清算。当公司发展陷入僵局，继续存续有可能使投资人损失进一步扩大时，股权基金可以考虑通过自行解散的方式实现退出止损。在这种方式下，只要公司符合解散清算的法定条件，如已到章程规定的清算期、公司全体股东同意等，并严格遵从法定的程序和方式进行清算，外力没有理由进行干涉。公司清算属于公司自治的范畴，如果因某些原因而导致无法自行清算的，投资者也可通过法院强制清算。

（2）破产清算。破产清算是指公司依法被宣布完全解体，资产全部变卖进行偿债，是一种以企业淘汰方式进行的资产重组。与解散清算相比，破产清算的原因是公司不能履行到期债务而被宣告破产，属于司法强制解散，适用的是诉讼程序。破产清算时，公司的自主权极小，一旦被宣告破产清算，说明被投资企业已陷入资不抵债的境地，财务状况极其恶劣，可能意味着投资者的本金都很难收回，因此任何一个投资者应尽量避免破产清算的发生。即使被申请破产清算，也应通过积极的协商与沟通，争取通过破产重组等方式延续被投资主体的市场主体资格，从而求得重生的机会，以保护和拯救自己的投资。

第五节　风险管理

一、步步惊心的风险点

股权投资是高风险、高回报的投资，从接触项目的第一个环节开始风险就已经存在，直到最后完成退出为止。充分了解每一环节的具体风险是进行风险管理的前提，管理好风险是投资者实现投资目标的基本条件。

（一）投资前期风险

1. 项目初选环节风险

项目初选包括项目拓展与评估。在这个环节，投资经理会通过发布投资指南、联系中介机构或直接拜访企业等多种途径拓展和收集项目，经过筛选后进行初步评估，大约会有20%的项目进入尽职调查阶段。这个环节没有明显的投资风险，但因为这个环节是所有后续环节的基础，因此存在一些对后续环节有负面影响的因素，笔者将这些因素归类为第一环节风险。主要风险因素有：首先是渠道风险。项目来源渠道过于狭窄，影响所拓展项目的数量和质量，没有足够的优质项目储备，导致资金在一定时间内不能按时使用，最终影响总体资金的使用效率和投资业绩。其次是信息损失风险。项目来源渠道主要是中介机构，信息在传递过程中有损耗，导致信息失真，加剧信息不对称。再次是误解风险。由于投资经理对项目机会与威胁的理解存在较大差异，不同的投资经理对于同一个项目有可能做出大相径庭的判断，在这个环节有不少有价值的项目惨遭淘汰。[①]

2. 尽职调查环节风险

项目尽职调查是项目估值、投资方案设计的前提，也是投资机构在投资前期尽量降低信息不对称风险的重要工作。股权投资者几乎是抱着怀疑一切的态度开展调查工作的，这个环节存在的主要风险是信息不对称带来的道德风险。拟融资的企业为了融资成功或者为了融到更多的资金，会对自己的企业进行包装。为隐瞒企业的缺点，甚至提供假报表，严重干扰尽职调查的客观真实性和信息的完整

---

① 柳妞：《我国私募股权投资风险管理研究》，武汉，武汉理工大学，2012。

性。如果投资机构基于这样一份报告展开后续工作，无异于为将来的投资过程埋下地雷，将严重影响投资机构对融资企业股权的估值和未来资本增值预期，更为严重的是让投资机构做出错误的投资方案，甚至进行错误的投资决策，最终导致投资损失。

3. 项目谈判和投资方案设计环节的风险

该环节的主要工作是对融资企业的股权价值进行评估，确定投资工具，讨论确定投资金额和入股比例，确定投资者未来在董事会所占有的席位和相应的权利以及对公司的监控权利，确定投资收益的分配、投资双方的权利和义务等。面临的风险主要是法律风险和谈判风险。法律风险是指，如果投资者对中期管理和后期退出的不确定性估计不足，相关内容未在条约中进行限定，或者约定不清，最终导致法律纠纷。谈判风险是指各项合同条款能否取得双方的一致认可。如果投融资双方在投资理念上差异非常大，导致进一步合作难以进行，投资计划只能夭折。

4. 项目决策环节风险

项目决策环节将决定是否投入资金，由于投资具有不可逆性，如果该环节不够严谨，前述三个环节积累的风险都将会变成现实。这个环节的主要风险是决策风险。为防范决策风险，许多投资机构专门设立投资决策委员会和风险控制委员会。然而，现实中存在不少这样的情况，在部分国有投资机构中，两个委员会的委员由一定级别的领导担任，而不是任用精通业务的专家；在民营投资机构中往往是老板一个人说了算，两个委员会形同虚设。另一个问题是决策效率低下，有的投资需要超过两个以上的投资机构进行决策，如果每一家机构决策效率都比较低，相互交叉导致效率更低，导致项目决策长期久议不决，存在决策失误的可能性增大。

（二）投资中期的风险

投资资金到位后，进入项目中期管理阶段，这个环节最重要的工作在于动态跟踪监控和提供增值服务。由于投资机构受到自身人力资源和无管理效率要求的限制，投资机构一般都不希望直接派员进入目标企业参与日常经营管理，一般都会采取财务管理的方式达到日常跟踪监控的目的。也就是说，采用对企业财务数据进行定期的跟踪与分析，以了解企业运行处于何种状态，力争实现投资机构管理中期风险的目的。投资机构一般通过在董事会或监事会占有一定的席位，或者要求派驻财务总监，定期或不定期地了解企业的发展情况和相关的财务信息，并及时对相关信息进行分析评估。投资机构提供的增值服务涉及多个方面，如帮助企业制定战略规划、完善治理结构，制定及完善激励制度；帮助企业进行必要的筹资和融资，提供资本运作方案等。

实际上，中期阶段的首要风险在于所有权与管理权相分离而产生的委托代理风险和信息不对称风险。委托代理风险具体表现为投资者与经营者目标不一致，使投资者与管理者存在利益冲突，管理者更为关注个人的价值取向而导致投资者利益受到损害。或者管理者不努力经营，或者能力不符合企业发展的要求，使投资者的资本不能保值和增值。信息不对称风险则是目标企业的经理人不能将日常经营的各种信息完整和及时地通知投资机构，因而也使投资机构不能完整、及时地了解企业现况，造成风险临近和扩大。最为严重的是管理者存在道德和诚信问题。轻者粉饰报表，重者窃取未被监控的收入，甚者转移资产，很有可能使投资机构遭受重大的投资损失。

投资中期的另一个主要风险就是企业经营风险。由于目标企业或项目在技术、产品、市场上的不确定性爆发后影响了预期经营业绩；或者由于外部环境和政策干预出现意想不到的突变，使企业陷入难以预料的低谷；或者由于目标企业或项目内部经营与管理期间各种问题积累到一定程度后引发重重经营困难，这些都会影响投资者的最终收益。

投资中期的第三种典型风险是项目跟踪风险。该类风险是由投资机构缺乏相关人才或者精力，难以覆盖所有的投资项目造成的。中国的投资机构中有相当一部分人员来自投资银行，这些人比较熟悉资本运作，但缺乏实际管理经验，因此难以满足为所投资企业提供增值服务的需要。投资机构的人员大多忙于投资前期和后期的工作，很多机构没有足够的精力进行细致的中期管理，如果企业不予以配合的话很有可能出现投资失控的情况。

（三）投资后期的风险

最后一个阶段是退出。一般情况下退出有五种方式，上市退出是溢价最高的一种，也是投资机构最为向往的一种。第二种是在并购市场上退出，这种方式是成功退出最为普遍的方式。第三种是管理层回购（MBO）或者员工收购（EBO），为确保最终实现退出，许多投资协议中都明确列出管理层回购的相关条款。第四种是股权转让，当企业成长到一定程度之后，不同风险喜好的投资机构会介入，并向前期投资者收购企业股份。最后一种是清算，以清算形式退出意味着投资失败，清算往往只能收回原始投入成本的一部分。

由于中国证券市场的发展还不成熟，使股权投资的上市退出存在很大难度，在全流通之前可以说此路不通，因为法人股是不能流通的。很多投资机构选择在境外上市，但是在境外上市又会面临外汇管制方面的问题，境外上市只是迂回曲折的羊肠小道。专业的投资机构只能在打通通向境外上市的通道之后，才能有所作为，但这也会面临政策风险。2005年外管局75号文对红筹上市进行了约束，这对于投资机构而言是一个重大的利空政策。同时上市退出还面临时机风险，如果证券市场处于熊市，IPO很困难，即使上市市盈率也会非常低。摩根士丹利在操作南孚电池时，选择将股权卖给吉利，这也是原因之一。在国内通过并购退出难度也比较大，溢价幅度相对也较低。证券市场的波动对上市退出时机的选择造成非常大的影响，证券市场上热点板块的轮换也会影响不同行业或不同地域投资项目的上市成功率。时机问题是很多投资者非常重视，也是最难以掌控和把握的风险因素。投资机构一般都有投资期限的约束，如果不能退出，对于投资机构来讲风险是非常大的，因此专业的投资机构只有在充分论证退出方案的前提下才进行投资。

二、分散疏散各类风险

由于股权投资的风险隐藏在投资流程的各个环节之中，针对各类风险的控制策略也应当基于投资流程实施，并建立有针对性的、系统化的风险控制策略。

（一）投资前期的风险控制策略

（1）实现能力与项目的匹配，减少因资源浪费带来的损失。无论是机构投资者还是个人投资者，都有自己对投资项目的选择要求，符合选择要求的项目才能进入立项程序。投资者选择项目的要求和投资哲学是在深刻理解投资机构的风险承受能力和项目操作能力的前提下，根据市场状况和投资环境确定的标准。用这个标准来选择项目，实际上已经淘汰了大量对于投资机构而言风险与收益不相匹配的项目，能有效减少因资源浪费带来的损失。

（2）引入中介机构推荐，扩大优质项目来源渠道。股权投资公司在选择目标企业的过程中可能无法获得对方更多的准确信息，其可以通过一些中介机构和关联机构的推介来筛选打算投资的风险企业。中介机构在项目来源与项目信息搜寻方面有一定优势。中介公司的推荐能在一定程度上可以降低投资公司信息损失风险与渠道风险。

（3）聘请专业机构参与尽职调查，降低道德风险。投资者自身往往缺乏专业的调查与评估能力，因此，实践中的尽职调查除了投资机构的投资人员之外，还要外聘专业的法律和会计中介机构参与调查。尽职调查的过程就是对目标项目所有潜在风险进行盘查的过程。如果存在隐瞒重要信息的行为，被这些专业机构识别的可能性较大。因此，联合专业机构参与尽职调查，能有效降低道德风险。

（4）细化、健全项目条款，减少纠纷。项目条款不明确或者不健全，容易引发纠纷。为保证投资方的权利，条款内容应包括以下四个方面。第一，投资项目估值时扣除风险折现值。投资机构对投资项目进行估值时，会根据风险的大小进行折现，风险越大的扣除就越多。这样如果今后风险因素给投资项目造成损失时，这部分损失也提前从投资项目的估值中扣除，也就是说这些损失在投资机构完全可以接受的范围之内。第二，采取分段投资策略。分段投资是指股权投资公司只提供确保企业发展到下一阶段的资金。严格进行预算管理、反复评估企业的经营状况和潜力、保留放弃追加投资的权利，可以有效地控制风险，减少企业可能的资金浪费。第三，选择复活式证券工具，确定灵活的转换比价。股权投资者一般采用可转换成普通股或可认购普通股的优先股或债券。这里产生了多种投资证券工具，混合使用可以满足投资者和企业的不同需求，双方磋商的余地较大。第四，条款中载明投资退出的保证措施。如果投资项目通过IPO途径退出不成功，还可以保证投资机构以其他方式退出。一是强制原有股东卖出股份。如果被投资企业在一个约定的期限内没有上市，投资机构有权要求原有股东和自己一起向第三方转让股份。二是股票回购。被投资企业以一个约定的价格买回投资机构所持有的全部或部分的被投资企业的股票。

（5）建立专业的决策机构，降低决策风险。可以在投资公司内部建立一个由多领域专家组成的技术评审委员会或决策委员会，或者建立企业智囊顾问团，依靠专家团队的智慧，深入分析投资项目，多角度分析论证、预估风险，采取措施降低投资失败的可能。

（二）投资中期的风险控制策略

（1）设立完善的激励与约束条款。委托代理的风险在股权投资行业存在高发性，实际中的防范策略是设计一系列的条款。一般会采取三种措施。第一，"盈利目标法"，即设定某一盈利目标值，当企业达到时会有重奖，如不能达到则重罚。第二，创始人股东、管理层和主要员工对投资机构的承诺，即签订一定期限的雇佣合同、保密协议、非竞争协议。上市前，创始人股东必须保留大部分股票，上市后创始人股东、管理层和主要员工卖出股票有一定的限制。第三，设定肯定与否定条款。肯定条款指被投资企业管理层在投资期内应该从事哪些行为的约定；否定条款是指被投资企业管理层不能在投资期内从事哪些行为的约定。

（2）建立风险体系与预警机制，控制经营风险。投资中期的风险管理重点在于控制目标企业的经营风险，对此，投资机构需要建立系统的风险体系与预警机制。首先，要建立一套由各个不同层次和子系统组成的目标企业财务预警指标体系及相应风险阈值，根据企业所处的行业、地区等具体情况进行动态分析，确定风险程度的划分范围。其次，根据目标企业会计环境和实际情况，运用定量与定性相结合的方法对企业运行进行定期和不定期的相关信息采集，并进行风险分析，最后风险预警部门根据风险分析情况得出相应的风险预警报告。风险预警报告提交到业务部门和决策部门之后，根据风险预警的程度安排相应的风险措施，或者启动投资前已设定的各类风险防范条款和措施。

（3）强化信息披露，提升对目标企业的监控。现实中，大部分股权投资公司可能同时投资于多个项目。由于公司在资源、设备以及人手方面的限制，不可能对每一个项目进行实时监控，因此要求目标企业定期提交企业经营报告是一项十分必要的措施。对此，投资公司应在签署项目合同时明确提出建立项目信息的披露制度，并允许投资方对信息的真实性、完整性、及时性等进行核查。

（三）投资后期的风险控制策略

始于2012年下半年的IPO停发与目前的突击检查，致使很多股权投资机构的IPO退出通道被"堵死"。在当前整体市场环境不景气的情况下，股权投资者面临着较大的时机风险与政策风险。要规避这两类风险，或者减轻这两类风险带来的不利影响，建议私募股权投资机构采取以下策略。

（1）分析形势，制定合理的退出方案。上市无疑是私募股权投资机构首选的退出方式，但企业能否上市是由多种因素决定的。一是企业本身的管理基础是不是真正具备上市的基本条件。企业经营环境的不确定性以及内部的管理因素致使企业可能达不到上市的基本条件而导致不能上市。二是即使企业经营能达到预期的目标，但证券市场本身具有的不确定性因素导致企业即使上市也不能实现PE机构的收益目标。三是政策环境是不是支持企业上市。在目前中国的资本市场建设中，第三个因素可以说是决定性因素，即政府政策起到了关键性作用。政府政策具有不可预测性，由此导致私募股权投资机构的退出风险大增。因此，在中国这样特定的市场环境中，私募股权投资机构尤其需要对投资的基本形势有深入的研究，同时根据目标企业发展特点制定适宜的方案，实现对退出风险的有效管理。[①]

（2）建立退出方式评估机制，实现最优选择。对退出时机的把握如何，直接关系到股权投资机构的最终收益。实践中，影响退出时机的因素很多，主要包括以下四个方面。第一，目标企业的增值情况。在股权投资正式退出之前，股权投资机构必须关注目标企业的价值增值情况，因为无论选择何种方式退出，只有当目标企业的价值增值足够大时，股权投资机构才有可能获得一个好的"卖出"价格。第二，预期持有成本和预期持有收益。股权投资机构在对目标企业投资时，为了降低代理成本，一般会采用分期投资的方式。股权投资机构应该在每一期投资之前对目标企业的价值以及增值潜力进行评估。一旦发现如果继续对目标企业投资，其预期持有成本大于预期的持有收益的话，就应该考虑选择适当的退出方式退出。第三，股票市场的行情。股权投资机构在选择风险资本退出时机时，应尽量选择股票行情较好的时候。第四，风险资本的退出期限。由于存在风险资本退出的时间限制，因此无论目标企业的价值增值情况如何，投入资本都必须在退出期限之前实现退出。因此，股权投资机构首先要设计好基于多个退出途径的方案，每个方案应建立风险与收益的评估体系，通过专家组统一决策确立最优的退出方式。

（3）评估行业风险与企业风险，实现退出风险最小化。目前出现大家所认为的"寒冬"现象，是与股权投资机构具有中国特色的投资模式紧密相连的。目前市场上的大部分投资机构都是针对某个特定项目来实现基金的募集，寄希望于该项目IPO，从而实现高回报。但这种模式的致命缺陷在于丧失了分散风险的功能，从而不能保证投资者有一个较为稳定的投资收益。因此，对于股权投资机构而言，首先应建立被投资企业所在行业的风险评估制度，预测行业利润的增长情况以及可能出现的波动；其次，针对被投资企业，建立运行风险评估体系，分析其业绩的成长性与隐藏的风险；最后，根据被投资企业的评估设计出多个退出方案，综合行业风险与企业风险，确定风险最小的退出方式。

三、系统性风险与非系统性风险

与股票一样，股权投资基金同样面临系统性风险与非系统性风险。系统性风

[①] 贾睿、黄青：《浅谈私募股权投资基金风险控制策略》，中国高校科技，2018（10）：35-37。

险是指由市场外部因素引起的,不能通过组合投资分散的风险。这是所有投资于证券市场的投资者都要承担的,由市场的共同性因素所影响的风险。非系统性风险是指由市场内部因素引起的,可以通过投资组合分散的风险。股权投资基金必须对自己面临的风险有充分的认识,在此基础上设计科学有效的风险控制策略。

(一)系统性风险

1. 政治风险

一国或地区的经济基础决定政治,但是其政治的急剧变化也将不可避免地影响到该国或地区的经济政策,从而构成市场的政治风险。这种政治风险主要影响投资者在证券市场的投资收益预期,导致证券市场价格的急剧波动,进而影响到基金的收益。例如,"9·11"事件发生后,主要国际股市纷纷创出新低。9月11日,纽约股票交易所和商品交易所停止交易后,欧洲各主要股市普遍大幅下挫,伦敦金融时报指数创4年来的最大跌幅,达5.7%。12日,亚洲股市开盘即出现暴跌,香港恒升指数下跌近9%,东京日经指数跌破万点,创17年来的新低;韩国综合指数跌幅达12%。美国市场上,为了稳定投资者信心,美联储实施一年内八次降息,因此,对于一个国家来说,其政治活动产生的风波必然对其经济活动产生负面影响,而对于股权投资基金来说,这只是其风险的一个重要来源。

2. 政策风险

在整个国家的经济运行中,根据发展的宏观经济目标,政府将运用各种宏观调控手段,包括货币政策、财政政策、税收政策等。这些政策的出台对国民经济及证券市场的发展产生非常深远的影响,从而影响股市的价格,影响股权投资基金的投资收益。当中央银行实行紧缩的货币政策时,将导致股市萎缩、入市资金减少、股市不振、股权投资基金的投资环境严峻;当中央银行实行积极的货币政策时,大量资金涌入股市,股市大热,从而股权投资基金的投资环境大好。可见国家政策对证券市场影响之大。2007年,针对股市过热,财政部决定从5月30日起,调整证券(股票)交易印花税税率,由现行1‰调整为3‰。即对买卖、继承、赠予所书立的A股、B股股权转让书据,由立据双方当事人分别按3‰的税率缴纳证券(股票)交易印花税。2008年4月24日,又将印花税从现行的3‰调整回1‰,体现了国家运用税收工具调控宏观经济的职能。调高印花税率会增加交易成本,从而降低股市的活跃程度,起到控制股市的作用。

3. 利率风险

利率的波动对证券市场价格和收益率的变动影响巨大，并且影响投资者的融资成本和利润。利率提高，则投资于证券市场的资金成本上升，资金减少，证券市场价格下跌；利率降低，则投资证券市场的资金成本降低，资金增加，证券市场价格上涨。2007年，央行六次上调存贷款基准利率，2007年12月20日宣布一年期存款基准利率上调0.27个百分点，一年期贷款基准利率上调0.18个百分点。12月21日股市开盘，沪、深两市小幅低开，沪综指开盘报5 017.19点，下跌26.34点，深成指开盘报16 542.93点，下跌82.48点；沪市上涨165家，下跌587家，深市上涨101家，下跌447家。可见利率波动对证券市场价格和收益率变动影响之大。

4. 购买力风险

购买力风险又可称为"通货膨胀风险"，是指一国经济发生通货膨胀时，现金购买力下降的风险。股权投资基金的购买力风险表现为，基金的收益主要通过现金的形式来分配，而现金在发生通货膨胀时会产生购买力下降的现象，从而使证券投资基金的实际收益下降。

（二）非系统性风险

1. 法律风险

股权投资基金的法律风险主要是指由于其未确立法律地位所造成的风险。股权投资基金的发展受到法律环境的制约，对于已经以各种方式大量存在的股权投资基金来说，它们仍然处在法律的边缘地带，它们的地位得不到承认，合法权益得不到法律的有效保护。

目前我国现有的法律法规都不能从根本上解决股权投资基金规范化的问题，因此利用法律法规对股权投资基金进行规范监督就更力不从心了。股权投资基金缺乏合法的外部监管，很容易引发内部矛盾，增加营运成本。尽管股权投资基金用自己的方式解决了投资者与管理人之间的利益分配问题，但是，投资者之间的利益分配的合理性在制度上仍未得到解决。对于有些股权投资基金管理人来说，虽然采用了西方基金的做法，但股权投资基金做到一定规模后，管理人从自己的利益考虑，会将天平倾向于大投资者，以此获利。因此，基金一旦做大又缺少外部监管，就很容易出现违规问题，带来风险。

在法律地位不确定、政府对股权投资基金缺乏足够有效监控的条件下，处于地下状态的股权投资基金市场竞争激烈，基金管理人投资风格激进，短期行为严重，不可避免地会出现内幕交易、操纵市场、欺诈客户等违规行为，降低市场效率，破坏金融市场秩序。因此，法律风险是股权投资基金其他风险产生的源头风险，控制股权投资基金风险必须从股权投资基金规范化开始。

2. 信用风险

与常见的公募基金相比，股权投资基金的投资策略具有隐蔽性。国际上一般都对股权投资基金的信息披露没有严格的限制，这就造成投资者与基金管理人之间的信息不对称，不利于对基金持有人利益的保护。

在股权投资基金中，很多机制的运作是建立在行为人自我约束的基础上的，而行为人的自我约束除了依靠外在约束机制外，很大程度上是依靠道德、伦理、职业操守等规范来进行约束的。或者说，是依赖于社会的信用环境的。在股权投资基金中，投资者因信任将资金交给基金管理人操作，给予了基金管理人最大限度地自主权。在这种情况下，基金管理人的操作在一定程度上取决于社会道德、伦理的规范。目前我国的信用制度还不健全，这与特殊的人文环境密不可分。我国人文环境的一个特点是我国正处于经济体制的转轨时期，人们行为短期化，投机心理严重。转轨时期的特点是政策环境具有不确定性、不稳定性，这对人们的预期结构产生了重大影响，在可以预见政策环境将时常发生不可预期的变化时，人们最优行为就是行为短期化。这反映在我国股权投资基金身上，就是股权投资基金的各投资主体行为短期化、投资对象行为短期化、市场竞争者行为短期化、证券市场投机行为盛行。我国人文环境的另一个特点是信用环境不成熟。由于信用制度的不健全，中国人目前的信任多是以血统和地域为基础的，较为狭隘。这对股权投资基金的影响是，股权投资基金的投资者往往要求股权投资基金的管理人拥有股权投资基金较高的持股比例作为担保，或者是股权投资基金的组建完全以血统、地域或朋友关系为纽带。

3. 操作风险

由于股权投资基金的信息披露制度不完善和受政府监管力度不够，因此，不可避免地存在内幕交易、操纵市场、损害股东权益等行为。不少股权投资基金公司缺乏监督，也没有一定的内控机制，往往以"坐庄"为主来操纵股价。某些股权投资基金的投资具有高杠杆性，一般都运用财务杠杆进行操作。股权投资基金的投资目的是获取高额利润，因此，为了突破基金自身资金不足的限制，经常大规模运用财务杠杆，利用银行信用，以极高的杠杆借贷资金，扩大其资金规模。因此，如果股权投资基金操作不当，会面临超额损失的巨大风险，危及银行业，可能引起整个资本市场的震荡，放大了市场风险。

当股权投资基金达到一定规模时，有的基金管理人便开始利用手中的资金优势操纵股市，中科创业就是一个典型的案例。在中科创业（*ST康达）案中，在"吕梁"的指使下，丁福根、庞博等人在申银万国证券股份有限公司上海陆家浜营业部、中兴信托投资有限责任公司北京亚运村营业部等125家营业部，先后开设股东账户1 500余个，同时采取以不转移实际控制权为目的的自买自卖，及利用购买深圳康达尔公司法人股并进入这家上市公司董事会发布信息，从而影响000048股票交易价格等方法，联合或连续买卖000048股票，其间最高持有或控制000048股票共计5 600余万股，使中科创业股票价格从1999年5月的10多元炒到84元。因此，在缺乏有效监管的情况下，一些股权投资基金暗箱操作、操纵市场的行为将会给证券市场带来极大的风险。

4. 资金风险

这里主要讲的是资金来源问题。由于我国股权投资基金不具有明确的合法地位，并且不能公开募集资金，这就导致股权投资基金因为没有正常的融资渠道，而成为各种灰色资金聚集的理想场所。目前我国股权投资基金的来源主要有：

（1）个人资本。由于个人投资者缺乏投资经验和时间等，特别是一些消息较为闭塞地区的个人投资者，便委托"工作室"或有良好记录的朋友代为理财。

（2）非上市企业的闲置资金。非上市企业由于一时找不到合适的投资项目，加上银行利率较低，自然就会进入股市，股权投资基金便是一个比较方便的渠道。

（3）上市公司。不少上市公司在资金宽裕的情况下，纷纷委托投资公司、证券公司、资产管理公司进行证券投资，获得不菲的收益。业内人士普遍认为，众多上市公司进入股票市场的资金已成为"地下股权投资基金"市场的重要组成部分。

《中华人民共和国证券法》《中华人民共和国公司法》《中华人民共和国商业银行法》明确规定，上市公司从二级市场通过配股、增发等形式募集的资金和从银行等金融机构获得的贷款不得用于证券市场。然而，据统计，我国股权投资基金约有40%的资金来自银行的贷款资金，大量银行信贷资金违规注入股市。同时，不少基金管理单位将公益性质的基金委托给股权投资基金，并将投资所得中饱私囊。此外，我国股权投资基金的来源还有一部分是官场上的黑钱及走私的外汇，股权投资基金极易成为洗钱的工具。洗钱从本质上讲，是将违法所得转化为形式上的合法财产的行为，社会危害性极大。

5. 流动性风险

对于基金投资者而言，投资于股权投资基金时有可能发生资金难以"变现"脱手的流动性风险。由于股权投资基金一般都具有很长的期限，这期间资金不准撤出，以此来保证基金运作的持续性和稳定性，对基金经理的投资策略不造成影响。股权投资基金不能上市交易，故一旦发生现金危机，投入基金的钱不能马上变现，持有人只有等待持有期满才能变现，风险不能随时转移，投资者可能面临破产或者其他困境。

四、多管齐下扑灭风险火苗

股权投资基金的特点和运作方式使其具有很多风险，而这些风险会对整个金融市场、金融体系乃至整个社会经济产生重大影响。因此，对股权投资基金的风险控制应当在内部风险控制方面多管齐下。

（一）加强投资者审核门槛

理论上，任何持有富余资金的人都可以投资股权投资基金，无论是企业、个人、甚或其他组织、团体，只要拥有可支配的资金，都可以成为股权投资基金的投资人。但实践中，由于投资的期限性和风险性，客观上要求投资资金的稳定和投资人具有相应的风险承担能力，同时，基于运作需要，股权投资基金既要相应的资金规模又要一定的人数限制，因此，只有那些具有较强和较稳定的资金实力和风险承担能力且具备一定的投资经验和金融知识的人，才能成为股权投资基金的"有资格的投资人"。

与公募基金不同，《中华人民共和国证券投资基金法》并没对股权投资基金的投资者资格问题进行详细规定。为控制由投资者资格问题引发的风险，有关部门应比照公募基金，规定股权投资者资格管理办法。然而，在相关法规出台之前，股权投资公司自身应建立严格的投资者资格审核制度，具体实施应该参考公募基金的规定，但也要考虑股权投资的基本特点。

（二）规范基金契约责任

由于法律对股权投资基金的监管比较宽松，股权投资基金也不需披露基金的投资组合和基金表现，股权投资基金的运行只受到投资者和股权投资基金发起人所签订的基金契约的制约，所以股权投资基金契约是相当重要的文件。基金管理人与投资人签订委托投资契约时，应事先保证一定时间供投资人充分审阅信托契约全部内容。禁止契约中约定固定收益率。无论股权投资基金采取何种组织形式，规范其章程和契约也是明确当事人之间的法律关系、减少投资者风险的重要手段。股权投资基金的章程和协议应明确当事人（包括发起人、管理人、托管人）的基本情况，基金设立与运作的原则，基金的投资策略、投资方式和投资方向，基金的形式与发售、申购、交易、赎回的时间和程序问题，当事人的权利与义务，基金的收益分配，管理、托管等费用的收取，有关费用的分摊，信息披露，基金净值的计算，基金的终止与清算，以及违规者的法律责任等。

（三）创建基金管理人排行榜

股权投资基金投资者与管理人之间的信托关系实质决定了股权投资基金所有权与经营权的分离，进而存在"内部人控制"风险。所谓股权投资基金的"内部人控制"风险，是指作为委托人的基金持有人，其目标是追求基金资产投资收益的最大化，而作为代理人的基金管理人，其目标是追求个人的货币收入和非货币收入的最大化，两者的目标并不一致。

为防范这一风险，作为一般合伙人的基金管理人的资质条件可适当放宽，但要对股东出资额进行限制，因为基金管理人持有的股份比例越高，内部人控制现象越严重，反而不利于有限合伙人。同时为了防止基金管理人利用投资者的资金谋取私利，还应当保持股权投资基金财产的独立性，即管理人的自身财产与股权投资基金信托财产相互独立。

同时，为保障基金业绩，还需要对基金管理人员采取一定的激励制度。第一，建立特殊的报酬方式，制定收益分配指导性原则。股权投资基金通过特殊的报酬方式的设计以求得投资者与基金经理的激励相容。第二，建立基金经理的声誉机制。只有具有良好声誉的股权投资基金管理人，才有可能取得投资者的信任，才有可能以较低的成本获得投资者的资金。第三，鼓励多采用有限合伙制这种形式。股权投资基金较多地采用有限合伙制形式，由一名普通合伙人和至少一名有限合伙人组成合伙企业，能有效地防止基金经理的道德风险，同时又能较好地保证基金经理享有足够的发挥才华的空间。

第九章 股权投资实现多方共赢

第一节 发挥资本市场的融资功能

一、发展股权投资有利于缓解中小企业融资难

近年来,股权投资在我国金融市场上的作用越来越明显,成为仅次于银行信贷的重要融资手段。股权投资基金凭借雄厚的资本实力和专业分析能力,能将资金投向迫切需要投资但得不到投资的优秀的成长企业。目前,我国股权投资基金发展迅速、规模不断扩大、投资活跃度大幅上升、资本市场退出机制逐渐完善,股权投资基金的发展为中小企业的融资拓宽了渠道,能够推动被投资企业的价值发现和价值增值,并为基金提供高比例的回报。

(一)我国中小企业融资现状

改革开放以来,随着市场经济的不断发展,我国中小企业发展迅速,日益成为我国经济发展新的增长点。"十一五"期间,我国中小企业为国家的经济和社会发展做出了重要贡献。按照中华全国工商业联合会的数据,到"十一五"末,私营企业和个体工商业户的登记数量超过了 4 200 家,解决了大概 75% 以上的社会就业问题,对 GDP 的贡献率达到 60%,对税收的贡献率达到了 50%。从以上数据可以看出,中小企业为国家市场的繁荣、内需的扩大、就业的解决做出了很大贡献。中小企业在自主创新方面的发展也非常引人注目。2009 年的数据显示,

新常态下的股权投资

我国中小企业拥有占总数66%的专利发明、74%的技术创新和82%的新产品开发。我国中小企业中有85.2%是民营企业，且小企业的数量占中小企业总数的90%以上。中小企业占全国企业总数的99%以上，却仅使用着20%的金融资源，中小企业成为技术创新的重要力量。这些数据说明，中小企业已经成为我国经济发展的重要组成部分，是推动国民经济发展、促进社会稳定的重要支柱。它是国民经济中最活跃的部分，在扩大就业、促进经济增长、调整经济结构和产业经济转型、推动技术创新等方面的作用也越来越突出。

自20世纪70年代以来，由于科学技术快速发展和"大企业"运行中出现疑难问题，世界范围内的企业结构呈现出专业化、小型化的特征，形成了大量的中小企业。这些中小企业的数量众多，其成长、发展问题越来越被社会关注。然而，较大型企业一般具有一定的规模、可观效益、品牌以及信誉，中小企业在融资、税收、市场等方面很难与大型企业竞争。目前，中小型企业在成长过程中面临的最大问题便是融资困难。由于国际经济一体化的深入以及金融危机的影响，"融资难"更成为制约中小企业发展的瓶颈。中小企业正处在规模扩张时期，如果只依靠创始时的原始积累、民间借贷以及集资入股等方式的资本投入，根本无法满足其发展需要。2008年金融危机对中小企业的发展造成了不小的影响，中小企业在金融危机中对经济稳定做出了一定的贡献，为抑制经济下滑、解决城乡就业、活跃国内市场、扩大国内需求发挥了重要作用，为"保增长、保就业、保民生"的大局做出了积极贡献。但中小企业在金融危机中也面临着人民币升值压力、劳动力价格上升、原材料上涨和融资困难等问题，从而受到了挫伤。银根紧缩导致中小企业贷款困难加大，而很多中小企业资金链紧绷甚至断裂，致使很多中小企业经营困难甚至倒闭。银行释放的贷款基本被大型企业吸纳，国家宽松的货币政策对中小企业的作用并不明显，融资问题仍然是困扰中小企业发展的重要问题。

中小企业传统的融资方式包括发行股票、银行贷款和发行债券。在中小企业进行这些融资活动的时候，接触的外部主体有三类：政府、商业银行和外部投资者。政府对中小企业提供帮助，可以是直接的投资或借贷，也可以是间接的通过监督银行和投资者的行为以及提供担保对中小企业融资进行支持。商业银行则通常以借贷方式使中小企业获得债权融资。外部投资者对中小企业的投资为股权融资。中小企业的融资因此与这三类主体也息息相关。

中小企业融资难是一个世界性的难题，中国也不例外。这些年来，虽然国家不断强调提高对中小企业融资的支持力度，但进展不大。2009年，时任工业和信息化部部长的李毅中在钓鱼台国宾馆举行的"如何破解中小企业融资难"大型国际论坛上表示,2009年前三个月,全国信贷规模总量增加了4.8万亿元,其中中小企业贷款增加额度所占不到5%。这样的数字说明中小企业贷款没有同步增长,中小企业资金非常短缺,目前融资难、贷款难已经成为制约中小企业发展的瓶颈。中小企业在发展过程中会面临很多问题,如人才匮乏、用工成本上升、企业经营治理、人民币升值、通货膨胀、市场准入等。但是融资问题直接关系到中小企业的健康运营和发展壮大,只有得到充足及时的资金,中小企业才能提升自身的实力来应对外部经济的冲击。

我国于2011年3月公布的《中华人民共和国国民经济和社会发展第十二个五年规划纲要》提出:"大力发展中小企业,完善中小企业政策法规体系。促进中小企业加快转变发展方式,强化质量诚信建设,提高产品质量和竞争能力。推动中小企业调整结构,提升专业化分工协作水平。引导中小企业集群发展,提高创新能力和管理水平。创造良好环境,激发中小企业发展活力。建立健全中小企业金融服务和信用担保体系,提高中小企业贷款规模和比重,拓宽直接融资渠道。落实和完善税收等优惠政策,减轻中小企业社会负担。""十二五"规划明确指出在接下来的5~10年中要大力解决中小企业的融资问题,提供大力扶持和政策倾斜,说明中小企业融资问题对中国经济的发展至关重要,也日益严重。

2011年,中国人民银行连续6次上调存款准备金率。2011年6月,央行上调存款类金融机构人民币存款准备金率0.5个百分点,这是央行自2010年以来准备金率的第12次上调。此次上调之后,大中型金融机构存款准备金率达21.5%的高位。上调存款准备金率,在收紧流动性、对抗通胀的同时也减少了银行的可用放贷资金,增加了企业尤其是中小企业的融资难度和成本,将导致中小企业融资难的现状进一步恶化。

具体来说,目前我国中小企业面临的融资困难,主要表现为融资渠道过于狭窄单一、融资金融有限、融资成本过高并且直接融资量过小。目前中小企业的资金来源主要是内部自身积累,企业内部资源融资比重过高。据国际金融公司研究资料显示,我国中小企业业主资本和内部留存收益分别占我国中小私营企业资金来源的30%和26%。中小企业的发展过于依赖自身规模而大大受到限制。由于绝大多数中小企业都很少采用包括股权融资和债权在内的直接融资,而获得政府支持的资金也极其有限,因此我国中小企业融资主要依靠商业银行贷款和民间借贷。但是在贷款问题上,中小企业普遍反映银行等金融机构存在"重大轻小""嫌贫爱富""重公轻私",只喜"锦上添花"不愿"雪中送炭"的问题。商业银行对中小企业缺乏必要的了解和足够的重视,银行放贷中,中小企业得到的贷款只占一小部分。中小企业就算得到贷款,融资成本也较高。一般来说,比起大型企业,中小企业贷款利率至少要高出10%,并且普遍高出20%～30%。如此高的贷款利率,让许多想扩大生产的中小企业望而却步,只有在流动资金不足的时候才会考虑贷款,极大地影响了中小企业的发展。

(二)我国中小企业融资难的原因

尽管近几年来,我国陆续出台了一系列支持中小企业发展的政策,而且各商业银行在拓展中小企业金融业务的信贷政策、新品开发、抵押担保、服务方式等方面进行积极探索,使得中小企业融资问题有所改善,但还是不能从根本上解决中小企业融资难的问题。造成我国中小企业融资难现状的,既有企业自身的原因,又有外部的原因。

1. 企业内部原因

(1)中小企业注册资本少,从而比较容易受外部经济环境的影响。中小企业因为注册资本少,所以其负债能力有限,比起大型企业,中小企业的负债能力较小。中小企业因受其规模的限制,抗风险能力较差,受市场、环境的影响程度很大,当市场、经营环境发生变化时,一些中小企业很难适应。

(2)中小企业的信用水平较低。一是管理方面的信用。大多数中小企业内部治理结构和控制机制不健全,少数人或个别人控制现象比较普遍,没有按现代企业制度的要求建立完善的法人治理结构。二是财务方面的信用,银行贷款所需要的财务数据、账表管理混乱、没有或不实。中小企业的财务报告一般未经注册会计师的审计,其经营情况、财务状况等内部信息透明度较低,贷款的保证往往得不到落实。三是抵押方面的信用。由于中小企业一般家底较薄,因此抵押物明显不足。而且中小企业往往产权不明晰,银行贷款担保难以落实。四是效益方面的信用。由于很多中小企业规模问题和自身限制,其往往存在着经营粗放、技术落后、设备陈旧等问题,使经济效益缺乏保障,竞争不过大企业而常常被大企业淘汰。银行出于对风险的控制,不愿意贸然给中小企业提供贷款,使得中小企业融资更加困难。总之,中小企业的诚信度不够,会造成银行对中小企业贷款的信心下降,对中小企业放贷紧缩。

(3)缺乏有效的风险约束,并且信息分布不对称。一些民营企业由于缺乏信用和法律约束，虚假出资、转移资产、隐匿收益等现象经常出现。并且中小企业融资过程的不对称信息问题比较突出。因为中小企业在创业早期通常没有经过外部审计的财务报告，也没有完善的公司治理结构。另外，中小企业产品质量较差，产品老化和档次较低等问题十分严重。一些民营企业怕树大招风，在多家金融机构开设个人储蓄账户，银行对其经营状况信息收集不完整，不敢发放贷款。

（4）中小企业有特点的贷款需求。中小企业的贷款要求手续简便、迅速，能满足灵活的经营需要；单笔贷款金额不高且贷款频率较高，期限一般不长。总的来说，中小企业的信用体制和社会地位等都不足以做贷款的担保，中小企业贷款风险相对于大企业来说较高。

2. 企业外部原因

（1）从银行经营管理方面来看，中小企业的高风险与银行管理的稳健性原则相矛盾。银行不是没有钱贷给中小企业，而是不敢放贷甚至慎贷。造成商业银行普遍惜贷的原因是：首先，很大一部分中小企业还处在初创阶段，企业的收益往往不能弥补企业的经营风险；对于某些风险较高的高新技术产业来说，银行对其放贷的风险太大，这与银行的稳健性经营原则不符合。商业银行有自己的目标市场，其自身和产品的定位不相同。中小企业由于自身的弱点，很难成为国有商业银行的首选。其次，在利润最大化的追逐下，银行不愿意贷款给中小企业。银行贷款给中小企业的成本比贷款给大企业的成本要高。大企业贷款额大而中小企业贷款额小，银行若贷款给中小企业，使放贷工作量大大增加，耗费更多的人力、时间和财力。总之，银行贷款给中小企业，其管理成本较高而综合收益较少。据测算，对中小企业贷款的管理成本平均大于大企业5倍左右。最后，政策监管使得银行惜贷。国有商业银行历史上已经形成了高比例的不良资产问题。在国家相关部门对银行不良贷款率的监管要求下，商业银行采取更加严厉的措施确保新增贷款的数量和质量，以保证不断降低不良贷款率。中小企业由于资产规模和借贷规模都较小、抵押物不足、抵御风险的能力较弱，银行不敢向其投放贷款。

（2）从担保机构来说，中小企业融资需要有专业的担保机构。在政府的参与下设立中小企业贷款担保机构是对中小企业的一种扶持。近几年来国家经济贸易委员会制定印发了关于建立中小企业信用担保体系试点的指导意见，并推行了《中小企业融资担保机构风险管理暂行办法》。2008年中央还宣布将注入18亿元到担保机构，来解决中小企业融资难，目前全国已有100多个城市建立了中小企业信用担保机构。但是从社会中介的担保功能发挥情况来看，仍存在着较大的局限性，担保机构发挥的作用并不明显。由于担保机构本身的运作并不成熟，存在的一些问题导致资金流通不畅，并且由于信息不对称的存在，使得除非贷款担保机构有动力和能力对使用担保的中小企业进行甄别和监督，否则担保方案风险将很大，很有可能造成损失和担保方案的失败。

（3）从社会法制建设方面来说，缺乏扶植中小企业发展的政策体系。我国目前的经济、金融政策主要还是依据所有制类型、规模大小和行业特征而制定的，从金融政策上来看，还未形成完整的扶植中小企业发展的政策体系。在中国，目前大多数的社会资源以及银行大部分的贷款都流向了大企业，而中小企业得到的资源和扶植是很有限的。近年来，针对中小企业贷款难、担保难的问题，国家虽然颁布了一些政策，如《中华人民共和国中小企业促进法》以及中国人民银行总行颁布了向中小企业倾斜的信贷政策等，但还是未形成完整的支持中小企业发展的金融政策体系，致使中小企业的融资仍然受到束缚和影响。

（4）从其他融资渠道来说。一方面，从我国目前情况来说，在金融市场上公开发行股票融资上市的要求条件很高，融资的数量要求也很大。2009年10月23日，我国创业板市场正式启动，该资本市场的创新为中小企业的融资难问题带来了希望。创业板市场即二板市场，是指专门协助高成长的、暂时无法上市的新兴企业尤其是中小企业提供资本运作空间的证券交易市场。创业板虽然进入门槛低、运作要求严、一定程度上为我国中小企业提供了多方面的融资渠道，但是创业板的市场能力也有限，不能完全解决我国所有中小企业的融资问题。二板市场股票发行上市的条件也是比较高的，而且具备发行上市资格的企业很多，竞争相当激烈，而资金的供给是有限的。二板市场无法在短时期内容纳这么多企业发行上市。另一方面，中小企业想要发行企业债券融资，困难很大。发行债券要求很高的信用度和优良的声誉。长期以来，我国企业债券的发行者一般都是国有大型企业，债券市场的门槛和成本太高，中小企业很难进入这一市场。为了缓解这一现象，2008年12月国务院办公厅发布的"金融30条"指出，要稳步发展中小企业集合债权。中小企业集合债是指由多家不具备单独发债能力的中小企业集合起来采用集合债的形式，使用统一的债券名称，形成一个总发行额度的企业债券。但是由于小企业的资信较低、发行的债券风险较高、要求的利率较高，导致中小企业集合债券的成本比较高。除此之外，中小企业发行结合债券也很难找到相关的担保机构。

二、股权投资基金促进中小企业发展

中小企业在发展壮大过程中，融资难是最大的阻力之一。从以上的分析可以看出，对于中小企业来说，其内部和外部等原因都限制了中小企业的融资。在传统融资模式受到阻碍的情况下，如何创造新的适合中小企业的融资模式，是亟须解决的、对中小企业有重大意义的问题。股权投资基金的出现和发展为这一问题带来了福音，为中小企业突破提供了一条途径。股权投资基金作为一种新型融资模式，能为企业提供资金支持以及管理上的支持，能在较短时间改善企业的收入和成本结构，提高企业核心竞争力。与其他融资模式相比，银行信贷门槛高，证券市场要求高，但股权投资基金可以帮助中小企业解决的融资障碍主要包括以下三个方面。

（一）符合中小企业融资需求特征

股权基金对高风险、高回报投资有较强的偏好，而中小企业恰恰具有高风险、高期望回报值的特征，所以中小企业的发展规律以及融资阶段性特征刚好符合股权投资的投资偏好。因而，股权基金与中小企业具有天然的联系，能够帮助中小企业拓宽融资渠道。由于中小企业在创业阶段、早期成长阶段、加速成长阶段中存在如信用状况不稳定、盈利能力不显著等诸多风险因素，通过传统渠道融资面临很大的困难。股权基金作为一种新型的投资模式，能够对那些无法通过传统渠道获得资金而又具有广阔市场前景的中小企业提供全方位的支持，支持中小企业的创业和发展，这为中小企业提供了一条新的融资途径。此外，股权基金有灵活的投资方案，能够根据不同的中小企业的特征，为企业量身打造具体的融资方案，满足中小企业多样化的融资需求。

1. 股权投资能够满足中小企业多样化的融资需求

中小企业经营的一个重要特点就是灵活多变，而这一特点使其融资需求变得十分复杂，相比传统融资方式，股权基金更加适合中小企业。公募融资适合标准化的市场行为，比如，企业要公开发行股票及上市，必须遵循证监会和证券交易所的统一规则和程序，而这些规则和程序不会因为不同企业多样化的融资需求而调整。相对于公募融资的标准化，融资就更为灵活。

2. 私募融资在中小企业融资方面的另一个优势是更加容易获得

在公开资本市场上，企业必须按照规定，定期披露企业信息，外部投资者对这些信息进行处理和分析，然后在此基础上做出投资决策。由于中小企业自身条件和监管力度的原因，很少能提供大型企业那样的符合会计规范及法律标准的财务处理流程，因此，外界投资者就很难从公开信息渠道中了解企业真实的经营状况、财务状况和现金流量状况等。即使中小企业完全能够按照财务标准披露信息，也很难依据其财务信息判定该企业所具备的开发潜力。国外学者大量的实证研究表明，股权基金在对中小企业进行投资决策的过程中，很大程度上不是依据其财务报表这类标准化的定量的信息做出决定的，而是依据对中小企业进行深入调查的一般合伙人的主观判断。[①]负责基金日常运营及投资决策的一般合伙人，通过了解该企业所处的行业前景、企业家的信用状况、领导能力，甚至企业管理费用规模与生产用电比例的变化，发掘出中小企业真实经营状况的信息。这些信息的特点是主观性很强，既不能从企业披露的财务信息中获得，也不能像财务信息那样能够方便地传递与发布，需要股权基金管理人做出详细、深入的尽职调查，这就在极大程度上限制了中小企业公开融资的可能性。然而，通过股权基金与中小企业的长期接触，就能够对那些财务报表不符合传统融资条件但发展潜力巨大的中小企业提供融资支持，从而大大提高了中小企业融资的可获得性。

3. 股权投资有利于保护中小企业经营的隐秘性

与大型企业不同，中小企业的核心竞争力很容易被复制，如某个有长期合作关系的客户或者供应商，以及业务往来的财务数据。为了保持竞争优势，中小企业往往不愿意公开太多关于企业经营的信息。然而在公开资本市场上，作为克服逆向选择、保护广大投资者利益的措施之一，上市公司必须在特定时间按规定披露报表和重要公告，从而将信息不透明的中小企业排除在外，这就使得绝大多数中小企业不能利用公开资本市场融资。与公募资本市场相反，股权投资机构在非公开融资的环境下，更能充分发挥其在甄别和筛选企业方面所具备的专业优势和规模经济优势，缓解与中小企业之间的信息不对称问题，形成对公开资本市场在中小企业融资方面的相对优势。这一优势增强了中小企业融资的效率，减少了资本市场上的逆向选择。

（二）发现和培养优秀企业家

股权基金介于银行信贷和证券市场之间，为中小企业提供了新的融资渠道。近几年来，国内一些成功实现纳斯达克上市的企业，如盛大、分众传媒、携程网、

---

① 黄天浩：《私募股权投资基金促进中小企业发展研究》，财会学习，2017（7）：228。

前程无忧、第九城市等，在上市之前都进行过若干轮的股权融资。股权融资目前在我国发展很快，这给我国中小企业利用股权资本来融资提供了很多机会。而引入股权基金更重要的意义还在于股权基金的一般合伙人具备很强的"企业家精神"，可以利用他们长期积累的管理经验、知识专长和商业网络资源帮助中小企业规范企业内部管理和财务结构，设计明确的赢利模式和企业发展战略。股权基金作为一种积极参与管理的专业投资模式，能够同时缓解中小企业面临的资金和管理两个方面的发展瓶颈。对期望在国内或海外上市的中小企业，股权基金通常有良好的品牌、信誉和企业运作上市经验，可为企业带来增值服务。许多股权基金本身是投资银行的下属机构，能为企业上市提供更专业、更便捷的咨询服务。在这一过程中，优秀的企业家在基金团队的辅导下被挖掘出来，资本市场通过企业上市奖励这一批优秀的企业家。在这样的机制下，有潜力的优秀企业家就不至于因为资金匮乏而埋没在高不成低不就的中小企业中，有利于中小企业的良性发展。有统计显示，股权基金的一般合伙人在做出投资决策时，更加看重企业家能力这个因素，投资一家企业，更多时候就是投资一个企业家。

（三）缓解中小企业的信息不对称问题

股权融资可以缓解投资中的信息不对称问题，弥补传统银行部门和证券市场资源配置的缺陷。中小企业的规模参差不齐，很难有一套标准来评估中小企业的融资风险，所以投资中小企业存在着严重的信息不对称问题，这个问题贯穿于投资前的项目选择和投资后的监督控制的整个投资周期。要减少信息不对称，则要求投资者具备深入企业内部进行投资前的尽职调查和投资后的监督控制能力。证券市场显然无法解决这种问题，中小企业也由于想保持隐秘性而选择不公开募集，而银行等我国现有的传统金融机构又缺乏对中小企业调查的专业人员和机构，并且贷款给中小企业的风险与收益不匹配，实践中就造成了银行不愿贷款给中小企业的情况，使得社会闲置资金和中小企业之间出现"真空"。股权基金作为更为专业的投资中介，具备经营这种风险的能力，能够有效地解决信息不对称引发的逆向选择与道德风险问题。股权基金的一般合伙人通常由富有相当专业知识和管理从业经验的业界精英组成，他们在信息生产和处理上的优势使得他们能够成为投资者的专业代理人。股权基金在解决与所投资企业之间的委托－代理关系上比传统的资金提供者更有优势。首先，股权基金的投资模式决定了它们要取得企业的股权、进入企业董事会甚至拥有控制权，因此能够对企业形成更直接的监督。

其次，基金管理人通过发挥他们的专业优势、设计不同的金融工具、提出阶段性的资金供给方式，或者制定复杂的合同条款，甚至直接参与企业管理等形式，形成对受资企业的激励约束机制，从而防范受资企业的道德风险。

激励约束机制的形成主要包括以下三个方面。一是股权基金可以帮助企业改善股权结构，使资产负债比例更加合理；对企业章程进行专业的指导，改善中小企业治理结构；完善企业中各个监管部门的设置和职能划分，建立起监管体系；通过基金团队中的专业人员，建立有利于企业发展的法律框架和财务制度。二是股权基金可以帮助企业较好地解决员工激励的问题，建立起较完备的员工激励制度。在机会成熟时，可以建立股权激励体制，激发员工工作的热情。三是股权基金可以在较短的时间内改善企业的收入、成本结构，提高企业的核心竞争力，帮助企业开发产品并推向市场，最终带来企业经营业绩和股东价值的双向提升。

第二节　调节市场资金的流动性

一、社会闲散资金充裕

（一）国内闲散资金充裕的现状

社会闲散资金充裕、流动性过剩一直是中国经济运行中长期存在的突出问题。投资驱动型的国家发展战略、长期双顺差的局面、国家的宏观调控政策都可能带来流动性过剩的问题。而流动性过剩会引起具有滞后性的通货膨胀，给经济发展带来负面影响。金融危机前，中国经济保持平稳、快速的增长趋势，居民收入、企业利润、财政收入都大幅提高，经济基本面表现良好。但经济中仍然存在一些由经济增长过快带来的矛盾和问题，主要是流动性过剩的问题。从2004年起，央行开始加强流动性管理，执行紧缩的货币政策，并且多次上调金融机构人民币存款基准利率和存款准备金率；央行还运用公开市场操作、定向票据等方式减少流动性，控制信贷和投资增长，治理流动性过剩的问题。2008年金融危机爆发后，中国居民消费量下降，储蓄量上升，并且贸易顺差不降反升，引起外汇储备继续增加，使得中国经济增长速度放缓。为了应对金融危机的挑战，中国自2008年第 4 季度以来，启动了应对国际金融危机的一揽子经济刺激措施，实施了积极的财政政策和适度宽松的货币政策，取得了明显成效。虽然暂时解决了社会财富和货币供求的失衡问题，但是国家投入市场的更多的货币为后来的流动性过剩的加剧埋下了巨大的隐患。

社会闲散资金充裕即市场上流动性过剩。整个宏观经济的流动性是指在经济体系中货币投放量的多少，而流动性过剩是指经济中的货币存量高于货币需求，经济层面资金充裕，银行信贷投放冲动较强。中国的货币流通量长期以来保持稳步增长的趋势。中国经济中的流动性过剩体现在两个方面：货币供应量增长过快；金融机构存在巨额存贷差。

（二）中国经济流动性过剩的原因

中国经济流动性过剩反映了当前经济中的各种矛盾。形成这一现象的原因很多，既有国际上的原因，又有中国经济自身的深层次的原因。

1. 外部性原因：全球流动性过剩

进入 21 世纪以来，全球范围内出现了显著的流动性过剩。根据德意志银行的计算，2001～2003 年，全球货币的增长速度大大超过名义 GDP 的增速。为了克服科技泡沫破灭对经济带来的沉重打击，美联储采取了超扩张性的货币政策。美联储在联邦基金市场上释放大量准备金，使得美元基本利率一直下跌，信贷和货币供应量相应迅速扩张，增长速度超过了 GDP 增长速度。日本也面临相同情况。自 2001 年以来，日本为了克服通货紧缩，执行了"数量宽松"的政策，带来了货币供应量的增长，使得日本成为全球流动性过剩的重要来源。欧元区的信贷扩张也带来了过剩的流动性。美、日、欧等国家降低利率，大大降低了融资成本，为经济提供了宽松的发展环境，因此带动了世界范围内的投资活动。中国近年来经济的持续增长以及良好的投资环境、较低的成本形成的高利润与人民币升值的预期，吸引了大量外资的涌入。

2. 直接原因：外汇占款增长迅速

外汇储备的增长主要是由经常项目顺差和外商直接投资（FDI）流入引起的。自 1994 年汇改之后，中国国际收支除个别年份外一直保持经常项目和资本项目的"双顺差"局面。外商直接投资的逐年增加导致了我国外汇储备增加过快，已经成为世界上外汇储备增加最快的国家。在固定汇率时，本币在国际收支持续顺差的情况下会有升值的压力。中央银行为了稳定币值，必须在外汇市场上抛出本币，买进外汇，从而增加国内基础货币。尽管2005年5月21日人民币汇率进行了改革，但是仍然实行的是有管理的浮动汇率制度，因此在外汇不断增加的情况下，中央银行不得不增加国内基础货币，从而使得广义货币的增速保持两位数的增长。

3. 根本原因：投资驱动发展战略造成经济结构失衡

投资、消费、出口作为中国经济增长的"三驾马车"，为中国的经济腾飞做出了巨大的贡献。然而长期以来，中国经济存在投资和消费比例失衡和投资结构失衡的问题。中国实行的是投资驱动型的国家发展战略，以高投资带来经济的快速增长。资源和要素价格长期被压低，较低的成本刺激了投资需求。但是这种增长方式导致了中国的结构性失衡。消费的增长远远落后于投资的增长。由于中国百姓的消费习惯，以及要素的价格较低导致的收入较低，再加上社会保障体系不完善，中国居民的储蓄倾向大大高于欧美国家。大量的存款使得银行的存差加大，银行的超额存款准备金率一直居高不下，造成了银行系统的闲散资金过多。同时，投资结构也存在失衡。大企业很容易得到贷款，而中小企业融资很困难，而且资金往往流入热门行业，较冷门的行业得不到投资。由于消费和投资比例失调，过剩的产品只能通过出口来解决，中国出口大于进口，从而出现了贸易收支的长期顺差，外汇款不断增加，从而使得流动性过剩的问题日渐严重。

（三）流动性过剩对经济形成冲击

当前中国股市高涨、房地产过热、外汇储备过高、通货膨胀率不断创新高，这些都在一定程度上与流动性过剩有关。流动性过剩将对中国经济、金融运行带来一系列负面影响。

1. 导致固定资产投资过热

流动性过剩表现为经济中的货币存量高于货币需求、经济层面资金充裕、银行信贷投放冲动较强。再加上多元的融资渠道，使得企业可用的资金比较充裕，从而将大量资金用于固定资产投资。过多的流动性进入固定资产投资领域，会推动投资过度扩张，埋下通货膨胀的隐患；进入房市等资产价格领域，会增加房地产等行业产品的价格，推动形成资产泡沫，增大宏观经济金融运行的风险，使得经济过热，影响社会稳定发展。

2. 股市高涨

近年来，我国股票市场的成交额屡创新高，股票市场的泡沫风险逐渐显露。

当过剩的资金找不到合适的投资方向时,一部分便流向股票市场,为股市提供充足的资金。股票市场中炒买炒卖、投机盛行。非理性的投资者的疯狂投资行为推动了股市的快速上涨,造成了股市严重的泡沫化。

3. 居民消费价格上升,通货膨胀压力增强

流动性过剩造成通货膨胀,它以部分流动性过剩资产价格出现严重泡沫为先导,进而传输给其上、下游相关产业链,最终带动原材料供应市场和食品的价格上涨,并引致全面通货膨胀。

4. 导致商业银行风险过大

流动性过剩尤其是广义货币 M2 与 GDP 的比值节节上扬,意味着经济发展对银行体系的依赖性进一步增强,加剧银行系统的风险。中国商业银行的利润主要依赖于贷款收入和存款利息支出的差额,在资金持续向银行集中时,银行为了处理大量闲置资金,必然会选择扩张贷款。贷款往往通过各种方式投入证券市场、房地产行业以及高耗能行业,这些行业的风险较大,比较容易出现泡沫,客观上增大了商业银行的信用风险。

5. 增加国家财政负担以及不利于经济结构调整

目前的流动性过剩很大一部分来自外汇占款过多,央行不得不频频动用央行票据、存款准备金率等手段,被动对冲过剩流动性,使得货币政策的独立性降低,对冲成本日趋增大。流动性以外汇占款投放方式为主,会导致创汇较多的东部地区资金多、创汇较少的中西部地区资金少,创汇较多的第二产业资金多、创汇较少的第三产业资金少等现象,不利于经济结构调整。

二、引导过剩资金投向实体产业

在全球流动性过剩的情况下,国外的热钱和国内的资金都在寻找一个较合理的出路。除了投资到股票市场外,投资股权投资基金成为近几年的趋势。中国的股权投资基金发展势头非常迅猛,2006 年仅有 26 亿美元在操作,而到 2009 年底已涨到了约 200 亿美元。股权投资基金在医疗健康、能源、制造业、电信投资行业、房地产、食品饮料等实体产业投入了大量资金,尤其注重制造业、电信、医疗健康、能源这些重要实体行业的投资。股权投资基金能引导过剩的资金投向实体产业,并且全球流动性过剩将使股权投资基金获得更迅速的发展。

1. 股权投资基金对过剩的资金具有很大的吸引力

从股权投资基金的财富效应来看，其平均收益水平一般要大大高于其他投资方式。根据业内专家测算，目前国内活跃的股权投资基金平均内部收益率可以达到35%～60%，而个别项目甚至可以有几十倍的回报。其他投资方式的风险收益相比之下就不如股权投资基金。全球的股票市场的波动性和风险越来越大，资金收益的稳定性难以保证；资金收益率相对稳定的美国政府债券、国内存款等固定收益产品的实际收益率在扣除了通货膨胀因素后甚至可能为负。考虑到资金的收益率和安全性，能够通过分散投资来达到超过30%的平均收益的股权投资基金无疑是一个较理想的投资渠道。

2. 股权投资基金将有利于引导过剩的资金投向实体产业

目前，央行对冲流动性的同时，对外贸易顺差、外商直接投资、商业银行信贷又进一步加剧流动性过剩。疏导流动性将成为政府宏观政策的另一个导向。如果这些过剩的流动资金流入二级市场或房地产市场，将造成难以控制的泡沫；而把这些资金导入国际资本市场，可能由于竞争劣势而造成不小的损失。

股权投资基金能把过剩的资金集中起来，通过基金合伙人的专业挑选，将资金投入股市和房市以外的实体产业。流动性过剩发生时，并不是没有好的投资项目和好的投资机会，而是资金不能得到很好的投资和分散。虽然有很多剩余的资金无处可用，但是仍有很多新建项目、在建项目、创业企业、中小企业和重组改制企业对资金有大量的需求。从我国实体经济发展的进程来看，产业结构升级、产业重组并购都需要大量的资金支持，股权投资基金从中大有作为。流动性过剩是金融结构出了问题，而股权投资基金能对建立和培养新型市场化的投融资主体、促进中国投融资市场的改革做出重大贡献。

3. 股权投资基金具有抗风险的特性，有利于实体产业的发展

由于股权投资绝大部分投资于实体企业，并非金融衍生品，其不容易受到经济危机的影响，并且股权投资基金注重的是长期效应，所以在经济低迷的情况下，投资者不会因为当前的低迷而丧失对股权投资的信心。在金融危机中，股权投资基金一定程度上缓解了实体经济困境，促进实体经济发展的作用不容置疑。在金融危机中，很多实体企业资金链出现断裂。由于资金的供应渠道很窄，公众融资市场渠道不通畅，银行非常谨慎，所以企业对股权投资基金有很强的需求。股权投资基金能在一定程度上引导资金流向需要投资的、有发展潜力的实体企业，

使实体企业受到相对小的影响。股权投资又不同于银行贷款，银行贷款可能更注重资金是否按时收回，股权投资着眼长远企业的增值。股权投资基金的最佳投资策略一般是在经济低潮投资于企业，经济恢复和高潮的时候退出，并进行新一轮投资。股权投资基金的反周期特征对实体经济能起到很大的推动作用。

三、促进我国行业整合和结构调整

1. 我国企业规模过小，必须进行产业整合

从经典的经济学理论可知，规模效应是企业核心竞争力的关键因素。企业规模越大，规模经济效应就越明显，公共成本和固定成本的分摊就越低，企业的利润越大。英国工业革命之后，西方发达国家的企业进行了一轮又一轮的规模扩张，巨型的跨国公司的年产值甚至可以和许多中小国家的经济总量相比。而目前，除了少数政府行政垄断和自然垄断企业，我国大多数企业的规模普遍偏小，在跨国公司面前几乎没有竞争力。我国加入世界贸易组织后，随着市场的全面放开，国内企业由于规模较小而处于竞争弱势的地位。

长期以来，我国产业结构的特点是"散、小、乱"。这种产业结构起源于"条块分割"的计划经济体制。在封闭的计划经济体制中，企业的生产计划和产品价格都是被严格计划的，企业间不存在竞争。企业的经营利润不是来自市场竞争，而是来自计划的价格。因此，当时这种"散、小、乱"的产业结构弊端并没有显露出来，甚至被认为代表了我国工业门类齐全、企业数量众多，是我国产业结构的优势。随着全球化进程的深入，我国逐渐融入世界市场，"散、小、乱"的产业结构的缺陷就暴露出来，我国大多数产业和企业在全球化竞争中缺乏规模经济优势以及竞争优势。我国要想在全球竞争中占据一席之地，首先必须在规模上与跨国公司具有相抗衡的能力。为了建立我国企业在全球的竞争地位，进行一场大规模的产业整合迫在眉睫，目的是参与全球产业大分工，培养具有龙头企业的优势产业，发扬我国的具有竞争优势的产业，从而提高我国企业的国际竞争地位。

2. 资金通道不畅，困扰我国产业整合

在现有国内环境和国际竞争条件下，振兴我国产业需要解决两个关键问题。一是要培育骨干企业，调整产业结构。通过相关产业中企业的并购重组，培养具有一定国际竞争力的骨干企业，并由这些企业带领行业内企业参与国际竞争。二是应该由本国资本控制国内多数行业的骨干企业。产业整合是经济发展的必然规

律，不是由本国资本来整合，就是由国外资本来整合。在过去的几年中，以股权投资基金为代表的国外资本已经开始了对我国的产业整合，资金规模异常庞大，来势非常凶猛。为了保证我国本土企业在国际市场中的竞争力，不能由跨国公司控制我国优势行业中的优秀企业。并且从我国产业的安全方面考虑，也必须由本国资本控制国内骨干企业。可以说，在产业结构调整的过程中，培养和控制骨干企业是振兴我国各个产业的关键的战略性措施。

产业整合有两个必要条件，即产业整合的资金实力和管理能力。其中，资金实力是最重要的，如果没有资金实力，产业整合则缺少动力。资金实力无法被复制，整合主体的规模扩张必须有充足的资金支持，而管理能力可以无限复制，相关的管理咨询经验可以从咨询公司获得，并以低成本移植到企业自身，根据企业的实际情况进行改造。产业结构调整由于关系到企业的产权流动，需要巨大的资金支持。因此，资金通道不畅已经成为困扰我国产业整合的核心问题。我国企业本身的规模都比较小，对金融机构大力支持的需要十分迫切。只有得到国内金融机构的大力支持，我国才能够顺利完成产业结构的调整，并且由本国资本控制核心企业。[①]

3. 股权投资基金对产业结构调整的促进效应

目前，我国已经成为全球产业整合的重要市场，国内产业投资需求日益旺盛，产业整合的潜力巨大。特别是在"十二五"期间，经济结构调整和发展方式转变任务艰巨，需要加快产业优化升级、扩大企业规模、提高行业集中度和企业竞争力。股权投资基金通过对非上市的企业进行权益性投资，将对我国产业结构调整产生促进效应。

首先，股权投资基金拓展了产业结构调整的途径。过去，政府在我国产业结构调整的过程中介入过多，起的作用比较大。这种政府主导的经济结构调整模式在经济转轨的特殊时期取得了良好的效果，然而随着市场经济主体模式的确立，市场机制的作用越来越重要，即需要更多地通过市场这只"无形的手"来对我国产业结构进行优化升级。股权投资基金就是这种"无形的手"的重要形式，它根据经济规律和产业政策进行科学投资，引导社会资金的正确流向，并且产业结构调整中往往发生兼并、重组等资本运作，企业主要是通过上市或非上市来进行资本运作的。我国企业上市的现状是上市难和上市企业数量有限。非上市途径在我

---

① 李华：《私募股权投资对我国产业结构调整的研究》，天津，南开大学，2010。

国一直以来都很不活跃，而在西方国家，非上市与上市一样都是企业产权社会化的重要途径。我国企业必须依赖股权投资基金这种新型的金融投资机构，使非上市途径成为企业资本运作的主流途径。

其次，股权投资基金能够促进产业结构升级。股权投资基金对促进我国产业结构升级，包括增量调整和存量调整有巨大作用。一方面，股权投资基金的资金支持可以改善企业的资产素质，实现增量调节。股权投资基金将为一些有着良好服务和市场的企业提供一个资产重组和弥补资金缺口的机会。另一方面，股权投资基金能通过在市场上选择合适的投资对象，促进优胜劣汰，实现存量调节。股权投资基金拥有一套属于自己的评判公司专业水平、经营战略、财务状况、核心竞争力和投资项目优势的指标和策略，以选择产业的优秀企业和项目，从优秀的企业和项目中获利。股权投资基金在促进优胜劣汰的同时也推进了产业规模经济结构的优化。股权投资基金通过选择成长型公司进行投资，对产业发展起到了引导和示范的作用，会对企业的经营模式和经营行为产生影响，使企业的经营效率和决策水平上升，从而实现股东价值的最大化。

再次，股权投资基金能够大大提高产业结构调整的效率和收益。股权投资基金有专业的投资理念和管理经验，能够提高投资效益，提高社会资源使用效率，主要体现在以下三个方面。首先，股权投资基金对企业有一定的股权控制，企业的股权不是被分散在众多中小投资者中。股权投资基金可以通过中断追加投资或者股权调整来减少对企业的投资，从而对企业施加来自投资者的压力，从而达到对企业外部控制的目的。其次，企业的经济利益直接关系到股权投资基金的投资回报。股权投资基金将有压力和动机尽可能充分地了解企业的真实经营状况和财务状况，为企业提供经营、融资、管理等方面的咨询和支持，从而有利于规范企业内部治理，推动企业健康发展。最后，股权投资基金注重与企业建立长期的合作关系，对企业有充分的了解，并掌握企业的内部信息，从而有效消除和企业之间的信息不对称，有利于防范道德风险和逆向选择问题。

第三节 提升我国在全球金融市场的地位

一、股权投资基金要"走出去"

(一)中国国际化战略

自从 20 世纪 70 年代末中国开始实行改革开放政策之后,"走出去"战略成为促进我国经济发展的重要理念。改革开放使得中国经济发生了翻天覆地的变化,使中国人民意识到"走出去"的重要性。随着世界商品、资金、人员、信息、技术等生产要素在全球范围内流动日益频繁,世界各国资源得到了合理配置,整个社会福利得到了提高,各种资源在全球范围内更容易获得,各国经济发展对本国资源的依赖程度逐渐降低。自 20 世纪 90 年代以来,中国市场开始呈现整体供大于求的格局,经济向买方市场转变,市场上出现产品过剩,供过于求的产品种类越来越多。我国政府已经针对这种严重的生产过剩采取了一系列政策措施,但由于我国这种经济发展的不均衡状态主要是由产业结构变化滞后于需求结构变化造成的,所以不能完全依靠国内市场的自我调节来解决。要解决这种不均衡问题,必须走出中国市场,同时面对国内和国际两个市场,通过产业结构升级和调整来实现。对外开放不仅能将国内过剩的生产力输出到国际市场,而且能利用国际市场来填补国内市场的空白。我国人口数量巨大,自然资源的人均占有率较低,矿产资源严重缺乏,尤其是战略资源严重短缺,所以可以鼓励国内企业走出国门,通过对外投资方式来获得国外矿产资源,以补充国内资源。否则,这种资源的短缺将成为制约我国经济高速发展的"短板"。因此,对外开放是我国必须长期坚持的基本国策,要做到对外开放,必须做到既"引进来"又"走出去",保持双向均衡。

"走出去"战略又称国际化经营战略、跨国经营战略或全球经营战略,它与"引进来"战略相对应,是中国对外开放的两个方面。"走出去"战略在内容上有广义和狭义之分。广义的"走出去"战略是指鼓励在国际竞争中具有相对或绝对竞争优势的企业有准备地、有步骤地到国外投资办厂,使产品、资本、人才、管理等多方面进入国际市场,充分发挥我国的竞争优势。狭义的"走出去"战略是指企业通过对外直接投资方式进入国际市场，从而参与国际竞争和合作，提高自身国际竞争力，达到促进本国经济快速、持续、协调发展的目标。"走出去"战略可以分为商品输出和资本输出，即商品出口与直接投资两个层次。货物贸易、服务贸易等为商品输出的层次，而对外直接投资为"走出去"战略的第二阶段，即资本输出的层次。

作为现阶段和未来相当长时间内我国对外经济贸易发展和对外开放的一项基本战略，"走出去"战略的核心内容是进行资源开发、市场寻求、出口导向和高新技术研发的对外投资。资源开发型以弥补我国国内资源不足为主要目标。由于资源短缺将是我国经济发展的重要问题，这种对外投资应成为我国今后对外投资的战略重点。出口导向型对外投资通过直接投资的方式来避免东道国贸易保护的限制。市场寻求型对外投资主要是企业在国外市场已经开拓到一定程度的情况下，在投资地进行生产、销售及售后服务。高新技术研发型是在发达国家投资设立高新技术研发中心，利用国外的先进技术和研究条件，将研发出来的产品交由国内母公司进行生产。

（二）股权投资基金国际化是"走出去"战略的一部分

在后危机时代背景下，我国企业"走出去"的模式和策略都可能出现变化，可能是寻求多样化或者多样经营的理念，也可能寻求交易的多样化，比如，从单方并购到成立合资企业、合资并购。在今后的几年内，中国企业走出去的发展趋势将是通过并购和外国企业建立战略联盟或合资企业，这就需要我国金融服务业推进金融市场开放、融入世界金融体系和提高金融服务业的国际竞争力。因此，促进国际投资是国际化战略的重要部分，而作为金融创新的股权投资是当前全球跨国投资的主流，也是国际化战略的重要部分，将为实施国际化战略发挥重要作用。

中国股权投资基金相对于国外来说发展还是比较落后，人才队伍、经验还不足。国内的股权投资基金有必要以国内的市场和股权为条件，尽可能地跟海外的股权投资基金搞合资，来培养人才并积累经验。

目前股权投资基金走出去面临着诸多机遇。一是经济全球化为股权投资基金发展提供了机会。经济全球化是近年来经济发展的重要趋势，虽然经济民族主义和贸易保护主义形成阻挠，但经济全球化仍是大势所趋。经济全球化能增强国家之间的经济、文化、技术、人才交流，使得各国尤其是发展中国家联系更加紧密、市场更加开放，为中国的投资基金通过股权投资方式进行海外投资提供了便利条件，不仅营造了良好环境，而且提供了更多机会。二是中国国内流动性过剩为股权投资基金提供了充足的资金来源。中国国际收支经常项目和资本、金融项目长期呈现的"双顺差"以及大量流入的外商直接投资，使得中国成为世界上外汇储备最高的国家。由于大量的外汇占款将大量增加货币供应量，高储蓄使得国内消费不足，流动性过剩日益严重，对中国造成不小的通货膨胀的压力。这些过剩的资金如果能被充分引导到国外市场进行投资，将大大缓解国内通货膨胀压力，同时也为股权投资基金走向国外投资提供了源源不断的资金。三是美国金融危机为中国资金走向国际市场提供了机遇。一方面，美国次贷危机使得国际上的知名金融机构受到巨额亏损，一些金融资产迅速贬值，大量资产被严重低估，中国投资者能以低于重置成本的价格购得优质资产，低成本地进行股权投资。另一方面，由于金融危机的影响，使得西方的金融市场投资门槛放松，强调在加强规范和引导的同时允许主权财富基金进行投资。四是人民币升值大幅降低海外投资成本。虽然人民币升值压力渐大，对出口造成影响，但是较高的汇率使得股权投资基金进行海外投资的成本降低，中国企业海外投资的能力上升。

国际上的股权投资基金早已走出国门，在全球市场上寻找投资项目进行跨国投资，是一国投资者实现国际化投资的手段之一。随着国际股权投资基金业务的不断发展和延伸，以美国为代表的国际股权投资基金在全球市场上越来越活跃，份额越来越高，地位也越来越重要，话语权得到显著提高。在股权投资基金的支持下，很多国家的企业迅速扩大并成长为成功的跨国企业。

我国股权投资基金应该走出去，与资金雄厚、经验丰富的国际知名股权投资基金合作和竞争，这对加快我国股权投资基金国际化进程、产业的成熟、人才的引进与培养具有十分重要的意义。可以预见，随着中国股权投资基金的不断发展和壮大，本土基金将越来越多地"走出去"，由于股权投资基金的推动而走出去的企业也越来越多，为我国产业和金融国际化战略提供强有力的支撑。我国股权投资基金也必须走出去，以使自己变得更强大。目前，外国股权投资基金已经进入中国金融市场，对中国企业虎视眈眈。由于其敌意收购和高杠杆的存在，使得国外股权投资基金可能对中国资本市场和企业产生不利的影响，通过股权投资获得的巨额利润不应当总是落入外国人的腰包。本土股权投资基金应当通过走出去，来学习国际上的先进经验，增强自己的实力，从而打破国际股权投资基金在资金、信息、管理方面的优势，保证我国金融自主和经济的稳定性。我国必须培养强大的本土股权投资基金，建立相应的、适当的政策和监管体系。

二、助力我国企业"走出去"

1. 中国企业积极谋求国际市场话语权

在参与国际竞争的征途中，中国企业长期缺乏话语权。虽然中国身为世界钢材消费第一国家，中国企业却没有铁矿石定价权，常常不得不妥协于国外买方的漫天开价；中国服装、小商品出口经常遭到国外贸易保护主义的反倾销、反垄断检查，影响国内工厂销售业绩；外国跨国公司常常能收购我国优秀企业，中国企业海外并购异常艰辛而鲜有成功。中国在国际市场的份额虽然显著增加，但是影响力仍然微弱，利润份额仍然较少。

经过近年来的高速发展，中国已经成为国民生产总值世界第二、外汇储备世界第一的经济体。中国应该承担起在国际金融市场上的一份责任，努力成为积极影响国际金融市场决策的重要力量。中国在国际组织中用自己的经济发展模式和发展理论丰富了整个国际社会关于经济发展、改革的理论和实践，也被期待能通过提升自身的国际地位和话语权来最终消除"双寡头"的"话语垄断"。在美国次贷危机中，中国经济的表现不俗，甚至被国内国际舆论讨论是否需要出手援救在危机中受损严重的国外金融机构。在金融危机中，欧美国家对"看不见的手"过度依赖，而中国企业手中资金充沛，这为中国企业进行海外投资提供了机会，也有助于中国融入国际金融体制的高端环节，提升中国在国际市场的话语权。美国金融危机波及实体经济后，中小企业受到严重影响，急需通过股权来转让资金问题，这正迎合了我国企业的投资需求。我国企业可以通过股权投资基金来投资、参股或购买世界一流的企业，不仅能有机会分享其技术品牌和市场份额，而且能学习其优秀的管理方法。

发展海外投资是我国企业实施"走出去"战略的重要环节。关于"走出去"战略的内涵，商务部的解释是"包括对外投资及其他跨国经营活动"，具体指海外投资、对外工程承包和劳务合作三项业务。

我国企业进行海外投资有自身的优势。与发达国家不同，中国企业海外投资的竞争优势不是先进的技术，而是发展中国家的一些特殊的特点。一是要素资源优势。中国地大物博，具有丰富的资源储备。从要素禀赋来看，我国企业具有比较优势的产品是纺织、服装加工、食品加工、家用电器、自行车、陶瓷等劳动密集型行业的产品，这些企业通过海外投资可以规避贸易摩擦和关税壁垒，代替出口,打通海外市场。二是相对于发达国家的后发优势。发达国家虽然在技术、管理、销售方面具有优势,但由于人文成本过高和市场饱和等原因,导致市场的发展潜力不大,甚至成为夕阳产业。中国企业可以通过投资来整合这些企业的经营资源,提升企业竞争力,在投资外国资本的同时获取新技术和管理技巧,从而增大国际市场占有份额。三是相对于发展中国家的比较优势。一些发展中国家的国内市场比较狭小,需求结构与中国比较相似。中国有与投资国当地市场相当的技术和经营能力,而且人力成本较低,降低了企业的运营成本,中国企业投资这些国家的企业具有独特的优势。四是地缘优势。我国幅员广阔,地跨亚洲大陆,与太平洋相接,海岸线漫长,这是中国有利的地缘优势。而且中国有独特的文化和产品,如中药、丝绸、中式菜肴、中国手工艺品等,这些都是中国的特色标志,是中国企业"走出去"的一种优势。五是中国经济实力日益增强。中国目前作为国民生产总值世界排名第二、外汇储备排名第一、国际收支持续顺差的贸易大国,对世界经济有一定的影响力。中国经济的强大为本国企业走出去提供了资金保障,金融系统的完善也为企业海外投资提供了多样化的方式。

我国企业进行海外投资往往不是一帆风顺的,常常面临许多问题和挑战,需要企业提高警惕。光有强大的资金支持是不够的,还需要先进的投资理念和管理经验。推进我国企业海外投资健康发展,需要在以下两个方面进行改进。首先,企业要增加海外投资的风险防范意识。政治风险是企业海外投资面临的重要风险。政府办事的效率、民族主义的倾向、政策的变化都有可能对企业的海外投资造成不利的影响。如果在投资过程中与对方政府沟通不恰当,很有可能导致双方的不理解和不信任,使得投资计划流产。信息不对称风险也非常重要。由于国别不同,双方企业的投资和管理理念很可能存在较大的差异。我国投资方也很难得到外国企业的完全信息,从而导致投资失败。因此在投资过程中,投资方应当谨慎地进行信息的获取和分析,来避免文化、制度、经济等方面的信息不对称问题。其次,企业要灵活运用海外投资策略。我国金融市场的发展和创新也为企业进行跨国投资提供了便利的条件。

2. 股权投资基金助力中国企业迈向国际

正如前面所说的,推动我国企业"走出去"需要有完善和高效的金融支持体系,虽然在我国,目前是间接融资为主,银行贷款占重要地位。中国大型企业"走出去"投资时很容易受到太多的关注而出现不必要的问题,应该由民营企业和中等国企"走出去"投资。虽然中小企业融资难因为各方面的原因暂时不能得到很快解决,但股权投资基金能在助力中国企业"走出去"方面起到很大的作用。我国投资公司、企业以及银行可以把资金投到可以进行海外投资的股权投资基金,再由这些基金投资国外的相关企业,从而控制这些海外企业的股权,并可以通过多投资几家股权投资基金来达到控制国外企业的目的。这比起直接收购要更隐蔽,而且能借助股权投资基金专业的投资方式来获取更大的效益。

在股权投资基金的支持下,很多国家的企业迅速扩大并成长为成功的跨国企业。中国已成为亚洲最活跃的股权投资市场之一,国外著名投资银行和股权投资基金为中国中小企业提供了新的融资渠道。从蒙牛、哈药等企业的成长发展历程中就可以看出,这些股权投资基金为这些企业的扩张提供了直接的支持。

股权投资基金"走出去",能有效促进国内企业"走出去"。首先,有利于直接获取国内缺乏的资源和能源。我国缺乏的资源和能源是制约我国经济快速发展的重要因素。股权投资基金"走出去",可以直接投资于国外资源和能源机构,保障国内资源能源供应。以前,中国通过收购国外的石油公司来实现与国外资源合作,这些海外股权投资成为保障中国获得稳定的海外资源能源供应、保障国家能源安全的重要力量。通过股权投资进行直接或间接的权益投资来保障海外能源资源供应也是世界各国(如日本、欧洲)的通行做法。促进股权投资基金走出国门,可以以其先进的管理经验和投资眼光将资金投向最合适的资源能源项目。其次,有利于本土企业直接获取进入国际市场的捷径。雅戈尔通过并购美国新马服装集团促进了品牌的国际化,拓展了品牌的国际市场。飞雕电器通过收购意大利知名开关企业打破了行业标准的壁垒,获得了产品进入欧美市场的权利。股权投资基金可以帮助企业通过投资于国外知名企业来突破国外的贸易保护主义措施,并且获得先进的技术支撑,打开商品的国际销售渠道。再次,有利于直接获得先进的技术、品牌、人才和管理经验。国外的企业尤其是跨国企业通过多年的经验积累,具有很高的管理能力和合理的管理系统。股权投资基金通过海外投资可以实现对国外企业成功经验的直接吸收与利用。例如,联想收购IBM个人电脑业务,不仅可以拓宽海外市场,还可以通过学习IBM先进的技术和管理经验来提升企业自身素质。

国家开发银行大步跨出了传统放款银行的角色,于2009年成立人民币350亿元的私募基金投资公司——国开金融有限责任公司,来配合政府政策,支持并购海外天然资源,并与澳新银行进行跨国合作,扩大在大洋洲地区的联贷业务。

国家开发银行已成立全资拥有的直接投资兼私募基金业务，重点在于为重要政府建设提供资金，支持官方背书的企业并购，以及帮助发展基础建设、能源、天然资源与都会建设等。国开金融的成立能让国开行支援大陆资源与能源公司的海外扩张，从旁协助政府鼓励企业界走出国门的政策。

股权投资基金有助于内地企业"走出去"，也有助于内地发展金融市场。2008年，中联重科在股权投资基金的帮助下收购意大利CIFA公司就是股权投资基金帮助中国企业"走出去"的一个例子。2008年9月8日，中联重科联合投资机构弘毅投资、高盛、曼达林基金与意大利CIFA公司正式签署整体收购交割协议，以2.71亿欧元的现金收购方式，完成对CIFA的全额收购。

中联重科之所以收购CIFA，是因为其目标是要成为大型跨国公司，需要对企业进行全球化改造。股权投资基金在这次收购中起了重要作用。由于并购涉及的标的企业所在地的企业文化、法律法规、会计税务制度、商业惯例以及工会制度等方面存在巨大差异，风险很大，因此找股权投资基金帮忙是一个重要途径。无论是发债、借款还是直接持有CIFA股份，都将通过一家在香港特别设立的特殊目的公司B进行。而股东除了弘毅、高盛、曼达林之外，中联香港控股公司在港设立的全资子公司A持有60％股份，中联香港控股公司则是中联重科的全资控股子公司。三家投资人的PE投资背景以及与金融机构的密切关系，除直接为中联重科提供资金外，也帮助其做各种融资安排。中国企业初到欧洲做并购会遇到不少问题。这些在中国企业眼里并不突出的问题，可能会是谈判桌上的决胜点。比如，欧洲的《劳工法》对企业重组过程中的裁员问题有非常严格的规定，很多中国企业对这个问题以及可能出现的工会反对意见会估计不足，股权投资基金凭借其丰富的经验会为这些问题做好充分的准备。

参考文献

[1] 何诚颖．探寻股权投资之道［M］．北京：中国财政经济出版社，2014.

[2] 董运佳．美国私募股权投资基金研究［D］．长春：吉林大学，2009.

[3] 钱苹，张帏．我国创业投资的回报率及其影响因素研究［J］．经济研究，2007（5）．

[4] 清科研究中心．2017年第三季度中国私募股权投资研究报告［R］．2017.

[5] 清科研究中心．2017年上半年中国股权投资市场回顾及展望［R］．2017.

[6] 清科研究中心．2017年第三季度中国创业投资研究报告［R］．2017.

[7] 清科研究中心．2017年第三季度中国并购市场研究报告［R］．2017.

[8] 赵岗．中国股权投资基金运营新略［M］．北京：中国发展出版社，2014.

[9] 谭组卫．股权投资学（总论）［M］．北京：中国财政经济出版社，2015.

[10] 周远．我国资本市场层次结构问题研究［D］．天津：天津财经大学，2008.

[11] 朱文莉，刘思雅．政府创业投资引导基金发展现状、问题及对策［J］．会计之友，2014（2）．

[12] 王诗雨．股权投资基金退出机制与方式比较［J］．中国商报，2013（32）．

[13] 杨锴．风险投资投后管理探究［J］．中国物价，2011（2）．

[14] W VAMPLEW, J MOKYR. The Economics of the Industrial Revolution[J]. Industrial and Labor Relations Review, 1985, 40 (40).

[15] PAT HUDSON. The Genesis of Industrial Capital[M]. Cambridge University Press, 2002.

[16] LA CLARKSON. The Industrial Revolution: A Compendium[M]. Macmillan Education UK, 1990.

[17] PM DEANE. The First Industrial Revolution[J]. Industrial and Labor Relations Review, 1965, 20 (3).

[18] 于洁. 私募股权投资及其在我国的发展问题研究[D]. 天津：南开大学, 2008.

[19] 郑小勇. 企业并购中目标企业价值评估的确定——以 A 企业收购 B 企业为例[D]. 北京：对外经济贸易大学, 2009.

[20] 周连升. 中国私募股权基金产业政策与监管问题研究[D]. 北京：北京交通大学, 2011.

[21] 王文挺, 谢群. 我国私募股权投资市场的发展现状及问题分析[J]. 现代商业, 2013 (13).

[22] 王迅. 浅析公司股权并购中的风险与防范[J]. 知识经济, 2014 (6).

[23] 王秩群. 我国风险投资融资阶段契约研究[D]. 哈尔滨：哈尔滨工业大学, 2005.

[24] 王玥, 薛耀文. 风险投资机构资金来源与退出机制研究[J]. 山西高等学校社会科学学报, 2008 (6).

[25] 宋小杰. 我国创业投资引导基金管理机制研究[D]. 青岛：中国海洋大学, 2011.

附录一 全国中小企业股份转让系统股票转让细则

第一章 总则

第一条 为规范全国中小企业股份转让系统(以下简称全国股份转让系统)股票转让行为,维护证券市场运行秩序,保护投资者合法权益,根据《中华人民共和国证券法》《全国中小企业股份转让系统有限责任公司管理暂行办法》等法律、行政法规、部门规章、其他规范性文件及《全国中小企业股份转让系统业务规则(试行)》(以下简称《业务规则》)等相关规定,制定本细则。

第二条 在全国股份转让系统挂牌股票的转让,适用本细则。本细则未作规定的,适用全国股份转让系统其他有关规定。

第三条 股票转让及相关活动实行公开、公平、公正的原则,禁止证券欺诈、内幕交易、操纵市场等违法违规行为。

第四条 主办券商、投资者等市场参与人应当遵守法律、行政法规、部门规章、其他规范性文件及全国股份转让系统有关业务规则,遵循自愿、有偿、诚实信用原则。

第五条 全国中小企业股份转让系统有限责任公司(以下简称全国股份转让系统公司)为股票转让活动提供服务,并依法对相关股票转让活动进行自律管理。

第六条 股票转让采用无纸化的公开转让形式,或经中国证券监督管理委员会(以下简称中国证监会)批准的其他转让形式。

第二章 转让市场

第一节 转让设施与转让参与人

第七条 全国股份转让系统为股票转让提供相关设施,包括交易主机、交易单元、报盘系统及相关通信系统等。

第八条 主办券商进入全国股份转让系统进行股票转让,应当向全国股份转让系统公司申请取得转让权限,成为转让参与人。

第九条 转让参与人应当通过在全国股份转让系统申请开设的交易单元进行股票转让。

第十条 交易单元是转让参与人向全国股份转让系统公司申请设立的、参与全国股份转让系统证券转让,并接受全国股份转让系统公司服务及监管的基本业务单位。

第十一条 主办券商在全国股份转让系统开展证券经纪、证券自营和做市业务,应当分别开立交易单元。

第十二条 交易单元和转让权限的具体规定,由全国股份转让系统公司另行制定。

第二节 转让方式

第十三条 股票可以采取做市转让方式、竞价转让方式、协议转让方式进行转让。

有两家以上做市商为其提供做市报价服务的股票,可以采取做市转让方式;除采取做市转让方式的股票外,其他股票采取竞价转让方式。

单笔申报数量或转让金额符合全国股份转让系统规定标准的股票转让,可以进行协议转让。

因收购、股份权益变动或引进战略投资者等原因导致的股票转让,可以申请进行特定事项协议转让。特定事项协议转让的具体办法另行制定。

第十四条 申请挂牌公司股票拟采取做市转让方式的,其中一家做市商应为推荐其股票挂牌的主办券商或该主办券商的母(子)公司。

第十五条 竞价转让方式包括集合竞价和连续竞价两种方式。

采取集合竞价方式的股票，全国股份转让系统根据挂牌公司所属市场层级为其提供相应的撮合频次。

采取连续竞价方式的具体条件由全国股份转让系统公司另行制定。

第十六条 挂牌公司提出申请并经全国股份转让系统公司同意，可以变更股票转让方式。

第十七条 采取做市转让方式的股票，拟变更为竞价转让方式的，挂牌公司应事前征得该股票所有做市商同意。

第十八条 采取做市转让方式的股票，为其做市的做市商不足两家，且未在30个转让日内恢复为两家以上做市商的，如挂牌公司未按规定提出股票转让方式变更申请，其转让方式将强制变更为竞价转让方式。

第三节 转让时间

第十九条 股票转让时间为每周一至周五 9:15 至 11:30，13:00 至 15:00。转让时间内因故停市，转让时间不作顺延。

遇法定节假日和全国股份转让系统公司公告的休市日，全国股份转让系统休市。

第二十条 经中国证监会批准，全国股份转让系统公司可以调整转让时间。

第三章 股票转让一般规定

第二十一条 投资者买卖股票，应当以实名方式开立证券账户和资金账户，与主办券商签订证券买卖委托代理协议，并签署相关风险揭示书。

投资者开立证券账户，应当按照中国证券登记结算有限责任公司（以下简称中国结算）的规定办理。

第二十二条 投资者可以通过书面委托方式或电话、自助终端、互联网等自助委托方式委托主办券商买卖股票。

投资者进行自助委托的，应按相关规定操作，主办券商应当记录投资者委托的电话号码、网卡地址、IP地址等信息。

第二十三条 主办券商接受投资者的买卖委托后，应当确认投资者具备相应股票或资金，并按照委托的内容向全国股份转让系统申报，承担相应的交易、交收责任。

主办券商接受投资者买卖委托达成交易的，投资者应当向主办券商交付其委托主办券商卖出的股票或其委托主办券商买入股票的款项，主办券商应当向投资者交付卖出股票所得款项或买入的股票。

第二十四条 投资者可以撤销委托的未成交部分。

被撤销或失效的委托，主办券商应当在确认后及时向投资者返还相应的资金或股票。

第二十五条 主办券商应按照接受投资者委托的时间先后顺序及时向全国股份转让系统申报。

第二十六条 申报指令应当按全国股份转让系统公司规定的格式传送。全国股份转让系统公司可以根据市场需要，调整申报的内容及方式。

第二十七条 主办券商应当按有关规定妥善保管委托和申报记录。

第二十八条 买卖股票的申报数量应当为1 000股或其整数倍。卖出股票时，余额不足1 000股部分，应当一次性申报卖出。

第二十九条 股票转让的计价单位为"每股价格"。股票转让的申报价格最小变动单位为0.01元人民币。

按成交原则达成的价格不在最小价格变动单位范围内的，按照四舍五入原则取至相应的最小价格变动单位。

第三十条 股票转让单笔申报最大数量不得超过100万股，协议转让除外。

第三十一条 全国股份转让系统公司可以根据市场需要，调整股票单笔申报数量、申报价格的最小变动单位和单笔申报最大数量。

第三十二条 申报当日有效。

买卖申报和撤销申报经全国股份转让系统交易主机确认后方为有效。

第三十三条 主办券商通过报盘系统向全国股份转让系统交易主机发送买卖申报指令。买卖申报经交易主机撮合成交后，转让即告成立。按本细则各项规定达成的交易于成立时生效，交易记录由全国股份转让系统公司发送至主办券商。

因不可抗力、意外事件、交易系统被非法侵入等原因造成严重后果的转让，全国股份转让系统公司可以采取适当措施或认定无效。

对显失公平的转让，经全国股份转让系统公司认定，可以采取适当措施。

第三十四条 违反本细则，严重破坏证券市场正常运行的转让，全国股份转让系统公司有权宣布取消转让。由此造成的损失由违规转让者承担。

第三十五条 依照本细则达成的交易，其成交结果以交易主机记录的成交数据为准。

第三十六条 投资者买入的股票，买入当日不得卖出。全国股份转让系统公司另有规定的除外。

做市商在做市报价过程中买入的股票，买入当日可以卖出。

第三十七条 按照本细则达成的交易，买卖双方必须承认交易结果，履行清算交收义务。

股票买卖的清算交收业务，应当按照中国结算的规定办理。

第三十八条 全国股份转让系统公司每个转让日发布股票转让即时行情、股票转让公开信息等转让信息，及时编制反映市场转让情况的各类报表，并通过全国股份转让系统指定信息披露平台或其他媒体予以公布。

第三十九条 全国股份转让系统对采取做市和竞价转让方式的股票即时行情实行分类揭示。

第四十条 全国股份转让系统公司负责全国股份转让系统信息的统一管理和发布。未经全国股份转让系统公司许可，任何机构和个人不得发布、使用和传播转让信息。经全国股份转让系统公司许可使用转让信息的机构和个人，未经同意不得将转让信息提供给其他机构和个人使用或予以传播。

第四十一条 全国股份转让系统公司可以根据市场需要，调整即时行情和股票转让公开信息发布的内容和方式。

第四十二条 全国股份转让系统公司可以根据市场发展需要，编制综合指数、成分指数、分类指数等股票指数，随即时行情发布。

股票指数的设置和编制方法，由全国股份转让系统公司另行规定。

第四章 做市转让方式

第一节 委托与申报

第四十三条 做市商应在全国股份转让系统持续发布买卖双向报价，并在其报价数量范围内按其报价履行与投资者的成交义务。做市转让方式下，投资者之间不能成交。全国股份转让系统公司另有规定的除外。

第四十四条 投资者可以采用限价委托方式委托主办券商买卖股票。

限价委托是指投资者委托主办券商按其限定的价格买卖股票的指令，主办券商必须按限定的价格或低于限定的价格申报买入股票；按限定的价格或高于限定的价格申报卖出股票。

限价委托应包括证券账户号码、证券代码、买卖方向、委托数量、委托价格等内容。

第四十五条 全国股份转让系统接受主办券商的限价申报、做市商的做市申报。全国股份转让系统公司另有规定的除外。

限价申报应包括证券账户号码、证券代码、交易单元代码、证券营业部识别码、买卖方向、申报数量、申报价格等内容。

做市申报是指做市商为履行做市义务，向全国股份转让系统发送的，按其指定价格买卖不超过其指定数量股票的指令。做市申报应包括证券账户号码、证券代码、交易单元代码、买卖申报数量和价格等内容。

第四十六条 全国股份转让系统接受限价申报、做市申报的时间为每个转让日的 9:15 至 11:30、13:00 至 15:00。全国股份转让系统公司可以调整接受申报的时间。

第四十七条 做市商应最迟于每个转让日的 9:30 开始发布买卖双向报价，履行做市报价义务。

第四十八条 做市商每次提交做市申报应当同时包含买入价格与卖出价格，且相对买卖价差不得超过 5%。相对买卖价差计算公式为：

相对买卖价差＝（卖出价格－买入价格）÷卖出价格×100%

卖出价格与买入价格之差等于最小价格变动单位的，不受前款限制。

第四十九条 做市商提交新的做市申报后，前次做市申报的未成交部分自动撤销。

第五十条 做市商前次做市申报撤销或其申报数量经成交后不足 1 000 股的，做市商应于 5 分钟内重新报价。

第五十一条 做市商持有库存股票不足 1 000 股时，可以免于履行卖出报价义务。

出现前款所述情形，做市商应及时向全国股份转让系统公司报告并调节库存股票数量，并最迟于该情形发生后第 3 个转让日恢复正常双向报价。

第五十二条 单个做市商持有库存股票达到挂牌公司总股本 20% 时，可以免于履行买入报价义务。

出现前款所述情形，做市商应及时向全国股份转让系统公司报告，并最迟于该情形发生后第 3 个转让日恢复正常双向报价。

第二节　成交

第五十三条　每个转让日的 9:30 至 11:30、13:00 至 15:00 为做市转让撮合时间。

做市商每个转让日提供双向报价的时间应不少于做市转让撮合时间的 75%。

第五十四条　全国股份转让系统对到价的限价申报即时与做市申报进行成交；如有 2 笔以上做市申报到价的，按照价格优先、时间优先原则成交。成交价以做市申报价格为准。

做市商更改报价使限价申报到价的，全国股份转让系统按照价格优先、时间优先原则将到价限价申报依次与该做市申报进行成交。成交价以做市申报价格为准。

到价是指限价申报买入价格等于或高于做市申报卖出价格，或限价申报卖出价格等于或低于做市申报买入价格。

限价申报之间、做市申报之间不能成交。

第三节　做市商管理

第五十五条　证券公司在全国股份转让系统开展做市业务前，应向全国股份转让系统公司申请备案。

第五十六条　做市商开展做市业务，应通过专用证券账户进行。做市专用证券账户应向中国结算和全国股份转让系统公司报备。

做市商不再为挂牌公司股票提供做市报价服务的，应将库存股票转出做市专用证券账户。

第五十七条　做市商证券自营账户不得持有其做市股票或参与做市股票的买卖。

第五十八条　挂牌时采取做市转让方式的股票，初始做市商应当取得合计不低于挂牌公司总股本 5% 或 100 万股（以孰低为准），且每家做市商不低于 10

万股的做市库存股票。

除前款所述情形外,做市商在做市前应当取得不低于 10 万股的做市库存股票。

第五十九条 做市商的做市库存股票可通过以下方式取得:

(一)股东在挂牌前转让;

(二)股票发行;

(三)在全国股份转让系统买入;

(四)其他合法方式。

第六十条 挂牌时采取做市转让方式的股票,后续加入的做市商须在该股票挂牌满 3 个月后方可为其提供做市报价服务。

采取做市转让方式的股票,后续加入的做市商应当向全国股份转让系统公司提出申请。

第六十一条 挂牌时采取做市转让方式的股票和由其他转让方式变更为做市转让方式的股票,其初始做市商为股票做市不满 6 个月的,不得退出为该股票做市。后续加入的做市商为股票做市不满 3 个月的,不得退出为该股票做市。

做市商退出做市的,应当事前提出申请并经全国股份转让系统公司同意。做市商退出做市后,1 个月内不得申请再次为该股票做市。

第六十二条 出现下列情形时,做市商自动终止为相关股票做市:

(一)该股票摘牌;

(二)该股票因其他做市商退出导致做市商不足两家而变更转让方式;

(三)做市商被暂停、终止从事做市业务或被禁止为该股票做市;

(四)全国股份转让系统公司认定的其他情形。

第四节 做市商间转让

第六十三条 做市商间为调节库存股等进行股票转让的,可以通过互报成交确认申报方式进行。

第六十四条 做市商的成交确认申报是指做市商之间按指定价格和数量与指定对手方确认成交的指令。

做市商的成交确认申报应包括证券账户号码、证券代码、交易单元代码、买卖方向、申报数量、申报价格、对手方交易单元、对手方证券账户号码以及成交约定号等内容。

第六十五条　全国股份转让系统接受做市商成交确认申报和对做市商成交确认申报进行成交确认的时间为每个转让日的 15：00 至 15：30。

第六十六条　全国股份转让系统对证券代码、申报价格和申报数量相同，买卖方向相反，指定对手方交易单元、证券账户号码相符及成交约定号一致的做市商成交确认申报进行确认成交。

做市商间转让股票，其成交价格应当不高于前收盘价的 200％ 或当日最高成交价中的较高者，且不低于前收盘价的 50％ 或当日最低成交价中的较低者。

第六十七条　做市商间转让不纳入即时行情和指数的计算，成交量在每个转让日做市商间转让结束后计入该股票成交总量。

第六十八条　每个转让日做市商间转让结束后，全国股份转让系统公司逐笔公布做市商间转让信息，包括证券名称、成交量、成交价以及买卖双方做市商名称等。

第五节　其他规定

第六十九条　采取做市转让方式的股票，开盘价为该股票当日第一笔成交价。

第七十条　采取做市转让方式的股票，收盘价为该股票当日最后一笔成交前 15 分钟成交量加权平均价（含最后一笔交易）。

当日无成交的，以前收盘价为当日收盘价。

第七十一条　全国股份转让系统为做市商提供其做市股票实时最高 10 个价位的买入限价申报价格和数量、最低 10 个价位的卖出限价申报价格和数量等信息，以及为该股票提供做市报价服务做市商的实时最优 10 笔买入和卖出做市申报价格和数量等信息。

第七十二条　采取做市转让方式的股票，全国股份转让系统每个转让日 9:30 开始发布即时行情，其内容主要包括证券代码、证券简称、前收盘价、最近成交价、当日最高价、当日最低价、当日累计成交数量、当日累计成交金额、做市商实时最高 3 个价位买入申报价格和数量、做市商实时最低 3 个价位卖出申报价格和数量等。

第五章 协议转让方式

第七十三条 单笔申报数量不低于 10 万股，或者转让金额不低于 100 万元人民币的股票转让，可以进行协议转让。

第七十四条 投资者可以采用成交确认委托方式委托主办券商买卖股票。

成交确认委托是指投资者买卖双方达成成交协议，委托主办券商按其指定的价格和数量与指定对手方确认成交的指令。成交确认委托应包括：证券账户号码、证券代码、买卖方向、委托数量、委托价格、成交约定号、对手方交易单元代码和对手方证券账户号码等内容。

第七十五条 全国股份转让系统接受主办券商的成交确认申报。

成交确认申报应包括：证券账户号码、证券代码、交易单元代码、证券营业部识别码、买卖方向、申报数量、申报价格、成交约定号、对手方交易单元代码和对手方证券账户号码等内容。

第七十六条 交易主机接受申报的时间为每个转让日的 9:15 至 11:30、13:00 至 15:30。

全国股份转让系统公司可以调整接受申报的时间。

第七十七条 每个转让日的 15:00 至 15:30 为协议转让的成交确认时间。

第七十八条 全国股份转让系统对证券代码、申报价格和申报数量相同，买卖方向相反，指定对手方交易单元、证券账户号码相符及成交约定号一致的成交确认申报进行确认成交。

协议转让的成交价格应当不高于前收盘价的 200% 或当日已成交的最高价格中的较高者，且不低于前收盘价的 50% 或当日已成交的最低价格中的较低者。

第七十九条 协议转让不纳入即时行情和指数的计算，成交量在协议转让结束后计入当日该股票成交总量。

每个转让日结束后，全国股份转让系统公司公布当日每笔协议转让成交信息，内容包括证券代码、证券简称、成交价格、成交数量、买卖双方主办券商证券营业部或交易单元的名称等。

股票转让公开信息涉及机构专用交易单元的，公布名称为"机构专用"。

第六章 竞价转让方式

第一节 委托与申报

第八十条 股票竞价转让采用集合竞价和连续竞价两种方式。

集合竞价,是指对一段时间内接受的买卖申报一次性集中撮合的竞价方式。

连续竞价,是指对买卖申报逐笔连续撮合的竞价方式。

第八十一条 采取集合竞价转让方式的基础层股票,交易主机于每个转让日的 15:00,对接受的买卖申报进行集中撮合。

采取集合竞价转让方式的创新层股票,交易主机于每个转让日的 9:30、10:30、11:30、14:00、15:00,对接受的买卖申报进行集中撮合。

全国股份转让系统可以根据市场需要,调整集合竞价的撮合频次。

第八十二条 采取连续竞价转让方式的股票,每个转让日的 9:15 至 9:25 为开盘集合竞价时间,9:30 至 11:30、13:00 至 14:55 为连续竞价时间,14:55 至 15:00 为收盘集合竞价时间。

第八十三条 投资者可以采用限价委托方式委托主办券商买卖股票。

限价委托是指投资者委托主办券商按其限定的价格买卖股票的指令,主办券商必须按限定的价格或低于限定的价格申报买入股票;按限定的价格或高于限定的价格申报卖出股票。

限价委托应包括证券账户号码、证券代码、买卖方向、委托数量、委托价格等内容。

第八十四条 全国股份转让系统接受主办券商的限价申报。

限价申报应包括证券账户号码、证券代码、交易单元代码、证券营业部识别码、买卖方向、申报数量、申报价格等内容。

第八十五条 全国股份转让系统接受主办券商限价申报的时间为每个转让日 9:15 至 11:30、13:00 至 15:00。

采取集合竞价转让方式的股票,每次集中撮合前 5 分钟交易主机不接受撤销申报;在其他接受申报的时间内,未成交申报可以撤销。

采取连续竞价转让方式的股票,每个转让日 9:20 至 9:25、14:55 至 15:00,交易主机不接受撤销申报;在其他接受申报的时间内,未成交申报可以撤销。每个转让日 9:25 至 9:30，交易主机只接受申报，但不对买卖申报或撤销申报作处理。

全国股份转让系统公司可以调整接受申报的时间。

第八十六条　全国股份转让系统对采取竞价转让方式的股票设置申报有效价格范围，超出该有效价格范围的申报无效。

第八十七条　采取集合竞价转让方式的股票，申报有效价格范围为前收盘价的 50% 至 200%。

无前收盘价的，成交首日不设申报有效价格范围，自次一转让日起设置申报有效价格范围。

第八十八条　采取连续竞价转让方式的股票，开盘集合竞价的申报有效价格范围为前收盘价的上下 20% 以内。连续竞价、收盘集合竞价的申报有效价格范围为最近成交价的上下 20% 以内；当日无成交的，申报有效价格范围为前收盘价的上下 20% 以内。

挂牌后无成交的股票，对申报不设有效价格范围。

第二节　成交

第八十九条　股票竞价转让按价格优先、时间优先的原则撮合成交。

第九十条　集合竞价时，成交价的确定原则为：

（一）可实现最大成交量；

（二）高于该价格的买入申报与低于该价格的卖出申报全部成交；

（三）与该价格相同的买方或卖方至少有一方全部成交。

两个以上价格符合上述条件的，取在该价格以上的买入申报累计数量与在该价格以下的卖出申报累计数量之差最小的价格为成交价。若买卖申报累计数量之差仍存在相等情况的，取最接近最近成交价的价格为成交价；当日无成交的，取最接近前收盘价的价格为成交价；无前收盘价的，取其平均价为成交价。

集合竞价的所有转让以同一价格成交。

第九十一条　连续竞价时，成交价的确定原则为：

（一）最高买入申报与最低卖出申报价格相同，以该价格为成交价；

（二）买入申报价格高于集中申报簿当时最低卖出申报价格时，以集中申报簿当时的最低卖出申报价格为成交价；

（三）卖出申报价格低于集中申报簿当时最高买入申报价格时，以集中申报簿当时的最高买入申报价格为成交价。

第三节 其他规定

第九十二条 采取竞价转让方式的股票，开盘价为当日该股票的第一笔成交价。

采取连续竞价转让方式的股票，开盘价通过集合竞价方式产生，不能通过集合竞价产生的，以连续竞价方式产生。

第九十三条 采取竞价转让方式的股票，收盘价通过集合竞价的方式产生。收盘集合竞价不能产生收盘价或未进行收盘集合竞价的，以该转让日最后一笔成交价为收盘价。当日无成交的，以前收盘价为当日收盘价。

第九十四条 采取集合竞价转让方式的股票，即时行情内容包括证券代码、证券简称、前收盘价、集合竞价参考价、匹配量和未匹配量等；若未产生集合竞价参考价的，则揭示实时最优1档申报价格和数量。

采取连续竞价转让方式的股票，集合竞价期间即时行情内容包括证券代码、证券简称、前收盘价、集合竞价参考价、匹配量和未匹配量等；连续竞价期间即时行情内容包括证券代码、证券简称、前收盘价、最近成交价、当日最高成交价、当日最低成交价、当日累计成交数量、当日累计成交金额、实时最高5个价位买入申报价格和数量、实时最低5个价位卖出申报价格和数量等。

第九十五条 采取竞价转让方式的股票出现下列情形之一的，全国股份转让系统公司分别公布相关股票当日买入、卖出金额最大5家主办券商证券营业部或交易单元的名称及其各自的买入、卖出金额：

（一）当日价格振幅达到30%的前5只股票；

价格振幅的计算公式为：价格振幅=（当日最高价－当日最低价）/当日最低价×100%

（二）当日换手率达到10%的前5只股票；

换手率的计算公式为：换手率=成交股数/无限售条件股份总数×100%

价格振幅或换手率相同的，依次按成交金额和成交量选取。

基础层、创新层股票排名分别计算。

股票转让公开信息涉及机构专用交易单元的，公布名称为"机构专用"。

第七章　其他转让事项

第一节　转托管

第九十六条　投资者可以以同一证券账户在单个或多个主办券商的不同证券营业部买入股票。

第九十七条　投资者买入的股票可以通过原买入股票的交易单元委托卖出，也可以向原买入股票的交易单元发出转托管指令，转托管完成后，在转入的交易单元委托卖出。

转托管的具体规定，由中国结算制定。

第二节　挂牌、摘牌、暂停与恢复转让

第九十八条　全国股份转让系统对股票实行挂牌转让。

第九十九条　股票依法不再具备挂牌条件的，全国股份转让系统公司终止其挂牌转让，予以摘牌。

第一百条　全国股份转让系统公司可以对出现异常转让情况的股票采取盘中临时停止转让措施并予以公告。

具体暂停与恢复转让时间，以相关公告为准。

第一百零一条　挂牌公司股票暂停转让时，全国股份转让系统公司发布的行情中包括该股票的信息；股票摘牌后，行情中无该股票的信息。

第一百零二条　股票的挂牌、摘牌、暂停与恢复转让，由全国股份转让系统公司予以公告。相关信息披露义务人应当按照全国股份转让系统公司的要求及时公告。

第一百零三条　股票挂牌、摘牌、暂停与恢复转让的其他规定，按照全国股份转让系统公司其他有关规定执行。

第三节　除权与除息

第一百零四条　股票发生权益分派、公积金转增股本等情况，全国股份转让

系统在权益登记日的次一转让日对该股票作除权除息处理。全国股份转让系统公司另有规定的除外。

第一百零五条 除权（息）参考价计算公式为：

除权（息）参考价＝（前收盘价－现金红利）÷（1＋股份变动比例）

挂牌公司认为有必要调整上述计算公式时，可以向全国股份转让系统公司提出调整申请并说明理由。经全国股份转让系统公司同意的，挂牌公司应当向市场公布该次除权（息）适用的除权（息）参考价计算公式。

第一百零六条 除权（息）日股票买卖，按除权（息）参考价作为计算涨跌幅度和有效申报价格范围的基准，全国股份转让系统公司另有规定的除外。

第一百零七条 在除权（息）日，挂牌公司应变更股票简称，在简称前冠以"XR""XD""DR"等字样。

"XR"代表除权；"XD"代表除息；"DR"代表除权并除息。

第八章 转让行为自律监管

第一百零八条 全国股份转让系统公司对股票转让过程中出现的下列事项，予以重点监控：

（一）涉嫌内幕交易、操纵市场等违法违规行为；

（二）可能影响股票转让价格或者股票成交量的异常转让行为；

（三）股票转让价格或者股票成交量明显异常的情形；

（四）买卖股票的范围、时间、数量、方式等受到法律、行政法规、部门规章、其他规范性文件、《业务规则》及全国股份转让系统其他规定限制的行为；

（五）全国股份转让系统公司认为需要重点监控的其他事项。

第一百零九条 可能影响股票转让价格或者股票成交量的异常转让行为包括：

（一）可能对股票转让价格产生重大影响的信息披露前，大量或持续买入或卖出相关股票；

（二）单个证券账户，或两个以上固定的或涉嫌关联的证券账户之间，大量或频繁进行反向交易；

（三）单个证券账户，或两个以上固定的或涉嫌关联的证券账户，大笔申报、连续申报、密集申报或申报价格明显偏离该证券行情揭示的最近成交价；

（四）频繁申报或撤销申报，或大额申报后撤销申报，以影响股票转让价格或误导其他投资者；

（五）集合竞价期间以明显高于前收盘价的价格申报买入后又撤销申报，随后申报卖出该证券，或以明显低于前收盘价的价格申报卖出后又撤销申报，随后申报买入该证券；

（六）对单一股票在一段时期内进行大量且连续交易；

（七）大量或者频繁进行高买低卖交易；

（八）单独或者合谋，在公开发布投资分析、预测或建议前买入或卖出相关股票，或进行与自身公开发布的投资分析、预测或建议相背离的股票转让；

（九）申报或成交行为造成市场价格异常或秩序混乱；

（十）涉嫌编造并传播交易虚假信息，诱骗其他投资者买卖股票；

（十一）全国股份转让系统公司认为需要重点监控的其他异常转让。

主办券商发现客户存在上述异常转让行为，应提醒客户；对可能严重影响交易秩序的异常转让行为，应及时报告全国股份转让系统公司。

第一百一十条　股票转让价格或者股票成交量明显异常的情形包括：

（一）同一证券营业部或同一地区的证券营业部集中买入或卖出同一股票且数量较大；

（二）股票转让价格连续大幅上涨或下跌，且挂牌公司无重大事项公告；

（三）全国股份转让系统公司认为需要重点监控的其他异常转让情形。

第一百一十一条　全国股份转让系统公司对做市商的以下行为进行重点监控：

（一）不履行或不规范履行报价义务；

（二）频繁触发豁免报价条件；

（三）涉嫌以不正当方式影响其他做市商做市；

（四）库存股数量异常变动；

（五）报价异常变动，或通过频繁更改报价涉嫌扰乱市场秩序；

（六）做市商之间涉嫌串通报价或私下交换交易策略、做市库存股票数量等信息以谋取不正当利益；

（七）做市商与特定投资者在一段时间内对特定股票进行大量且连续交易；

（八）其他涉嫌违法违规行为。

第一百一十二条　全国股份转让系统公司可根据监管需要，对主办券商相关业务活动中的风险管理、技术系统运行、做市义务履行等情况进行监督检查。

第一百一十三条 全国股份转让系统公司可以单独或联合其他有关单位，对异常转让行为等情形进行现场或非现场调查。相关主办券商和投资者应当予以配合。

第一百一十四条 全国股份转让系统公司在现场或非现场调查中，可以根据需要要求主办券商及其证券营业部、投资者及时、准确、完整地提供下列文件和资料：

（一）投资者的开户资料、授权委托书、资金账户情况和相关账户的转让情况等；

（二）相关证券账户或资金账户的实际控制人、操作人和受益人情况、资金来源以及相关账户间是否存在关联的说明等；

（三）对股票转让中重点监控事项的解释；

（四）其他与全国股份转让系统公司重点监控事项有关的资料。

第一百一十五条 对第一百零八条、第一百零九条、第一百一十条、第一百一十一条所述重点监控事项中情节严重的行为，全国股份转让系统公司可以视情况采取以下措施：

（一）约见谈话；

（二）要求提交书面承诺；

（三）出具警示函；

（四）限制证券账户转让；

（五）向中国证监会报告有关违法违规行为；

（六）其他自律监管措施。

第一百一十六条 转让参与人及相关业务人员违反本细则的，全国股份转让系统公司可根据《业务规则》及全国股份转让系统其他相关业务规定，对其进行纪律处分，并记入诚信档案。

第九章 转让异常情况处理

第一百一十七条 发生下列转让异常情况之一，导致部分或全部转让不能正常进行的，全国股份转让系统公司可以决定单独或同时采取暂缓进入清算交收程序、技术性停牌或临时停市等措施：

（一）不可抗力；

（二）意外事件；

（三）技术故障；

（四）全国股份转让系统公司认定的其他异常情况。

第一百一十八条 出现无法申报或行情传输中断情况的，主办券商应及时向全国股份转让系统公司报告。无法申报或行情传输中断的证券营业部数量超过全部主办券商所属证券营业部总数10%以上的，属于转让异常情况，全国股份转让系统公司可以实行临时停市。

第一百一十九条 全国股份转让系统公司认为可能发生第一百一十七条、第一百一十八条规定的转让异常情况，并严重影响转让正常进行的，可以决定技术性停牌或临时停市。

第一百二十条 全国股份转让系统公司对暂缓进入清算交收程序、技术性停牌或临时停市决定予以公告。技术性停牌或临时停市原因消除后，全国股份转让系统公司可以决定恢复转让，并予以公告。

因转让异常情况及全国股份转让系统公司采取的必要措施造成损失的，全国股份转让系统公司不承担责任。

第一百二十一条 转让异常情况处理的具体规定，由全国股份转让系统公司另行制定，并报中国证监会批准。

第十章 转让纠纷

第一百二十二条 主办券商之间、主办券商和客户之间发生转让纠纷，相关主办券商应当记录有关情况，以备全国股份转让系统公司查阅。转让纠纷影响正常转让的，主办券商应当及时向全国股份转让系统公司报告。

第一百二十三条 主办券商之间、主办券商和客户之间发生转让纠纷，全国股份转让系统公司可以按有关规定，提供必要的交易数据。

第一百二十四条 客户对转让有疑义的，主办券商有义务协调处理。

第十一章 转让费用

第一百二十五条 投资者买卖股票成交的，应当按规定向代理股票买卖的主办券商交纳佣金。

第一百二十六条 主办券商应当按规定向全国股份转让系统交纳转让经手费及其他费用。

第一百二十七条 股票转让的收费项目、收费标准和收费方式等按有关规定执行。

第十二章 附则

第一百二十八条 原STAQ、NET系统公司和退市公司挂牌股票转让相关事项另行规定。

第一百二十九条 本细则所述时间，以全国股份转让系统交易主机的时间为准。

第一百三十条 本细则下列用语具有如下含义：

（一）"做市商"是指经全国股份转让系统公司同意，在全国股份转让系统持续发布买卖双向报价，并在其报价数量范围内按其报价履行与投资者成交义务的证券公司。

（二）"委托"是指投资者向主办券商进行具体授权买卖股票的行为。

（三）"申报"是指转让参与人向全国股份转让系统交易主机发送股票买卖指令的行为。

（四）"集中申报簿"是指交易主机某一时点按买卖方向以及价格优先、时间优先顺序排列的所有未成交申报队列。

（五）"集合竞价参考价"是指截至揭示时集中申报簿中所有申报按照集合竞价规则形成的虚拟集合竞价成交价。

（六）"匹配量"是指截至揭示时集中申报簿中所有申报按照集合竞价规则形成的虚拟成交数量。

（七）"未匹配量"是指截至揭示时集中申报簿中在集合竞价参考价位上的不能按照集合竞价参考价虚拟成交的买方或卖方申报剩余量。

第一百三十一条 本细则所述价格优先的原则是指较高价格买入申报优先于较低价格买入申报,较低价格卖出申报优先于较高价格卖出申报;时间优先的原则是指买卖方向、价格相同的,先申报者优先于后申报者,先后顺序按交易主机接受申报的时间确定。

第一百三十二条 本细则所称"超过""低于""高于""不足""少于"不含本数,"以内""达到""以上""以下"含本数。

第一百三十三条 本细则由全国股份转让系统公司负责解释。

第一百三十四条 本细则经中国证监会批准后生效。

附录二 全国中小企业股份转让系统挂牌公司分层管理办法

第一章 总则

第一条 为进一步完善全国中小企业股份转让系统（以下简称全国股转系统）市场功能，降低投资人信息收集成本，提高风险控制能力，审慎推进市场创新，根据《国务院关于全国中小企业股份转让系统有关问题的决定》和《非上市公众公司监督管理办法》《中国证监会关于进一步推进全国中小企业股份转让系统发展的若干意见》等有关规定，制定本办法。

第二条 全国股转系统挂牌公司的分层管理适用本办法。

第三条 挂牌公司分层管理遵循市场化和公开、公平、公正原则，切实维护挂牌公司和市场参与主体的合法权益。

第四条 全国股转系统设立创新层和基础层，符合不同标准的挂牌公司分别纳入创新层或基础层管理。

第五条 全国中小企业股份转让系统有限责任公司（以下简称全国股转公司）制定客观、公开的分层标准和维持标准，并据此定期调整挂牌公司所属市场层级。挂牌公司所属市场层级及其调整，不代表全国股转公司对挂牌公司投资价值的判断。

全国股转公司可以根据挂牌公司层级划分和调整的需要，要求挂牌公司或者主办券商等中介机构提供相关资料。

第二章 分层标准和维持标准

第一节 分层标准

第六条 满足以下条件之一的挂牌公司可以进入创新层:

(一)最近两年的净利润均不少于 1 000 万元(以扣除非经常性损益前后孰低者为计算依据);最近两年加权平均净资产收益率平均不低于 8%(以扣除非经常性损益前后孰低者为计算依据);股本总额不少于 2 000 万元。

(二)最近两年营业收入连续增长,且年均复合增长率不低于 50%;最近两年营业收入平均不低于 6 000 万元;股本总额不少于 2 000 万元。

(三)最近有成交的 60 个做市或者竞价转让日的平均市值不少于 6 亿元;股本总额不少于 5 000 万元;采取做市转让方式的,做市商家数不少于 6 家。

第七条 根据第六条规定进入创新层的挂牌公司,还应当满足以下条件:

(一)最近 12 个月完成过股票发行融资,且融资额累计不低于 1 000 万元;合格投资者不少于 50 人。

(二)公司治理健全,股东大会、董事会和监事会制度、对外投资管理制度、对外担保管理制度、关联交易管理制度、投资者关系管理制度、利润分配管理制度和承诺管理制度完备;公司设立董事会秘书并作为公司高级管理人员,董事会秘书取得全国股转系统董事会秘书资格证书。

(三)最近 12 个月不存在以下情形:

1. 挂牌公司或其控股股东、实际控制人,现任董事、监事和高级管理人员因信息披露违规、公司治理违规、交易违规等行为被全国股转公司采取自律监管措施合计 3 次以上,或者被全国股转公司等自律监管机构采取了纪律处分措施。

2. 挂牌公司或其控股股东、实际控制人,现任董事、监事和高级管理人员因信息披露违规、公司治理违规、交易违规等行为被中国证监会及其派出机构采取行政监管措施或者被采取行政处罚,或者正在接受立案调查,尚未有明确结论意见。

3. 挂牌公司或其控股股东、实际控制人,现任董事、监事和高级管理人员受到刑事处罚,或者正在接受司法机关的立案侦查,尚未有明确结论意见。

(四)按照全国股转公司的要求,在会计年度结束之日起 4 个月内编制并披露年度报告；最近一个会计年度经审计的期末净资产不为负值；最近两个会计年度的财务会计报告未被会计师事务所出具非标准审计意见的审计报告。按照第六条第二项规定进入创新层的挂牌公司，最近三个会计年度的财务会计报告未被会计师事务所出具非标准审计意见的审计报告。

（五）全国股转公司规定的其他条件。

第八条 未进入创新层的挂牌公司进入基础层。

第二节 维持标准

第九条 进入创新层的挂牌公司应当满足以下维持条件：

（一）合格投资者不少于 50 人。

（二）公司治理符合第七条第二项的要求，且最近 12 个月不存在以下情形：

1．挂牌公司或其控股股东、实际控制人，现任董事、监事和高级管理人员因信息披露违规、公司治理违规、交易违规等行为被全国股转公司采取自律监管措施合计 3 次以上，或者被全国股转公司等自律监管机构采取了纪律处分措施。

2．挂牌公司或其控股股东、实际控制人，现任董事、监事和高级管理人员因信息披露违规、公司治理违规、交易违规等行为被中国证监会及其派出机构采取行政监管措施或者被采取行政处罚，或者正在接受立案调查，尚未有明确结论意见。

3．挂牌公司或其控股股东、实际控制人，现任董事、监事和高级管理人员受到刑事处罚，或者正在接受司法机关的立案侦查，尚未有明确结论意见。

（三）按照全国股转公司的要求，在会计年度结束之日起 4 个月内编制并披露年度报告；最近一个会计年度经审计的期末净资产不为负值；最近三个会计年度的财务会计报告未被会计师事务所出具非标准审计意见的审计报告。

（四）全国股转公司规定的其他条件。

第三章 层级划分和调整

第十条 全国股转公司根据分层标准及维持标准，于每年 4 月 30 日启动挂牌公司所属层级的调整工作。基础层的挂牌公司，符合创新层条件的，调整进入创新层；不符合创新层维持条件的挂牌公司，调整进入基础层。

全国股转公司可以根据分层管理的需要,适当提高或降低挂牌公司层级调整的频率。

第十一条　全国股转公司正式调整挂牌公司层级前,在全国股转系统官网公示进入基础层和创新层的挂牌公司名单。挂牌公司对分层结果有异议或者自愿放弃进入创新层的,应当在 3 个转让日内提出。全国股转公司可视异议核实情况调整分层结果。

层级调整期间,挂牌公司出现本办法第七条第三项或者第十二条规定情形的,不得调整进入创新层。

第十二条　创新层挂牌公司出现以下情形之一的,自该情形认定之日起 20 个转让日内直接调整至基础层:

(一)挂牌公司因更正年报数据导致其不符合创新层标准的。

(二)挂牌公司被认定存在财务造假或者市场操纵等情形,导致其不符合创新层标准的。

(三)挂牌公司不符合创新层公司治理要求且持续时间达到 3 个月以上的。

(四)全国股转公司认定的其他情形。

第四章　差异化制度安排

第十三条　创新层挂牌公司和基础层挂牌公司实行差异化的股票转让方式,具体规则另行制定。

第十四条　全国股转公司针对创新层挂牌公司和基础层挂牌公司制定差异化的信息披露制度,具体规则另行制定。

第五章　附　则

第十五条　全国股转公司分别揭示创新层和基础层挂牌公司的证券转让行情和信息披露文件。

第十六条　本办法下列用语的含义:

(一)净利润:是指归属于挂牌公司股东的净利润,不包括少数股东损益。

(二)年均复合增长率 $=\sqrt{\dfrac{R_n}{R_{n-2}}}-1$,其中 Rn 代表最近一个完整会计年度(第

n 年）的营业收入。

（三）最近有成交的 60 个做市或者竞价转让日：是指以 4 月 30 日为截止日，在最长不超过 120 个做市转让日或者竞价转让日的期限内，最近有成交的 60 个做市转让日或者竞价转让日。

（四）最近 12 个月：是指以 4 月 30 日为截止日，往前计算的最近 12 个月。

（五）完成过股票发行融资，且融资额累计不低于 1 000 万元：是指完成的普通股或者优先股发行融资；完成发行的时间以全国股转公司出具的股份登记函日期为准；融资额不包括非现金认购部分。

（六）合格投资者：是指符合《全国中小企业股份转让系统投资者适当性管理细则》第三条至第五条规定的投资者。

（七）本办法规定的股本、合格投资者、做市商家数，以截止到 4 月 30 日为准。

（八）"不少于""不低于""以上"均含本数。

第十七条　本办法由全国股转公司负责解释。

第十八条　本办法自发布之日起施行。